같이 있는 부모,
가치 있는 아이

같이 있는 부모,
가치 있는 아이

지은이 | 유한익
초판 발행 | 2019. 5. 15
6쇄 발행 | 2025. 2. 1
등록번호 | 제1988-000080호
등록된 곳 | 서울특별시 용산구 서빙고로 65길 38
발행처 | 사단법인 두란노서원
영업부 | 2078-3352 FAX | 080-749-3705
출판부 | 2078-3331

책값은 뒤표지에 있습니다.
ISBN 978-89-531-3469-0 03230 Printed in Korea

독자의 의견을 기다립니다.
tpress@duranno.com www.duranno.com

같이 있는 부모, 가치 있는 아이

소아청소년 정신과 전문의가 제안하는 성경적 자녀 코칭

유한익 지음

두란노

목차

Part 3

부모와 자녀는 서로를 통해 사랑을 배운다

Part 4

바른 양육은 부모와 자녀 모두를 자라게 한다

Part 5

부모가 같이할 때 가치 있는 자녀로 자란다

이 책은 그저 자식을 잘 기르는 비결만을 가르치지 않습니다. 부모 된 존재의 진실을 마주하게 합니다. 많은 부모들이 철없이 자식을 기르며 어쩔 줄 몰라 합니다. "알아서 크겠지, 난들 무슨 수가 있겠어?"라는 말은 무지와 비겁함에서 나오는 수많은 어른들의 핑계며 체념의 후렴구입니다. 자식을 기르는 것과 자신의 인생을 사는 것이 속절없이 얽혀, 습관처럼 나오는 후회와 푸념이 우리 인생에 문신처럼 새겨져 있습니다. 하나님의 뜻을 구하는 것도 대부분 책임을 미루기 위한 선택 거부의 몸짓처럼 보입니다. 지금이라도 책임 있게 자신의 인생을 살기 위해 이 책을 읽고 도움을 받으십시오. 우리 모두 정직한 인생을 만들어 봅시다.

박영선 남포교회 원로목사

요즘 수많은 양육서가 범람하고 있다. 얼마 전까지만 해도 번역서가 주종을 이루었지만 지금은 국내 전문가들에 의한 좋은 양육서도 많다. 이번 유한익 박사가 소아정신의학 분야에서 20여 년간 진지한 연구자, 열정적 교수, 성공적 개원의로서의 임상 경험을 기초해서 집필한 《같이 있는 부모, 가치 있는 아이》는 단연 돋보인다. 대부분의 양육서가 '요리책' 스타일의 양육 기술, 문제를 어떻게 풀 것인가의 처방이라면(what and how to do), 저자는 양육의 목적과 필요성 등 양육의 개념적 이해와 철학을 공유함으로써(what for and why), 다양한 양육 활동을 부모가 확신을 가지고 실행하며 그에 수반하는 문제점을 스스로 풀 수 있게 도와준다. 어머니의 '품속'에서 충분한 애정과 보호를 받고, 놀고, 실험해 본 아동이라야 커서 세상을 품을 수 있다는 그의 양육 철학은 모든 사람에게 해당되는 보편타당한 진리라고 믿는다.

홍강의 서울의대 명예교수, 한국 소아정신의학 개척자 그리스도인이라면 누구나 하나님 안에서 자녀를 잘 키우고 싶어 한다. 하지만 항상 '어떻게'에서 막힌다. 여러 원칙들만 난무하는 다른 책과는 다르게 실제 방법을 조곤조곤 친절하게 가르쳐 주는 이 책을 읽다 보면 지금 당장 적용하고 그 효과를 바로 볼 수 있는 것에 감탄할 것이다. 특히 수많은 아이들의 아픔을 실제로 접하고 치료해 온 저자의 경험이 온전히 살아 있기에, 자녀를 사랑하지만 그 방법을 몰라서, 사랑한다고 했지만 오히려 상처를 주는 경우가 많은 이때, 이 책을 이제야 읽게 된 것이 아쉬울 것이다. 특히 저자의 성품처럼 친절하게 일일이 사례를 들어 다양한 고민에 답을 단 내용만으로도 실제 상황에서 쓸 수 있는 금쪽같은 명답이 될 것이다. 아이를 키우기 어려워하는 모든 부모들이 이 책을 통해 하나님의 위로와 지혜를 터득할 수 있을 것을 믿는다.

채정호 대한기독정신과의사회 회장, 가톨릭의대 정신과학교실 교수

아이를 키우는 일은 나의 전부가 아이의 전부와 만나는 것이다. 남들에게 보여 주는 것은 꾸밀 수 있을지 몰라도, 신과 아이 앞에서만큼은 있는 그대로의 내가 드러날 수밖에 없다. 그렇기에 육아는 나의 신앙이 어떤 깊이를 가졌는지, 내가 마음속 깊이 진정으로 믿고 있는 것은 무엇인지를 저절로 드러내 준다.

유한익 박사의 책은 서점마다 매대 가득 쌓여 있는 수많은 육아 서적과는 다르다. 이 책은 그저 육아 서적이 아니다. 신앙인으로서 삶의 가장 중요한 과제를, 신이 내린 소명을 어떻게 받아 안아야 할지 스스로 괴롭게 묻고 고민한 흔적이다. 겸손하게 아이를 궁금해 하는 일, 진실하게 아이에게 다가가는 일, 내 마음의 중심을 잡고 그곳에 나의 아이를 초대하는 일, 이는 신앙인에게 더없이 가치 있는 일이지만 어느 것 하나 쉽지 않다. 모든 부모들은 두려움에 흔들린다. 그런 부모에게 이 책은 단단하지만 따뜻한 지팡이가 되어 줄 것이다.

서천석 행복한아이연구소 소장

서문

“지금은 가장 박해가 편만한 시기다”라는 마틴 로이드 존스(Martyn Lloyd Jones) 목사님의 의견에 가슴 깊이 동의한다. 그리스도인들은 지금 세계 곳곳에서, 전 삶의 영역에서 지속적으로 박해를 받고 있다. 그 영향이 얼마나 포괄적인지 자각하기 어려울 정도다.

세상은 인본주의적, 합리주의적 가치관으로 가득 차 있다. 어렸을 때부터 이것을 배우고 익히며, 커서도 이것을 적용하면서 살아간다. 포스트모더니즘의 영향으로 인한 상대주의와 허무주의 역시 우리 삶 곳곳에서 꽤 큰 힘을 발휘하고 있다. 자본주의와 상업주의의 소나기를 피하기는 더더욱 어렵다. 우리의 생각이 얼마나 많이 상품화되어 있는지 깊이 따져 보면 자다가도 잠이 깰 정도다. 예전만은 못하지만 토속 종교와 융합된 동양의 유불선 사상과 전통도 우리 삶의 뿌리에 아직 살아 있다. 요즘은 힌두교와 이슬람교의 바람도 세차게 밀려들어 온다. 이 복잡하고 다양한 영향들에 휩싸여 우리는 매일의 삶 속에서 무언가를 결정하고 어떤 행동을 취한다.

어떤 이들은 살아가면서 하나님을 알게 된다. 그 길에서 우리를 향한 창조주의 목적과 인생의 새로운 관점을 깨닫게 된다. 그것은 이제까지 갖고 있던 전제와는 사뭇 다른 것으로, 기존의 세계관과 적잖은 충돌이 일어난다. 진지한 그리스도인이라면 자신의 관점을 수정하고 보완하지 않을 수 없게 된다.

세계관의 충돌은 아이를 키울 때도 역시 발생한다. 알아채지 못할 때가 많지만, 세상의 양육관은 어떤 방향으로 우리를 상당히 강력하게 밀어붙인다. 우리가 당황하고 헤매는 사이에 아이들도 허덕이며 상처를 받는다. '소금과 빛' 된 삶은 우리와 아이가 마주해야 하는 오늘과는 너무 멀리 떨어져 있는 것만 같다. 하지만 우리는 이 가운데에서 자녀들을 키워 내야 한다. 우리는 오늘 하루 어떤 지침을 따라 자녀를 대하고 있는가?

물론 세상의 가치관이라고 다 적대적이거나 문제가 있는 것은 아니다. 우리는 세상의 지식과 전통 속에서 본래 하나님이 창조하신 유용하고 선한 것들을 골라내야만 한다. 하나님이 '일반 은총'으로 인류의 역사와 문화유산 속에 성실하게 남겨 놓으신 요긴한 것들을 캐내어 자녀를 양육하는 데 십분 활용해야 한다. 물론 현실적으로 성경 하나만 가지고 자녀를 양육하기란 쉽지 않다. 좀 불편하게 들릴 수도 있지만, 성경은 분명 자녀 양육서가 아니다.

저마다 할 일이 있다. 부모들은 매일 내게 찾아와 근심 가득한 얼굴로 "자녀를 어떻게 키워야 하느냐?"고 묻는다. 나는 내가 알고 믿는 것으로 그들에게 답해 줘야만 했다. 내가 아무리 부족한 소아청소년정신과 의사, 미숙한 신앙인이라 할지라도 말이다. 나는 소명에 반응해야 했고, 세상의 지식과 성경을 더 깊고 넓게 배우고 활용해야만 했다. 아직

갈 길이 많이 남은 이 버거운 길 중간에서 잠시 짬을 내 이 책을 쓰기로 마음먹었다. 이 책 안에 성경의 원리와 양육에 대한 세상의 지식들을 어떻게 조화롭게 적용할 것인지에 대한 고민과 실례들을 담고자 했다. 모두 내 상담실에서 실제로 매일 일어나는, 소박하지만 각 사람에게는 더할 수 없이 진지하고 처절한 담론들이다.

"그래서 어떻게 하라는 말인가?" 어떤 독자는 이렇게 물을 수도 있다. 이 책에는 구체적인 안내도 일부 소개되어 있지만, 원칙과 마음가짐, 태도에 대한 내용들이 좀 더 강조되어 있다. 이유는 세 가지다. 첫째, 원칙 없는 행동은 없고, 모든 실천은 생각과 마음가짐에서 나온다는 평범한 진리 때문이다. 가치관이 자리 잡으면 행동은 자연스럽게 따라 나오기 마련이다. 물론 적용까지 가려면 각자의 삶에서 적잖은 숙고와 성찰이 필요하다. 둘째, 자녀를 양육하는 행위는 아주 구체적이고 개별적이기 때문이다. 자녀의 사정, 부모의 특성, 배경과 정황에 따라 같은 원칙도 다른 행동으로 적용될 수 있다는 말이다. 사정이 다양한 독자들의 각 상황에 모두 들어맞는 구체적인 가이드라인은 실용성이 오히려 더 떨어질 수 있으며, 오용과 남용의 가능성도 높다. 마지막으로 셋째, 이 모두를 다루다 보면 내용이 너무 장황하고 지루해질 수 있기 때문이다. 이런 갈증을 좀 덜 수 있도록 실제적인 면이 보다 강조된 후속편을 준비하려고 한다.

땅 위에 두 발을 붙인 채 하늘을 바라보며 살아가야 하는 이중적인 삶이 우리와 우리 자녀들에게 펼쳐져 있다. 마음대로 되진 않지만 놀라운 인생이며, 쉽진 않지만 명예롭고 감격스러운 여정이다. 우리 손을 통해 아이들은 지혜와 키가 자라서 결국 그 길을 걷게 되고, 하나님과 사람들에게 더욱 사랑스러워질 것이다. 아이들이 저마다의 색깔로 세상을 덮고, 품고, 이겨 내기를 간절히 소망한다. 이 책이 같은 소망을 품고 주어진 길을 담담하고 끈덕지게 걸어가는 모든 부모들에게 작은 도움과 위로가 됐으면 한다.

2019. 5

유한익

Part 1

부모의 양육관이 자녀의 가치관을 만든다

Chapter 1

좋은 부모는 하루아침에 되지 않는다

자녀가 태어나기 전에 부모가 될 준비를 갖춘 사람이 과연 얼마나 될까? 우리 중 많은 수가 어찌어찌 살다 보니 어느 날 아이를 갖게 되었고, 그 아이가 태어나면서 하루아침에 부모가 됐을 것이다. 아무리 작은 일을 시작해도 가장 먼저는 그 일의 목적이 무엇인지 곰곰이 따지게 마련이고, 인간에게 양육처럼 중요한 일은 없다고들 한다. 하지만 현실은 다르다. 양육의 목적 한번 진지하게 고민해 보지 않은 채 부모라는 중책이 턱 주어지기 때문이다. 솔직히 혼자 살아가기도 버거운 세상인데 말이다.

이왕 부모가 되었으니 고민해 보자. 양육의 목적은 과연 무엇인가? 흔히 어떤 과제의 목적은 결국 좋은 결과를 내는 것에 있다. 그러니 양육의 일차 목적은 자녀를 잘 키워 내는 것이라 할 수 있다. 자녀가 나중에 어떠한 사람이 되었느냐에 달려 있다는 것이다. 그런 점에서 "자녀가 좋은 대학을 나와 좋은 직장에 들어가면 양육에 성공한 것이고, 그렇지 않으면 실패한 양육이 된다"는 말은 틀리지 않은 것 같다. 하지만 아이를 키우다 보면 이 단순한 사실에 동의할 수 없을 때가 많다. 다른 집 이야기를 들어 봐도 마찬가지다. 더욱이 나와 같이 직업상 힘든 아이와 부모를 매일 마주해야 하는 사람이라면 더욱 공감하기 어렵다. 좋은 양육자와 양육을 잘 받은 좋은 자녀, 즉 잘 자란 아이로 연결되지 않을 때가 너무도 많으며, 나쁜 토양에서도 드물지 않게 좋은 사람이 자라나고, 그 반대의 경우도 얼마든지 있기 때문이다.

준비가 잘되었든 안 되었든, 일단 부모가 되고 나면 대부분은 좋은 부모가 되려고 한다. 자녀를 훌륭한 어른으로 만들고자 하는 의도가 있건 없건 말이다. 아마도 인간의 수많은 보편적인 역할 중 부모만큼 개인의 삶에 깊은 의미를 가져다주는 것도 없을 것이다. 많은 부모들이 "애 키우면서 진짜 어른이 되었다"는 말을 심심치 않게 한다. 아이를 키우면서 자신의 부족함을 발견하게 되고, 예전부터 알았던 단점들이 더 불거지기도 한다. 내 아이만 아니었다면 그냥 덮어 두었을 것을 아이 때문에 애써 드러내야만 하는 경우도 있다. 자녀의 인생에까지 나쁜 영향을 미치고 싶지는 않기 때문이다. 뜻밖의 사고로 큰아이를 잃은 부모 중에 둘째 아이 때문에 이를 악물고 슬픔과 트라우마를 딛고 일어서는 경우를 자주 만나게 된다. 아이가 없었다면 자신을 바꾸려고 이렇게까지 노력을 기울이지는 않았을지도 모른다. 좋은 부모가 되려다 보니 덩달아 부모 자신도 발전하고 좋아지게 된 것이다. 이처럼 아이가 태어나 정신 없이 부모가 되고, 그 아이 덕에 한 걸음 더 좋은 부모가 되어 간다.

자녀 없는 부모는 없다. 우리가 부모가 되는 순간은 자녀가 태어나거나 주어지는 순간인데, 일반적으로 꽤 큰 감정 반응이 동반된다. 좋은 감정이든 불편한 감정이든 말이다. 신생아의 자지러지는 울음처럼 우리도 격한 감정 속에서 '간난부모'로 태어난다. 미숙하고 힘없는 간난아이처럼 우리도 어찌할 줄 모르는 초보 부모의 매일을 맞이한다. 아이가 넘어지고 쓰러지는 것을 반복하며 걷기를 배우는 것처럼 우리 역시 실수와 실패를 반복하며 부모로서 두 발을 딛게 되는 것이다.

부모가 자녀의 약함과 허물에도 불구하고 그들 곁을 떠나지 않듯, 아이들도 부모의 한계와 부족함을 견디며 그 곁에 머물러 준다. 부모가 깊은 아량으로 아이를 감싸듯, 아이들도 그에 못지않은 넉넉함으로 부모를 덮어 주는 것이다. 비판적인 부모 밑에서 자라난 아이들이 숨조차 맘대로 쉴 수 없는 것처럼, 우리 아이들이 얼음장처럼 냉소적이었다면 우리 중 그 누구도 고개를 떳떳이 들지 못했을 것이다. 부모를 바라보는 맑고 사심 없는 아이들의 눈빛처럼 부모 역시 그렇게 바라보고 있는지 묻는다면 솔직히 자신이 없다. 그렇다. 아이를 키우다 보면 부모가 아이를 양육하고 있는 건지, 아이가 부모를 성장시키고 있는 건지 혼동될 때가 있다. 자녀 말고 누가 부모를 이토록 단련시킬 수 있겠는가?

> "아이 때문에 직장도 그만두고 모든 것을 희생하며 최선을 다해 키웠는데, 너무 허무해요."

자녀 양육을 위해 중요한 삶의 한 부분을 포기해야만 했던 부모들 중에는 간혹 허무감을 호소하는 경우가 있다. 그들이 그동안 감당해 낸 시간들이 어떤 것인지 잘 알고 있는 나는 그들의 희생을 과장된 것이나 단지 자기연민의 결과라고만 보지 않는다. 도리어 그들이 혹 어떤 부분을 잠시 간과하고 있지는 않은지 되묻는다. 우리는 인생의 20년은 부모와 살고, 다른 20년은 자녀와 산다. 그리고 대략 반 남은 나머지 인생은 배우자와 혹은 홀로 살아간다. 인생의 각 시기마다 각기 다른 역할들이 우리에게 주어지고, 우리는 그 역할들을 성실히 배우고 충실히 수행해야 한다. 배우자, 자녀와 부모, 그들은 가장 소중한 사람들이기 때문이다. 결코 소홀히 할 수 없기에 희생과 헌신은 필연적으로 따라오게 되어 있다. 그 고귀한 길이 '훌륭하게 자란 자녀'라는 결과를 이루지 못했다고 다 허무하고 무의미한 시간들이란 말인가? 그렇지 않다. 누군가의 부모로 산다는 것은 자녀에게는 말할 것도 없고, 자기 자신을 위해서도 단연코 놀랍고 귀한 축복이다.

나와 생김새는 물론 하는 짓까지 똑 닮아 깜짝 놀라게 하는 아이, 때로는 나와 너무도 달라 도무지 갈피를 잡을 수 없는 아이를 키우다 보면 부모는 자신에 대한 이해가 깊어진다. 자녀는 부모 자신을 보다 객관적이고 정확하게 바라보게 하는 거울이다. 그 거울을 가만히 들여다보면 어릴 적 자신의 모습이 비쳐지기도 하고, 자신의 부모와 있었던 크고 작은 일들이 그려지기도 한다. 나의 부모, 과거의 나, 그 사이에 일어났던 좋았거나 혹은 아팠던 많은 상호작용들, 그리고 어른이 된 지금의 나와 내 앞에 서 있는 자녀, 우리 간의 주고받음들, 그리고 미래에 부모가 될 자녀…. 그 긴 연속선상에 우리는 모두 나란히 도열해 있다. 나의 나 됨과 부모 됨은 어느 날 갑자기 하늘에서 뚝 떨어진 것이 아니다. 이러한 연속선상에서 우리는 자신의 양육 행동에 대해 매일 조금씩 알아 가고 또 깨우쳐야 한다. 물론 이것을 깨우쳤다고 해서 어느 날 갑자기 180도 달라질 수는 없다. 뿌리가 깊은 만큼 변화하는 데도 오랜 시간이 필요하다. 어쩌면 아예 바꿀 수 없는 부분도 있을지 모른다. 그러므로 좋은 것은 살리고 좋지 않은 것은 긴 호흡, 먼 시야를 가질 필요가 있다. 함께 서 있는 이 긴 흐름 속에서 절망이나 멈춤은 어울리지 않는다. 우리는 강물처럼 계속 흘러갈 것이고, 그래야만 한다. 그것이 우리에게 주어진 오늘의 삶이고 역할이다. 우리는 누군가의 자녀로서, 또 누군가의 부모로서 충실한 삶을 살아 내야만 한다.

파도에 몸을 맡기듯 생의 흐름을 받아들이고 거기에 우리의 삶을 맡기자. 그 위에서 정교한 중심 이동과 손과 발의 미세한 움직임을 활용한 자신만의 몸짓을 만들어 보자. 부모 됨은 더 나은 나의 나 됨으로 안내하는 길잡이가 될 것이다. 우리의 부모를, 그리고 자녀를 보다 잘 이해하고 보다 깊이 감사할 수 있다면, 우리는 매일 조금씩 성장해 갈 수 있다. 이보다 더 값진 인생이 또 어디 있겠는가?

Chapter 2

부족함이 아닌
만족함을 아는 자녀로 키우라

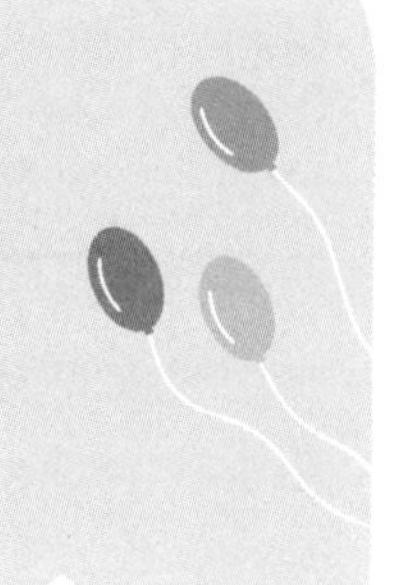

"하나님! 우리 아들, 며느리, 손주들, 올해도 잘되게 해 주세요. 머리가 될지언정…." 어머니이자 할머니가 기도하신다. 가족 모임의 식전(食前) 기도는 어김없이 길고 장황하다. "우리 아들, 직장에서도 머리가 될지언정… 교회에서도 크게 쓰임 받는 자녀들이 되도록…." 어머니의 기도는 늘 한 가지 결론에 이른다. "하나님에게 영광 돌리고 세상에서도 잘되고." '일거양득', '도랑 치고 가재 잡고'다. 자식, 손주 잘되기만 바라는 팔순 넘은 할머니의 기도가 왜 이해가 되지 않겠는가? 하지만 나는 영 마음이 모아지지 않는다. '아이고 오마니, 기도 또 시작이네. 배고픈데.'

"어떻게 해야 아이들을 잘 키울 수 있나요?"
"아이들이 잘되려면 부모가 어떻게 해야 하지요?"

내가 날마다 받는 질문이다. 내 엄마, 남의 엄마 할 것 없이 모든 엄마들의 간절한 소원은 그저 자식이 잘되는 것이다. 질문을 많이 받다 보니 자연스럽게 고민이 된다. 책도 많이 읽었다. 정신과 의사가 된 지 20년이 넘어가고 나이도 쉰이 다 되어 가지만, 솔직히 잘 사는 게 뭔지 잘 모르겠다. 그간 몇 가지 배운 것들이 있지만, 내 하루는 아직 한참 못 미치기에 도무지 자신이 없다. 하지만 어쩔 수 없다. 묻고 빤히 바라보고 있으니 답변을 해야만 한다.

"잘된다는 것은 어떤 삶을 말하는 건가요?"

부모에게 되물어본다. 모든 부모들은 자식에게 간절히 원하는 '잘된 삶'이 구체적으로 어떤 삶을 의미하는지 깊이 고민해 봐야 한다. 그것은 또한 부모 자신의 삶에 대한 질문이기도 하다. 인생에 있어 무엇이 중요한가? 가치관에 대한 의문이다. 세상에는 어떤 것들이 있고 그것을 어떻게 바라봐야 하는가? 세계관에 대한 고민이다. 삶의 의미, 삶의 목적은 무엇인가? 모두 만만치 않은 질문들이지만 그냥 넘어갈 수는 없다. 이것이야말로 우리가 자녀에게 간절히 원하는 것들이 아닌가?

먼저는 부모 자신이 무엇을 가장 가치 있게 생각하는지 점검해 봐야 한다. 보통은 자신들의 부모로부터 흘러내려온 대로 따라 사는 경우가 대부분이다. "남들도 다 그렇게 해요!" 이런 무책임한 답변은 곤란하다. 애석하지만 이 대답은 생각보다 자주 듣는 말이다. 어쨌든 철저하게 고민하지 않았다면, 당신이 지금 추구하고 있는 삶이 자신의 것이 아닐 수 있다는 것, 더 나아가 아이 자신의 것도 될 수 없다는 점은 분명하다. 무엇이 잘 사는 것인지도 모르면서 잘되려고 하는 것은 망망대해에서 목적지도 없이 그저 열심히 노만 저어 대는 행위와 다를 바 없다. 우리의 삶을 이끄시는 하나님은 무턱대고 우리를 끌고 가는 분이 아니시다. 하나님은 소통과 이해를 중요하게 여기신다. 물론 우리도 그냥 끌려가지만은 않는다. 우리의 고집도 만만치 않다. 스스로 납득되지 않는 삶을 열심히 사는 사람은 별로 없다. 그러니 '우리 자녀들이 잘되게 해 주세요'라는 기도를 하기 전에 이렇게 기도하는 것이 어떨까? "주님, 어떻게 사는 것이 잘 사는 것인지 알 수 있도록 우리 눈을 밝혀 주세요."

그렇다고 인생을, 더욱이 오늘의 현실을 늘 명확한 확신을 갖고 살게 되지는 않는다. 삶은 불확실하다. 좋은 일이 나쁜 일이 되고, 나쁜 일이 좋은 일이 되는 경우가 허다하다. 스포츠 경기의 막판 역전 장면보다 삶에서는 더 자주 역전 드라마가 펼쳐진다. 공부만 잘하면, 돈만 잘 벌면, 건강하기만 하면 무엇이든 보장된다고 생각하는 사람들도 있지만, 인생은 결코 그렇지 않다. 솔직히 우리가 공부나 경제적 안정에 더 집착하는 이유는 삶이 불확실하고 미래가 어떻게 될지 몰라 불안하기 때문이다. 내 삶도 어찌될지 모르는데, 자녀의 삶이야말로 어떻게 알겠는가?

그렇다면 어떻게 준비할 수 있을까? 우리는 우리와 자녀의 인생을 예측할 수 없고, 미래에 대해 아는 것이 아무것도 없다. 그러나 이것만은 분명하다. 지금 인생이 좀 힘들고 기대에 못 미치더라도 크게 실망할 필요가 없다는 것이다. 앞날은 모르는 것이니까 말이다. 오늘의 실패가 오히려 좋은 결과를 가져올 씨앗이 되는 것처럼 어느 순간 반전이 펼쳐질지 모른다.

삶의 반전을 경험하려면 두 가지가 꼭 필요하다. 먼저는, 삶이 멈춰서는 안 된다. 삶이 이어지지 않으면 후반전도, 2회전도, 후속편도 펼쳐질 수 없다. 지금 힘들다고 너무 오래 주저앉아 있어서는 안 된다는 말이다. 슬프면 실컷 울고 안타까워한 후, 잠시 쉬면서 목을 축이고 정신을 가다듬자. 그런 다음에는 벌떡 일어나 다시 걸어가야만 한다. 대단히 획기적인 변화가 필요하다는 말이 아니다. 그냥 각자의 자리에서 아무 일도 없었다는 듯 묵묵히 오늘 주어진 하루를 살아가면 된다.

둘째는, 기다리며 기대해야 한다. 다시 걷는 작은 발걸음은 인생 2막이 시작되는 중요한 시점이다. 대신 이번에는 좀 더 정신을 집중하고 오감을 기민하게 만들어 보자. 앞으로 어떤 일들이 펼쳐질지 한층 더 기대해 보자는 말이다. 성공회 대주교 로완 윌리엄스(Rowan Williams)의 말처럼 '조류 관찰자'가 되어 보는 것이다. 온몸과 온 마음의 집중을 유지하면서 긴 밤을 숨죽여 기다리는 관찰자만이 새들이 땅을 박차고 비상하는 전율의 순간을 목도할 수 있는 법이다. 예전에는 몰랐던 삶의 작은 순간들이 깊은 감동과 축복의 시간이었음을 깨달을 수도 있고, 삶의 찬란한 기적의 순간을 맛볼 수도 있다. 몰랐던 생의 의미를 발견하고, 못 보았던 신비를 체험할 수도 있다. 그러다 보면 삶은 더 풍성해지고, 정말 조금 더 잘 살게 될 수 있다. 기대와 기쁨, 감사로 채워질 수 있는 것이다. 날마다 깨어 기대하는 마음으로 하루를 맞이하고 한껏 몰입해서 살아가는 삶보다 더 잘 사는 삶이 있을까? 이 풍성한 인생이 우리의 갈 길이며, 예정된 운명이다. 우리는 그 길을 기대하고 발견하기만 하면 된다.

미래의 불확실성은 우리로 하여금 겸손케 한다. 지금 좀 좋은 일이 생겼다고 해서 호들갑 떨지 않는다. 고개가 뻣뻣해지거나 으스댈 만한 하등의 이유가 없다. 앞으로 어떻게 될지는 아무도 모르기 때문이다. 일류 대학을 갔다고 인생이 보장되거나 쉬워진다고 보는가? 그것은 너무 단순한 예측이다. 삶은 그렇게 펼쳐지지 않는다. 알 수 없는 내일이 현재 세상이 추구하는 가치들을 다시 되짚어 보게 만든다. 돈, 인기, 명예, 지식이 과연 어떤 의미가 있는지 진지하게 고민해 봐야 한다.

이런 것들이 모두 무의미하고 더 나아가 나쁘다는 것이 아니다. 다만 많은 어머니들의 기도처럼 자식이 입신양명(立身揚名)하기만 하면 과연 정말 잘되는 것인지를 살펴보라는 것이다. 삶에는 진정 물질적인 것만 있는가? 인간은 좀 더 복잡하지 않은가? 이런 것들만으로는 불충분하지 않은가? 나의 상담실에는 이런 것들만으로는 채워지지 않는, 수많은 삶의 공허 속에 허덕이는 사람들이 찾아온다. 분명 인간은 물질 그 이상의 것이 필요한 존재다. 무엇보다 우리에게는 관계가 필요하다. 영혼의 닻을 내릴 피난처가 필요하다. 나를 알아주는 누군가가 필요하다는 것이다. 우리는 사랑받고 사랑해야 살 수 있다. 단지 재미나 말초적인 만족이 아닌 깊은 의미가 있어야 우리 자녀들이 쉽지 않은 삶을 버티고 살아갈 수 있다. 그렇다. 보이지 않는 것이 보이는 것만큼, 아니 그 이상 소중한 것이다. 이 사실을 알고 믿으며 사는 것이 균형 잡힌 삶이며, 더 잘 사는 인생이다.

"넌 어떤 사람이 될래?"

"훌륭한 사람이요."

"그럴 필요 없어. 넌 그냥 아무나 되면 돼."

이효리 씨의 멘트가 화제가 된 적이 있다. 물론 더 나은 인생을 위해 노력하지 않아도 된다는 말은 아닐 것이다. 이효리 씨의 말 한마디, 사는 모습, 달라진 음악들만 봐도 그가 끊임없이 노력하는 사람임을 알 수 있다. 이 말은 아마도 '자신의 인생을 살라'는 뜻일 것이다. 어떤 사람으로 살든지 그것으로 의미 있고 충분하다는 말이다. 무엇을 하든 결코 아무나(nothing)가 아니라는 역설이다. 우리는 하는 일과 상관없이 이미 그 자체로 가치 있는 존재라는 뜻이다. 또한 자신의 삶을 사는 것, 자신의 모습이나 형편, 사정을 수용하고 자족하라는 것이다. 남과 비교하면서 스트레스 받고 위축되지 말라는 의미다. 비교의 논리에는 끊임없는 저울질과 절망, 억울함, 질투 외에는 어떤 생산적인 답이 나오지 않는다는 것을 깨달아 자기에게 맞는 옷을 입고 편하게 살라는 조언이다. 누구의 시선이나 평가에 휘둘리지 말고, 평가하는 인생들도 별것 없는 그저 한 명의 제한적인 인간일 뿐이라는 것을 인식하라는 말이다.

모두 맞는 이야기지만, '그냥 아무'나 될 수는 없다. 우리는 결코 '아무나'가 아니다. 그렇게 아이를 키울 수도 없다. 아이들도 아무렇게나 우연히 크는 것은 아니다. 아이들은 끊임없이 누군가를 보고 배우며 성장한다. 무엇보다 그들은 부모인 우리를 모델링한다. 그럼 우리는 누구를 보며 누구를 따라 살고 있는가? 무엇을 향해 살아가는가?

인간은 끊임없이 무엇인가를 지향하고, 주변으로부터 계속적인 영향을 받으며 살아간다. 잘 사는 삶이란 변화하는 삶이며, 무언가를 향해 멈추지 않고 나아가는 삶이다. 당연히 자녀를 키우는 우리도, 우리의 자녀들도 바라보고 지향할 무언가가 필요하다. 길이 어둡고 시야가 흐려

질 때마다 영점을 재조정할 목표가 있어야 한다. 우리가 모르는 인생을 알고, 우리 자신보다 나와 자녀를 더 잘 알고 사랑하는 분, 우리와 언제나 함께하며 결코 변하지 않는 존재를 바라봐야 한다. 그분은 결국 우리가 헤매고 있는 우리의 과거와 현재와 미래를 연결해 설명해 주실 것이다. 우리와 자녀가 어떤 존재이며, 우리에게 주어진 삶이 얼마나 놀라운지를 증명해 줄 수 있는 오직 한 분을 향해 나아가야 한다.

나의 어머니는 항상 나와 내 자녀가 잘 살고 잘되기를 기도하신다. 짧은 기도 속에서도 그 진심과 사랑과 소원을 느낄 수 있다. 어머니는 눈물을 머금고 오늘도 기도하신다. 나도 아이들을 위해 그렇게 기도한다. 하지만 잘 살기는 쉽지 않고, 우리가 노력한다고 꼭 그렇게 되는 것도 아니다. 인생의 폭풍이 몰아치면, 앞은 전혀 보이지 않고 서 있기조차 힘들 때가 있다. 무언가에 집중하면서 그것을 꼭 붙들고 서 있지 않으면 세상의 거친 파도가 우리를 삼켜 버릴 것이다. 그러면 우리의 삶은 곧 향방을 잃어버리게 되어 우리의 아이들도 함께 떠내려가게 될지 모른다. 하지만 우리를 꼭 붙잡고 있는 생명의 원천인 하나님에게 우리의 시선이 늘 머물 수 있다면, 삶은 혼란이 아닌 시시각각 변하는 놀라운 조화로 가득 차 있음을 발견하게 될 것이다.

반전과 역전의 삶, 감동과 전율의 시간이 우리를 기다리고 있다. 더 많이 기대하고 더 민감하게 우리의 집중력을 유지하자. 우리 어머니의 기도가 우리의 이해와 상상을 뛰어넘는 놀라운 응답으로 되돌아올 것이다.

Chapter 3

자녀의 미래는 양육법이 아닌 양육관에 달렸다

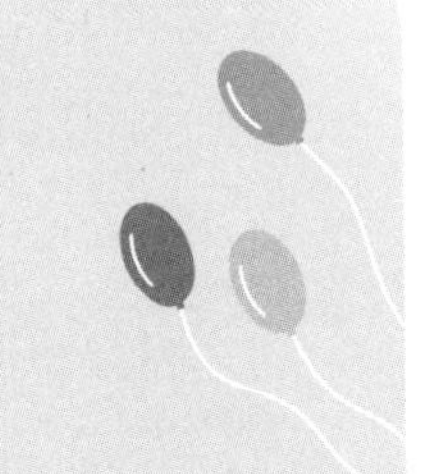

"부모들은 손님 대하듯 아이들을 대하는 법을 익혀야 한다."

이 말은 인본주의 부모 교육 이론의 대표 학자인 하임 G. 기너트(Haim G. Ginott)의 명저 《부모와 아이 사이》(양철북 역간)에 나오는 내용이다. 아이를 인격적인 존재로 여기고 예의를 갖추어 대하며, 그들의 감정이나 생각을 존중하고 배려하는 것이 양육의 기본자세임을 강조한 멋진 말이다. 이런 이론은 비지시적 상담으로 유명한 칼 로저스(Carl R. Rogers)의 '인본주의 심리학'(Humanistic psychology)에 뿌리를 두고 있는데, 이에 큰 영향을 받은 기너트는 아동의 문제는 부모의 성격적인 특성보다는 양육에 대한 경험, 지식, 기술의 부족에 의해 발생한다고 보았다. 때문에 적절한 부모 교육을 통해 대부분 개선될 수 있다고 생각한 것이다. 이를 위해서는 먼저 자녀를 존중하고 충분히 수용하면서 자녀의 욕구에 민감하게 반응해야 한다고 주장했다. 기너트가 주장한 반영적 경청(reflective listening)

기법이나 나-전달법(I-message), 무승부법(no lose method)은 지금도 널리 사용되는 양육 기법들로서, 많은 부모들에게 적잖은 도움이 되고 있다.

이러한 인본주의적 양육을 강조하는 학자들은 부모가 자녀를 조종하거나 강하게 밀어붙여서는 안 되며, 인격적인 주체로 대하는 상호 존중의 자세를 취해야 한다고 강조한다. 왜냐하면 이런 접근을 통해서만 자녀가 소유하고 있는 자기 치유 능력, 즉 본인의 문제를 스스로 극복하는 잠재능력이 극대화된다고 보기 때문이다. 이는 아이가 자신 안에 스스로의 문제를 극복할 수 있는 열쇠를 쥐고 있다는 믿음이 깊게 드리워져 있다.

삶에는 이해할 수 없는 일들이 많이 일어난다. 도무지 원인을 알 수 없는 결과를 만나기도 한다. 자녀를 양육하는 것도 마찬가지다. 자폐증 아이를 키우는 부모들, 온갖 치료에도 나날이 악화되는 자녀의 심각한 정신질환으로 인해 어려움에 빠져 있는 가족들, 불의의 사고로 사랑하는 자녀를 떠나보낸 사람들, 오랫동안 일방적인 학대를 받아 온 힘없는 자녀들, 자녀가 자신의 성정체성 이상을 커밍아웃한 후 고민에 빠진 가족들, 태어날 때부터 갖고 있는 핸디캡을 평생 지고 살아야 하는 자녀들과 그들을 옆에서 지키고 도와야 하는 부모들…. 물론 이들 중 일부는 성장하면서 또는 시간이 지나면서 스스로 갖고 있는 어떤 힘에 의해 점점 개선되어 가기도 한다. 하지만 그렇지 않은 경우도 많다. 대부분은 그럴 만한 능력이 아이에게도 부모에게도 턱없이 부족하다. 이들은 해결할 수도 없고 해결되지도 않는 문제를 같이 안고 살아가야만 한다.

어떤 부모들은 자녀의 문제를 자신이 해결해 줄 수 있고, 또한 그래야 한다고 믿는 것 같다. 이렇게 된 원인만 알아낸다면, 특별한 비방이나 비책을 찾기만 한다면, 내가 좀 더 노력하고 애쓴다면, 하늘이 감동하도록 정성을 다한다면 아이의 문제가 나아질 것이라는 생각에 사로잡혀 있다. 그 생각은 종종 '희망'이라는 포장지에 싸여 있기도 하다. 그래서 그런지 잘못된 의학 정보나 치료기법에 혹해서 긴 시간과 노력과 경비를 소진하기도 한다. 이 같은 기대가 순식간에 더 깊은 절망으로 바뀌는 경우도 많다. 이런 부모들은 아이의 어려움을 부모 자신의 잘못이나 부족으로 오해하곤 하기 때문에 자주 죄책감에 눌린다. 아이를 도우려는 마음이 도리어 큰 짐이 되어 자신을 눌러 우울증에 빠지기도 한다. 상당수는 다시 아이에게로 향하게 되는데, 감정 폭발이나 원망, 때로는 지나친 무관심으로 배출된다. 그리고 또다시 더 큰 죄책감에 빠진다.

삶의 무거운 문제들을 해결할 수 있는 어떤 근본적인 힘이나 가능성이 우리 안에 존재한다는 전제는 우리에게 꽤 매력적으로 들린다. 신(神)의 횡포(?)에 맞서는 인간 궐기의 오랜 역사와 수많은 이야기들은 인간의 이런 강력한 성향을 반영하고 있다. 그런 세계관 속에서 살면서 우리 안에 쥐도 새도 모르게 자리 잡은 생각이 있다. 인간이 모든 것의 근본이라는 인본주의적 생각이다.

'인본'(人本)이라는 말은 우리의 어깨를 으쓱거리게 만드는 기분 좋은 단어다. 하지만 이런 생각은 인간의 한계를 부정하는 비현실적인 믿음으로 안내하는 통로가 되기 쉽다. 아니, 이미 세상은 이렇게 생각하는 사람들이 꽤 많은 것 같다. '유전자 지도', 'AI'와 같은 말들은 우리가 무엇이든 다 해결할 수 있는 존재가 될 것이라는 유혹의 페로몬을 분비하고 있다. 인간에게 모든 가치가 있고, 자기가 원하는 대로 사는 것이 진리고 자유라는 생각은 인간의 자아를 끊임없이 팽창시킨다.

'마음만 먹으면 할 수 있고 가질 수 있고 될 수 있다'는 슬로건은 참 듣기 좋고, 때로는 위로가 되는 것 같다. 하지만 정신병리학자들은 실제로는 할 수 없고 알 수 없는 것을, 할 수 있고 알 수 있다고 믿는 것을 가리켜 '과대망상'이라고 정의한다. 어떤 의미에서 인간 중심의 이 세상은 과대망상증에 걸려 있는 것 같다. 마치 나에게는 한계도, 풀리지 않는 문제도, 힘든 아이도 없어야 하는 줄로 착각하게 만든다.

인본주의적 양육기법은 꽤 유용하다. 나도 실제 임상에서 기너트의 기법들을 많이 사용해 힘든 부모들을 돕는다. 자녀의 문제는 어느 정도는 아이 자신의 몫이고, 그보다 적지만 또 어느 정도는 부모의 몫이다. 물론 사회 전체의 몫도 있다. 이것들을 다 합치면 인간들의 몫이라고 할 수 있다. 우리는 분명 이 부분에 대한 어느 정도의 책임을 져야 한다. 자기 십자가를 당연히 지고, 또 할 수 있는 한 남의 짐도 나누어 져야 한다. 하지만 아무리 그래도 할 수 없고 알지 못하는 것이 여전히 존재한다는 사실을 인정해야 한다. 인간은 그저 인간일 뿐이다.

자기 팽창에 사로잡혀 자신을 괴롭히고 자녀를 힘들게 하지 말자. 문제를 극복하는 데만 인생을 소진하지 말고, 한계 속에서 의미를 발견하고 제한의 틈새 속에서 쉼을 누리는 지혜를 배우자. 한계 안에서 기뻐하고 감사하기를 연마하자. 크고 높다고 다 위대한 것은 아니다. 없어도 명예로울 수 있고, 작아도 얼마든지 강할 수 있다. 인간의 실존적 울타리를 받아들일 때, 그 선(線)이 오히려 인생의 경주를 달음질할 자기 자리임을 알게 될 것이다.

Chapter 4

믿음의 부모는 자녀의 마음에 가치관을 심는다

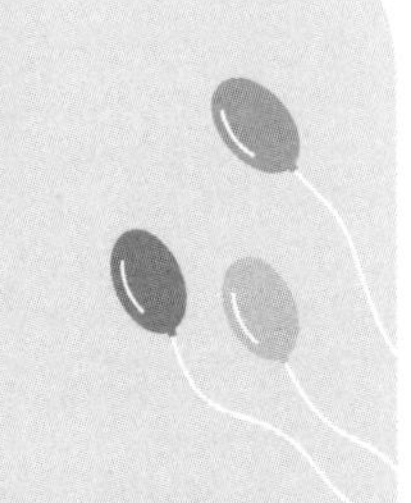

고3 철민이는 요즘 부쩍 잠을 견디기 힘들다. 체력이 달려서 바빠진 일과를 소화하기 어려울 정도다. 틈만 나면 졸다가 정거장을 지나쳐 되돌아간 적이 한두 번이 아니다. 쉬는 시간, 점심시간은 물론, 좀 지루한 수업 시간이면 내려앉는 눈꺼풀을 감당할 수 없다. 그래서 간절히 기도한다. "하나님, 하루 네 시간만 자도 끄떡없게 해 주세요." 그러나… 별 효과가 없다.

살면서 누구나 한두 번쯤은 정말 간절히 기도해 본 적이 있을 것이다. 자신이나 가까운 사람이 병에 걸리거나 심각한 사고를 당했을 때, 중요한 시험이나 결전을 앞두고 있을 때, 너무도 고독하고 외로운데 곁에 아무도 없을 때, 억울한 일을 당했는데 어디 호소할 곳이 없을 때, 정말 절실히 갖고 싶은데 가질 수 없을 때, 누군가를 떠나보내거나 소중한 어떤 것을 내려놓아야 할 때, 피하고 싶은 수치스러운 상황 앞에 직면해야만 할 때 그리고 너무나 두렵고 무서울 때, 우리는 이 모든 상황이 감쪽같이 사라지거나 마법같이 해결되기를 바란다. 현실을 껑충 뛰어넘어 아무 문제도 고민도 없는 낙원의 세계로 날아가 버리고만 싶다. '나에게 날개가 있다면!' 우리도 이상(李箱) 못지않게 겨드랑이가 근질거렸던 경험이 있다. 물론 아이들이라고 다를 바 없다. 어른들은 '애들이 무슨 걱정이 있느냐'며 가벼이 말하지만, 요즘 아이들도 매일이 만만치 않다. 친구 관계도 공부도 쉽지 않다. 언젠가 교회에서 들어 본 말이 번뜩 떠오른다. "무슨 걱정이야? 기도 한 방이면 모든 게 해결되는데!"

'마음은 이미 날개를 달고 저 멀리 날고 있는데 왠지 두 발은 땅 위에 바짝 달라붙어 있다. 가벼운 발걸음으로 남보다 빨리 언덕 위에 오르고 싶고 이미 꽤 뒤쳐져 있어 마음은 다급한데 발걸음은 왜 이렇게 무거운지, 한 걸음 내딛기도 힘들다. 걷다가 쉬다가 걷다가 쉬기를 끊임없이 반복하고 있다. 답답해 미칠 지경이다. 저 끝에서 많은 사람들이 나를 기다리고 있다. 안타까우면서도 조금은 실망스러운 눈길로 나를 바라본다. 나는 이를 악물고 무릎에 다시 힘을 준다. 힘든 한 걸음을 내딛는다. 하지만 너무 힘들다. 포기하고 싶다.'

갑자기 잠이 깬다. 나의 단골 꿈 이야기다.

삶이란 한계와 제한으로 둘러싸여 있다. 아이들은 정해진 일과를 정해진 장소 안에서 주어진 시간 안에 해내야 한다. 과제는 새롭고 모르는 것들뿐이다. 이미 알고 있는 쉬운 것을 요구하는 법은 없다. 배움이란 원래 그런 것이다. 아이들이 선택할 수 있는 것은 별로 없다. 해와 달이 정해진 궤적을 따라 정해진 속도로 돌듯, 정해진 길을 따라 정해진 일을 하며 정해진 속도로 살아갈 뿐이다. 거기에는 초월이 머물 틈새가 없다. 자연 법칙은 예외 없이 항상 그렇고, 우리도 자연의 일부로서 그 그늘 아래 머물고 있다. 지구상에서 중력을 벗어날 곳은 없다. 우리와 아이들은 평생 자연 법칙을 배우고 익히며 결국 그 안에서 삶을 마감한다.

하지만 신앙은 다른 것을 말한다. 초월, 곧 자연 법칙이나 공식과는 무관한 무엇이 있다고 주장한다. 그것은 우리에게 익숙해져 있는 논리적 인과관계를 따르지 않는다. 기독교 신앙도 마찬가지다. 우리가 죄를 지어도 그 값을 우리가 치르지 않는다. 오히려 우리는 용서를 받는다. 미래의 어떤 결과를 야기할 과거의 원인은 꼭 맞아 떨어지지 않는다. 오히려 완전히 새로운 삶이 주어진다. 현실의 한계, 자연적 인과관계만을 따지는 것을 도리어 불경(不敬)하다고 말하기도 한다. 전능하신 하나님에 대한 믿음이 부족하다는 것이다. 그렇다. 분명 우리는 이런 초월적인 세계관을 통해 위로를 받고 소망을 갖는다. 소위 '은혜'가 있다.

하지만 반복되는 꿈처럼, 우리는 여전히 달려야 할 언덕길 중간에 서 있다. 다리는 비실비실하고 숨은 늘 헐떡댄다. 뭔가 이상하다. 초월적인 신앙은 현실의 한계를 전혀 줄여 주지 않는 것 같다. '믿음이 부족한 탓이야!' 처음에는 흔히 이런 자세를 취한다. 그래서 무언가를 더 열심히 한다. '정성과 인내가 부족하기 때문이야!' '그래! 더더욱 열심히 해야지!' 처음에는 감사와 기쁨으로 마음이 벅찼는데, 왠지 조금씩 변질되는 것만 같다. 정확히 꼬집어 말하기는 어렵지만, 결국 복잡하게 혼합된 온갖 인본주의적 특성들이 그 자리를 빼앗는다. 정성, 열심, 극기, 헌신, 노력…. 모두 좋은 말들이지만, 초월적이고 충만했던 출발점과는 거리가 꽤 멀어 보인다.

현실의 높은 벽을 넋 놓고 올려보다가 어떤 이는 반대 방향으로 질주한다. '하나님에게 다 맡기면 돼. 기도만 하면 돼. 그러면 하나님이 다 알아서 해 주셔.' 이들은 일이 생기면 골방으로 향한다. 시험 전날 친구들은 밤샘 공부를 하지만, 이들은 그런 방식을 별로 선호하지 않는다. 하나님에게 시험을 잘 보게 해 달라고 기도하는 것이 시험 전날 공부를 하는 것보다 더 바람직한 방법이라고 믿는 듯하다. 선교사를 하겠다고 결심해 놓고도 어학 공부에는 별 노력을 기울이지 않는다. 온갖 영적인(?) 활동으로 하루가 분주하다. 심지어 영어 방언을 받으려고 기도원에 들어가 있는 사람도 있다고 한다. 극단적인 경우라고 말할 수 있지만, 우리도 이런 유혹에 종종 빠진다. 눈앞의 모든 숙제를 없애 달라고, 아니 최소한 줄여 달라고 기도해 보지 않았던가? 심지어 그럴 수 없다면 신앙이 지금 무슨 의미가 있느냐며 탄식한 적은 없었는가?

앞의 고3 이야기는 학창 시절 나의 고민이었다. 또한 현재 나를 찾아오는 수많은 그리스도인 청소년들의 질문이기도 하다. 시험 때만 되면 학생부 예배당은 텅텅 비고, 고3이 되면 으레 교회는 안 나가도 되는 것처럼 보인다. 대신 '수능 기도회'는 자녀가 좋은 대학에 가기를 간절히 소원하는 부모들로 가득 찬다. 우리는 당장 해내야 하는 고단한 일들과 기적에 대한 갈망 사이에서 끊임없이 갈등한다. 모순과 부조화로 한껏 긴장된 매일이 우리 삶에 계속 펼쳐진다.

자연의 법칙도 하나님이 만드신 작품이다. 그 법칙 아래서 모두가 살아간다. 의사는 신체와 정신의 구조와 기능, 그리고 병리적 상태에 대한 이해를 통해 사람들을 돕는다. 농부도 자연의 순리를 따라 소중한 먹거리를 생산한다. 인과응보(因果應報)의 법칙은 법과 질서 체계로 이어져 사회를 지키고 약자를 보호한다. 그것이 있기에 우리는 성실하고 정직하게 살아간다. 자신을 채찍질한다고 해서 죄를 씻을 수는 없지만, 끝없는 자기성찰과 훈련을 통해 지혜를 깨닫고 인격을 단련하며 자신과 다른 사람의 삶을 풍요롭게 만든다. 이 모든 과정에서 인간의 이성은 제 역할을 톡톡히 해낸다.

우리는 순간의 감정이나 욕정보다는 이성적이고 합리적인 고민을 통해 당장의 이익이 아닌 보다 선한 결정을 내리려고 애쓴다. 자녀들이 늦은 밤까지 열심히 공부하며 지식을 넓히고 끝없이 자신을 훈련해서 예술적, 신체적 능력을 높여 가는 과정이 아름답고 값진 이유가 바로 여기에 있다. 좋은 제품을 만들고 탁월한 아이디어를 구상하느라 밤을 새며 애쓰는 시간들은 참으로 소중하다. 이는 하나님이 기뻐하시는 삶이다. 그것은 살아서 드리는 산제사, 바로 하나님을 예배하는 삶이다.

하지만 우리는 동시에 초월적인 삶도 추구한다. 어느 날 제비가 물어온 박 속에서 금과 은이 쏟아져 나오는 그런 초월이 아니다. 책 한 글자 읽지 않고 척척박사가 되는 마법 같은 이야기도 아니다. 우리가 추구하는 것은 자연의 법칙을 옆으로 피해 가거나 껑충 뛰어 넘어가는 초월이 아니라, 이 세상의 법칙 안에 스며들어 완전히 적시고 충분히 포화된 후에 결국 넘쳐난 그런 초월이다. 세상의 이치와 자연의 순리를 온통 잠기게 하고도 차고 넘치는 대양(大洋) 같은 초월이다.

우리는 세상 사람들이 걷는 그 길을 다 걸어가야 한다. 꿈속의 그 길처럼 다른 사람보다 조금도 더 쉽지 않다. 오히려 더 힘들다. 우리는 사랑의 방법만을 사용하기로 결정했기 때문이다. 섬김, 비폭력, 겸손, 양보의 길을 선택했기 때문이다. 그 길은 좁은 길이요, 죽는 길, 십자가의 길이다. 아무도 그 길이 초월과 기적의 길이라고 알아보지 못한다. 그 길을 따르는 우리조차 때론 헷갈릴 정도로 초라하고 미련해 보인다. 하지만 하늘과 이 땅의 시민권을 함께 갖고 있는 우리 같은 이중국적자에게는 꽤 어울리는 길이다. 불편하고, 뭔가 부족하고, 불안하고, 힘들고, 갈 곳을 알지 못하는 나날들의 연속이지만, 놀랍게도 그 길은 하늘 도성으로 향하는 순례자의 길(Pilgrim's Progress), 곧 천로역정(天路歷程)이다. 우리가 가야 할 길이고, 우리의 자녀들도 따라 걸어야 할 길이다.

Part 2

자녀의 성장이
부모의 성숙을
이끈다

Chapter 5

일관된 양육이 자녀의 마음에 신뢰감을 쌓는다

입대를 앞둔 찬영이는 걱정에 잠을 이룰 수 없다. 입영 전날 불안하지 않은 사람이 누가 있는가 하겠지만 찬영이의 불안은 사뭇 다르다. 찬영이는 이제까지 한 번도 부모님과 떨어져 잠을 자 본 적이 없다. 특히 엄마와 떨어져 지낸다는 것은 상상조차 할 수 없는 일이다. 집을 떠나게 되면 자신이나 엄마에게 무슨 안 좋은 일이 생길 것만 같고, 결국 엄마를 다시 만나지 못할 것만 같다. 예전에 집 밖에서 잠을 잔 적이 없었던 것은 아니다. 여행도 갔고 명절 때면 친척집에도 갔지만, 늘 엄마와 함께 있었다. 어렸을 때는 밤마다 엄마 품이 그리워, 중학교 입학해서야 겨우 엄마와 다른 이불에서 잠을 잘 수 있었다. 고등학교 시절에도 한밤에 잠이 깰 때면 자신도 모르게 안방으로 들어가 엄마 옆에 누워 새우잠을 자곤 했다. 수학여행은 아예 가 보지 못했다. 대학도 원하는 학과가 있었지만 기숙사 생활을 해야만 했기에 포기하고 집에서 통학할 수 있는 학교로 하향 지원해야만 했다. 남들 다 가는 OT, MT도 가 본 적이 없다. 평소에도 결정할 일이 생기면 하나부터 열까지 모조리 엄마에게 묻고 엄마가 허락하거나 정해 주는 것만 했다. 엄마는 아이가 유달리 엄마를 좋아한다고만 생각했고, 내심 자기를 잘 따르는 아이에게 더 애착이 갔다. 솔직히 아이와의 깊은 친밀감(?)을 즐기기도 했다. 엄마 자신도 불안이 많은 사람이었고 항상 머릿속에 아이 걱정이 가득했기에, 아이의 일거수일투족을 다 알고 챙겨 줘야만 마음이 더 편했다.

'분리'는 실존적 불안의 가장 큰 원인이다. 분리되어 혼자 남은 고독한 인간은 가장 강력한 공포인 생존의 위협에 휩싸인다. 힘없는 아이 역시 마찬가지다. 자립할 수 있을 때까지는 부모, 특히 어머니로부터 떨어지지 않아야만 살아남을 수 있다. 분리에 대한 이런 본능적 불안은 아이가 생존하기 위해 꼭 필요한 요소다.

영국의 정신과 전문의 존 볼비(John Bowlby) 박사는 양육자가 곁에 머물러 자신을 돌보게 만드는 아이들의 본능적 반응을 '애착'이라고 불렀고, 전형적인 자폐증이나 극심하게 비정상적인 양육 환경을 제외하면 모든 아이, 즉 모든 사람에게 나타나는 일반적인 현상이라고 생각했다. 결국 양육자로부터의 분리를 어떻게든 막아 보려는 불안 반응 역시 일종의 애착이며, 누구에게나 존재하고 결국에는 다스려야만 하는 발달 과제다.

분리 불안은 어릴 때만 존재하는 것이 아니라 평생 따라다니는데, 제대로 해소되지 않으면 다양한 형태의 불안증으로 이어진다. 대인공포증, 공황장애, 강박 불안, 수행 불안, 폐쇄 공포증 등으로 고생하는 성인들과 이야기를 나누다 보면 어린 시절에 분리 불안이 남달랐던 경우를 많이 발견한다. 일부는 잘 몰랐다가 부모가 된 후 자녀와 관계를 맺으면서 분리 불안이 재가동되는 경우도 있다. 혹은 살아가는 동안 수많은 사람들과 가까워지고 멀어질 때마다 덮어 두었던 분리 불안이 고개를 들기도 한다. 특히 친구, 연인, 배우자, 선후배, 선생님, 직장 상사, 교회 지도자처럼 가깝거나 권위 있는 상대와 관계를 맺을 때, 마음 깊은 곳에 똬리를 틀고 있던 분리 불안이 제 존재감을 드러내기도 한다.

심리학자인 에릭슨(Erikson)은 인간이 태어나서 가장 먼저 획득해야 할 심리적인 과제를 '기본적 신뢰감'(basic trust)이라고 주장했다. 이 믿음은 타인에 대한 믿음과 자기 자신에 대한 믿음으로 나누어진다. 아이의 신뢰감은 자신을 돌보는 사람과의 상호작용을 통해 획득되는데, 특히 양육자가 믿을 수 있다고 느낄 때 형성된다.

그렇다면 아이는 어떻게 자신을 돌보는 사람을 믿을 수 있게 되는가? 예측 가능성(predictability) 때문이다. 어떤 일의 결과나 상대의 반응을 미리 알 수 있다면 불안해할 이유가 없다. 우리는 우리의 미래가 불확실하고 인생이 어떻게 펼쳐질지 모르기 때문에 불안해하는 것이다. 아이도 자신을 돌보는 양육자가 어떻게 자신을 대할지 미리 알 수 있다면 불안해지지 않을 것이다. 언제 웃어 주고, 언제 안아 주고, 언제 젖을 먹여 주는지, 그리고 언제 불편하고 찝찝한 상태를 해결해 줄 수 있는지 예상할 수 있다면 양육자를 믿을 수 있게 된다.

아이 입장에서의 예측 가능성이란 주양육자 입장에서는 일관성(consistency)을 의미한다. 같은 상황인데도 부모의 기분이나 상태에 따라 웃기도 하고 화를 내기도 한다면 아이는 예상할 수 없게 되어 불안해질 수밖에 없다. 어떤 경우는 조금만 울어도 달려와서 안아 주고, 어떤 경우는 한 시간을 울어도 내버려져 있다면 아이는 그런 양육자에 대한 믿음을 갖기 어렵다. 너무 급격하게 젖을 떼거나, 보살피는 사람이 갑자기 사라지거나 자주 바뀌어도 아이는 혼란에 빠진다. 자기를 돌보는 사람이 반복적으로 원칙 없이 자기를 대하면 자신은 그런 취급을 받아도 마땅한 존재, 즉 가치와 의미가 없는 존재라고 여기게 된다. 결국 자신에 대한 기본적 신뢰감을 만들지 못하게 되는 것이다. 자신과 남을 신뢰하지 못하는 아이는 거친 세상에서 불안에 떨 수밖에 없고, 결국 애착 대상인 부모로부터 떨어질 자신이 생기지 않는다. 어쩔 수 없이 억지로 분리되어야 하는 상황에 도달하면 극심한 불안에 떨 수밖에 없다.

기본적 신뢰감이 잘 자리 잡기 위해서는 스스로 해결할 수 없는 불편과 고통을 누군가가 덜어 주고 도와줄 수 있다는 믿음이 있어야 한다. 갓 태어난 아이는 아주 연약한 존재다. 아무것도 스스로 해결할 수 없다. 하지만 부모는 강하고 슬기롭다. 아이가 오줌을 싸거나 배고프거나 추울 때, 이를 능숙하게 그리고 효과적으로 해결해 준다. 아이는 이렇게 자신의 문제를 속속들이 해결해 주고 도와주는 부모를 의지하고 믿고 따를 수밖에 없다. 따라서 영아기의 아이들에게는 부모의 민감한 반응과 돌봄이 꼭 필요하다. 이 시기에 충분하고 안정된 실제적 지원을 받은 아이들은 자신과 타인을 믿을 수 있는 신뢰의 기초가 견고해진다(물론 이런 전폭적인 지지는 영아기가 끝나는 만 2세 이후부터는 부분적인 훈련을 통해 의도적인 만족 지연과 균형을 이루어야 한다.).

기본적 신뢰감은 부모의 자기 확신, 즉 자기가 아이를 올바르게 대하고 있다는 생각에 의해 좌우된다. 이런 부모의 신념은 아이에게 그대로 전달되어, 아이는 부모의 행동이 옳기 때문에 부모를 신뢰할 수 있고, 자기는 대접받는 존재, 즉 가치 있는 존재라고 믿게 된다. 그런데 만일 부모가 자신의 존재나 양육 행동에 대해 믿음을 갖지 못하고 불안해하면 문제가 발생한다. 이런 부모는 주변의 분위기나 유행, 자신의 기분에 따라 부화뇌동(附和雷同)해서 기본적 신뢰감을 형성하는 데 가장 중요한 '일관성'을 유지할 수 없다. 많은 경우 부모의 불안 역시 부모 자신의 부모로부터 영향을 받은 산물로서, 불안은 세대를 거쳐 또 다음 세대로 계속 넘어간다. 이 유전적 고리를 끊고 일관성을 유지하기 위해서는 양육과 관련된 결정들이 흔들리지 않는 깊은 신념에서 비롯되어야 한다. 이런 신념은 부모 자신의 가치관과 거기서 파생되는 양육 행동에 대한 깊은 고민과 성찰을 통해 자리 잡는다. 건전하면서도 단단한 믿음은 쉽게 얻어지는 것이 아니다. "다른 집도 다 그렇게 해요!" 이는 가치관이 없는 부모가 흔히 펼치는 주장, 아니 핑계다.

기본적 신뢰감이 형성된 아이는 엄마가 보이지 않아도 지나치게 불안해하지 않는다. 물론 어느 정도 불안해하는 것은 사실이다. 하지만 이런 아이는 엄마를 기다릴 수 있다. 지금은 어떤 이유로 내 곁에 없지만, 언젠가 돌아와 자신을 돌봐 줄 것이라고 믿기 때문이다. 아이의 마음속에는 '나는 소중한 존재이기에 엄마는 나를 두고 떠나지 않는다'는 믿음이 놓여 있다. 아이는 엄마가 바로 불안감을 덜어 주지 않아도 어느 정도 만족 지연이 가능해지기 때문에 지나치게 보채지 않는다. 만족 지연은 앞으로 무엇인가를 쉽사리 얻어 낼 수 없는 척박한 세상을 살아가는

데 꼭 필요한 능력이다. 더 큰 성취를 얻으려면 당장의 충족을 뒤로 지연시킬 수 있어야만 한다. 이처럼 기본적 신뢰감은 인생이라는 집을 짓기 위한 기초석이며, 삶의 수레바퀴를 굴러가게 만드는 중심축이다.

아이는 타고난 힘에 의해 남은 생의 여정 동안 부모로부터 독립하고 분리되려는 강력한 몸부림을 반복할 것이다. 동시에 그 분리를 불안해하고 두려워하는 또 다른 본능으로 인해 갈등할 것이다. 꽤 오랫동안 이러지도 저러지도 못하는 양가감정에 흔들려 힘들어하고, 곁에서 바라보는 부모를 걱정하게 만들 수도 있다. 하지만 아이는 궁극적으로 독립할 것이다. 그것은 인간의 숙명이다. 부모는 그 과정을 도와줘야만 한다.

그러나 이런 생각이 든다. 과연 인간이 인간을 신뢰할 수 있는가? 우리는 과연 서로 믿을 만한 존재인가? 자녀는 과연 부모를 전폭적으로 신뢰할 수 있는가? 우리는 어떤 상황이라도 자녀의 믿음을 절대 저버리지 않을 수 있는가? 슬프게도 우리의 삶과 역사 속에는 그렇지 않은 이야기들이 즐비하다. 솔직히 우리의 사랑과 신뢰는 이기적이고 꽤 제한적이다. 흔들리지 않으려면 흔들리지 않는 사랑에 기대어야만 한다. 뭔가 더 확실하고 영원한 것이 필요하다. 그곳에 닻을 내리지 않고는 우리의 '기본적 신뢰감'은 언제나 도전 받을 수밖에 없다. 우리는 세상이 주는 것보다 더 크고 일관된 돌봄을 전달하는 통로여야 한다. 큰 사랑을 맛보고, 그런 아버지를 의지하며 더 넓은 삶을 향해 나아가는 용기를 현실의 삶 속에서 보여줘야 한다. 진정한 '기본적 신뢰감'을 획득한 아이는 드넓은 세상의 수많은 사람들과 연합하고 소통하며 만만치 않은 인생길에 짙게 드리워 있는 불안의 해무(海霧)를 헤치며 먼 바다로 나아갈 것이다.

Chapter 6

부모의 삶은 자녀의 가장 강력한 DNA다

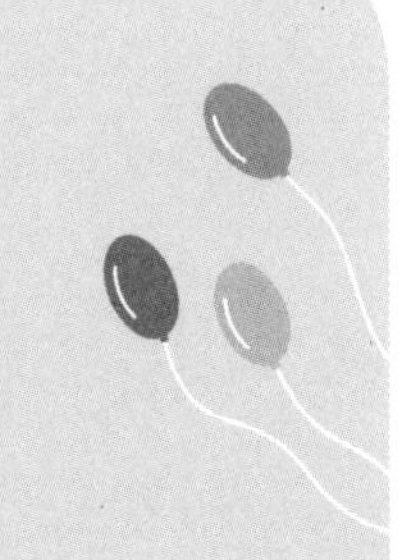

현아 씨의 표정이 어둡다. 예민한 간난아이를 돌보느라 방전돼 버렸다. 한동안 사라졌던 분노가 다시 올라오고, 남편과도 삐걱거리기 시작한다. 결혼한 지 10년이 지나서야 겨우 어렵사리 임신을 결심했다. 엄마가 될 자신이 없어서였다. 아이를 잘 키워 내지 못할까 너무 불안하고, 지금도 여전하다. 생각해 보니 평생 동안 엄마 그늘을 벗어나지 못했다. 아이 때문에 쩔쩔매고 있는 지금도 머릿속에 엄마 생각이 한시도 떠나지 않는다. 어렸을 때 엄마에게 심하게 맞았던 일, 엄마의 기분을 상하지 않게 하려고 늘 눈치를 봤던 순간, 자신을 향한 엄마의 못마땅한 시선이 아직도 생생하게 떠오른다. 그럴 때마다 다시 무력한 어린아이로 돌아간 듯 두려움이 밀려온다. 칭얼대며 울어 대는 까다로운 아이를 제대로 다루지 못하는 자신이 너무 못났고 싫고 무력하다. 부족한 자신에게도, 아이를 낳자고 종용했던 남편에게도 화가 치밀어 오른다. 여기에 혼자서 힘들게 살고 있는 친정 엄마를 생각하면 견딜 수 없는 복잡한 감정이 밀려와 가슴이 터질 것만 같다. 자신은 절대 엄마처럼 되고 싶지 않았다. 하지만 간혹 엄마와 똑같이 아이를 대하는 자신을 문뜩 발견하게 된다. 자신도 엄마처럼 될 것 같아 두렵기만 하다.

부모는 살아 있다. 이미 돌아가셨더라도 말이다. 아니, 애초에 부모가 없었더라도 부재(不在)의 빈자리로 여전히 마음 한 공간을 차지하고 있다. 혹 낳아 주신 부모와 키워 주신 부모가 다른 경우라 하더라도 자녀의 삶에 둘 다의 모습으로 남아 있다. 그것도 생각보다 꽤 강력하게 말이다.

자녀를 키우다 보면 이런 사실을 새삼 깨닫게 된다. 자신과 비슷한 아이의 모습에서 부모와 닮은 나를 발견한다. 좋은 영역에서도 물론 그렇지만, 실은 바람직하지 않은 부분에서 더욱 실감한다. 자신이 싫어했던 부모의 모습이 자신 안에 고스란히 남아 있음을 알게 된 순간, 소스라치게 놀라기도 한다.

자연스러운 현상이다. 우리는 부모와 유전자의 50퍼센트가 같고, 오랜 시간 동안 의식조차 못한 채 부모의 곁에서 매 순간을 함께하며 그들의 삶을 흡수해 버렸다. 그것이 삶을 살아갈 방식을 터득하는 유일하면서도 가장 효과적인 길이었다. 그러니 닮는 것은 당연하다. 사실 따로 부모 되는 연습이나 교육을 받지 않아도 그나마 절뚝거리며 부모 역할, 아니 흉내라도 낼 수 있는 것은 모두 부모 덕분이다. 우리의 부모 됨의 대부분은 자신의 부모를 닮아 있다. '우리 부모가 이랬으니 나는 반대로 해야겠다, 절대로 나는 그렇게 키우지 않겠다'고 다짐한 사람들조차도 자녀에게 하는 행동을 보면 자기 부모를 그대로 빼다 박았다. 의식적으로 부단히 애쓰는 몇 가지만 좀 차이가 있을 뿐이다. 그것들은 대부분 아주 어색하게 느껴지고, 자연스러워지기까지는 꽤 오랜 시간이 필요하다. 우리의 부모 됨이 우리 부모에 깊이 뿌리를 내리고 있기 때문이다.

물론 감사한 부분도 많다. 하지만 때론 속상하다. "왜 나에게는 나쁜 것만 물려줬어?"라고 항변하고 싶다. 받은 것보다는 못 받은 게 더 많은 것 같다. 사실 객관적으로 봐도 그런 경우들이 있을 수 있다. 하지만 그 어떤 부모, 아니 그 어떤 인간이라도 완전할 수는 없지 않은가? 그들 역시 그들의 부모로부터 좋은 것만 물려받지는 못했다. 우리 부모도 자신들의 의도와는 무관하게 미리 세팅된 삶의 전쟁터를 뛰어다녔을 뿐이다.

우리는 이 모두를 잘 알고 있다. 바꿀 수 없는 것을 계속 되돌아보는 것이 부질없다는 것 또한 알고 있다. 하지만 슬프게도 이런 인정과 수용이 속상한 마음까지 달래 주지는 못한다. 휑한 바람이 불 때마다 허전한 느낌 그대로를 견디며 마음과 삶의 한구석이 비워진 채로 살아갈 뿐이다. 분명한 것은 결코 당신 탓이 아니라는 것이다. 나나 그대나 그저 받을 수밖에 없었고, 선택하거나 거절할 수 없었다.

우리 안에 살아 있는 부모의 그림자가 아주 짙게 느껴질 때마다 한 가지 해야 할 일이 있다. 부모가 우리에게 준 것 중에 요긴하고 좋은 것은 없는지 꺼내 보는 것이다. 과장하거나 미화시키라는 말이 아니다. 있는 그대로, 조금은 더 객관적인 눈으로 살펴보자는 것이다. 완전히 훌륭한 부모가 없듯, 완벽히 부정적이고 악한 면만 있는 부모 또한 없다. 이것도 전자만큼이나 확실한 사실이다. 나쁜 면만 보고 좋은 것을 보지 않는 건 공평하지 않다. 무엇보다 우리 자신에게 전혀 도움이 되지 않는다. 긍정심리학자들은 한결같이 말한다. 긍정성이란 '좋은 면만 보는 것이 아니라 있는 그대로 보는 것'이라고 말이다. 그들은 좋은 면과 나쁜 면을 같은 선상에 놓고 바라보는 시선이 부족하기 때문에 부정적인 사람이 된다고 주장한다.

나는 부모의 좋은 면에 대해 이야기를 나누다가 잊고 있던 일들이 떠올랐는지 묘한 미소를 짓는 사람들을 여럿 보았다. 사실 우리는 부모를 너무 좋아하고 사랑했기 때문에, 그리고 자신의 부모가 완벽하기를 기대했기 때문에 작은 일에도 크게 상처받았는지 모른다. 전능한 부모를 갖고자 하는 환상이 깨지는 순간 가당치 않은 실망에 휩싸일 수밖에 없다. 하지만 조금만 거리를 두고 바라본다면 부모를 향한 우리의 기대가 얼마나 비현실적인 것이었는지 어렵지 않게 발견할 수 있다. 그들도 우리처럼 연약한 사람들이기 때문이다. 대단하지는 않지만 그럼에도 불구하고 배울 것이 있으며, 우리가 살면서 사용할 수 있도록 적지 않은 것을 남겼다는 사실 또한 인정해야 한다. 그렇다. 아무리 빈곤한 청사진이라도 그것 없이 건물을 지을 수는 없는 법이다.

시작은 분명 그랬다. 하지만 모두 어릴 때 이야기다. 자녀를 키우는 우리는 이제 어른이 됐다. 그때는 모든 것을 받아들여야만 했고, 불필요하거나 나쁜 것을 거절할 기회를 갖지 못했다. 하지만 지금은 다르다. 과거의 영향이 작진 않지만, 그렇다고 전부는 아니다. 이제 우리는 선택할 수 있다. 좋은 부모가 되고 바람직한 양육을 실천할 수 있는 기회가 우리 앞에 줄줄이 놓여 있다. 잘못 선택했다면 쿨하게 인정한 후 다음에 더 좋은 결정을 내리면 된다. 기회는 매일 새롭게 주어지기 때문이다.

우리는 부모와 비슷한 면도 많지만, 똑같지도 않고, 그와 같은 인생을 살 수도 없다. 어떤 면에서는 더 낫거나 부족할 수밖에 없다. 부정적인 것은 하나씩 버리고 좋은 면은 하나씩 더해야 한다. 그러기 위해서는 의식의 더듬이를 세우고 자신의 현재를 살펴야 한다. 더 이상 어린아이처럼 무방비, 무의식적인 상태에 머물러 있을 수는 없다. 부모를 닮은 생각과 행동 중에 바람직하지 않은 부분과 긍정적인 부분을 분류해야 한다. 자신을 살피는 일은 누구에게나 가능하다. 물론 때에 따라서는 전문가의 도움을 받을 수도 있다. 그만큼 나는 나의 부모보다 한 걸음 더 나아갈 것이고, 우리 자녀는 나보다 한 걸음 더 진전할 것이다.

따라서 부모로서의 자신을 이해하려면 자신의 부모에 대해 깊이 생각해 봐야 한다. 내 부모의 삶을 잘 관찰하고 그분들을 이해해야만 내 양육 행동의 원천을 찾을 수 있다. 아이를 키우면서 중요하다고 생각하는 가치, 자신도 모르게 사용하는 양육 방식이나 패턴들은 부모의 삶 속에 그대로 녹아 있었던 것들이 대부분이다. 그 연계성을 이해하는 것이 필요하다. 양육 과정에서 마음먹은 대로 잘 실천되지 않는 부분이 있다면 반드시 부모에 대해 깊이 묵상하고 정리해 보기를 권고한다. 특히 아버지와 어머니의 삶의 여정을 자신만의 이야기로 써 내려가 보는 것은 매우 도움이 된다. 그분들의 장점과 단점, 특징과 중요한 사건들을 살피다 보면 오늘날의 나에 대한 많은 것이 이해된다. 그 흐름 속에 부모가 된 지금의 내가 있고, 나의 자녀가 그 연속 선상에 같이 놓여 있다. 그 흐름을 알면 우리 안에 행동의 방향을 전환할 수 있는 아이디어가 생긴다. 그래서 우리 부모보다 한 걸음 더 나은 양육을 구체적으로 실천할 수 있게 된다.

센딜 멀레이너선(Sendhil Mullainathan)과 엘다 샤퍼(Eldar Shafir)가 지은 《결핍의 경제학》(알에이치코리아 역간)은 부족함이 개인과 인류의 삶을 바꾼 수많은 사례들을 소개하고 있다. "필요는 발명의 어머니"라는 금언은 액자 속의 죽은 글자가 아니라 반복되어 증명되는 역사적 사실이다. 양육도 예외는 아니다. 좋은 부모를 둔 자녀가 다시 좋은 부모가 되거나, 힘든 부모에게서 자라난 자녀가 꼭 나쁜 부모가 되는 것만은 아니다. 2018년 칸 영화제에서 황금종려상을 수상한 고레에다 히로카즈 감독의 〈어느 가족〉은 부모 됨과 생존, 결핍과 사랑에 대한 복잡한 인간의 감정을 담담하고도 적나라하게 보여 준다. 누가 좋은 부모가 되고, 누가 아름다운 가족을 만들고 지켜 나갈 수 있는가? 그럴 수 있는 부모는 이미 정해져 있는가? 좋은 부모는 타고나는 것인가? 결코 그렇지 않다. 내가 받지 못한 것도 우리는 자녀에게 한껏 베풀 수 있다. 그 길은 부모로부터 받은 것을 지키고 분별하며 더 나은 부모가 되기 위해 자신을 살피는 우리 모두에게 활짝 열려 있다. 잊지 말자. 당신은 부모와 자녀 사이, 그 가운데 서 있다.

Chapter 7

친밀함은 흔들림 없는 가정의 주춧돌이다

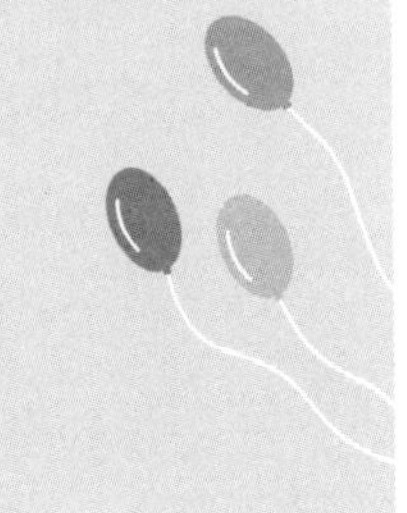

부모로부터 나를 통과해 나의 자녀로 흘러 내려가는 인간의 가장 보편적이면서 중요한 행동 유산, 즉 양육의 길 들머리에 당신과 내가 서 있다. 양육의 비방을 전수받아 양육의 고수가 되고자 하는 부모도 있을 것이다. 그러기 위해서는 아이에 대해서도 더 깊이 이해해야 하고 아이를 대하는 기술도 배울 필요가 있겠지만, 그전에 가장 먼저 이 질문에 솔직히 답변해 볼 필요가 있다. "당신은 당신의 자녀와 얼마나 가까운가?" 우리나라에서 자녀와 부모 사이는 '1촌'이니 세상에 이보다 가까운 관계는 없을 것이다. 하지만 실제는 어떠한가? 족보와는 전혀 다른 부모 자녀 사이가 참으로 많다. 당신은 당신의 자녀와 얼마나 친밀한가? 아주 밀접하다고 생각하는가? 좋다. 그렇다면 과연 당신의 자녀도 그렇게 생각하고 있는지 되묻고 싶다.

아버지인 진규 씨는 자존심 강하고 고집 센 둘째 서윤이와의 관계가 너무 힘들다. 서윤이가 사춘기에 접어들면서 마찰 강도는 더욱 강해졌다. 서윤이 어머니는 아버지와 아이 둘 다 성격이 똑같기 때문이라고 못 박아 말한다. 얼마 전 서윤이가 허락도 없이 늦게 귀가하는 바람에 아버지에게 매를 맞는 일이 있었다. 아이는 다음 날 홧김에 가출을 하고 말았다. 평소 친하게 지내던 친구 집에 있는 것을 어머니가 겨우 달래 집으로 데리고 왔지만, 아이는 아버지 얼굴을 아예 보려고도 하지 않았다. 아버지는 위기감을 느꼈는지 갑자기 화해 모드로 급전환했다. 아이가 화를 내도 전과는 달리 꾹 참았고, 만나면 먼저 다정하게 대화를 시도하기도 했다. 가부장적인 성격을 고려하자면 솔직히 큰 변화라고 할 수도 있을 것이다. 하지만 서윤이의 반응은 여전히 냉담했고, 버릇없는 행동도 전혀 변화가 없었다. 몇 주 후 아버지는 지친 듯 내게 항변했다. "내가 이렇게까지 하는데 뭐가 불만인지 모르겠습니다!"

아이는 왜 이렇게 예민한가? 왜 이토록 오랫동안 화가 풀리지 않는가? 아버지가 화를 못 참고 때렸기 때문인가? 물론 명백히 말해 잘못된 대처였다. 하지만 일반적으로 체벌 한 번으로 부모 자녀의 관계가 무너지지는 않는다. 체벌한 것을 아무리 사과해도 아이의 마음이 풀리지 않는 것은 둘 사이의 관계에 보다 오래된 근본적인 문제가 작동했음을 의미한다. 그러니 아버지가 수 주 동안 애써 양육 방식을 바꿔 가며 노력한 것이 별로 효과가 없는 것이다. 십수 년 넘게 자리 잡아 온 관계가 그리 쉽게 바뀌겠는가? 해묵은 관계가 새로워지는 데는 역시 꽤 오랜 시간의 새로운 자극이 필요하다. 휘어진 나무줄기를 똑바로 세우기 위해서는 그보다 더 오랫동안 부목을 받쳐 놓아야 하는 것과 같은 이치다.

양육은 오랜 주고받음으로 단단해진 부모와 자녀 관계의 안정성과 내성(耐性)에 뿌리를 내리고 있다. 그렇다면 그 관계의 가장 두드러진 특징은 무엇인가? '부자유친'(父子有親), 즉 부모와 자식은 '친'(親)해야 한다는 것이다. 그렇다면 '친하다'는 것은 무엇인가? 첫째로, '가깝다'는 의미다. '늘 곁에 있으면서 함께 시간을 많이 보낸다'는 뜻이다. 여기에는 시간적, 공간적 그리고 관계적인 개념이 모두 포함되어 있다. 항상 나와 가까운 곳에 위치해 있으면서 긍정적인 상호작용을 하고 있는 상태를 뜻한다.

좀 더 정리해 보자. 첫째, 서로가 필요할 때 어렵지 않게 상대를 사용할 수 있어야 한다(availability). '사용'이라는 어감이 불편하겠지만, 부모의 시간이나 관심을 자녀가 유용할 수 있는 용이성(容易性)을 말한다. 이것은 매우 중요하다. 필요할 때 내게 눈길도 주지 못하는 가까운 관계가 과연 무슨 의미가 있겠는가?

둘째, 쉽게 곁으로 다가갈 수 있어야 한다(accessibility). 인간은 공간을 초월할 수 없는 존재다. "out of sight, out of mind!"(눈에서 멀어지만 마음도 멀어진다.)는 양육에서도 진실이다. 부모의 시선에 자녀가 머물고 자녀의 시야 내에 부모가 서 있어야 한다.

셋째, 서로가 서로를 받아들이는 긍정적인 감정 상태에 있어야 한다(agreeability). 요즘 들어 아이를 잘 키우기 위해 '내가 해 줄 수 있는 게 무엇이 더 있을까?'에 과도하게 집착하는 부모들을 종종 본다. 이런 부모 중에는 아이들의 경제적, 교육적 환경을 풍성하게 만들어 주는 데 온 힘을 기울이느라 더 중요한 것을 놓치는 경우가 적잖다. 서로 얼마나 같은 생각을 갖고 있는지, 서로의 의견에 얼마나 동의하고 있는지 점검하지 않는다. 생각의 간격을 줄이려고 아무런 노력하지도 않는다. 생각해 보라. 서로가 서로의 생각에 동의하지 않는데 어찌 가까워질 수 있겠는가?

부모는 일에 치이고 자녀는 공부에 휘둘리고 있다. 물론 부모는 아이를 위해 열심히 일한다. 아이도 자신의 목표와 부모의 요구에 부응하기 위해 열심히 공부한다. 하지만 이런 눈에 보이는 목표에만 집중하다 보면 서로의 감정 상태를 돌아보지 못하게 된다. 부모와 자녀 사이가 매일 만나서 같이 일하는 직장 동료들과 별 차이가 없는 것이다. 목표를 설정하고, 그것을 위해 달려가고, 목표가 성취되면 같이 좋아하다가 이내 더 높고 새로운 목표를 설정하고 또 달려 나가는 현대 사회의 성취 지향적 패러다임 속에 부모 자녀 관계도 변질되기 쉽다. 아니, 이미 너무 많이 변질되었다. 부모는 자녀에게 더없이 가까운 존재여야 한다. 부모와 자녀는 목표를 이루기 위해 연합한 동지가 아니다.

'친하다'는 것의 두 번째 의미는, '서로를 바라보는 것'이다. 친(親)의 의미를 내포하는 부수는 '견'(見)이다. 부모는 늘 자녀를 바라보는 존재라는 뜻이 녹아 있다. 혹자는 이 의미를 강조하기 위해 '親'을 '나무(木) 위에 서서(立) 자녀를 항상 바라보고 기다리는(見) 것'이라고 풀이하기도 한다. 밖에 나간 자녀를 기다리는 부모의 심정이 잘 표현된 해석이라고 볼 수 있다.

부모는 자녀를 잘 관찰해야 한다. 놀랍게도 자녀를 잘 모르는 부모가 너무 많다. 진료실에 찾아오는 수많은 청소년 아이들이 "우리 부모님은 나를(혹은 내 마음을) 전혀 알지 못해요. 내가 지금 어떤 상황인지 몰라요" 라며 고민을 토로한다. 더 흔히 나오는 불평은 "아무것도 알지 못하면서 맨날 뭐라고 해요"다. 그런데 아이가 나간 후에 부모와 이야기하면, 놀랍게도 부모들은 거의 대부분 자신들은 아이에 대해 잘 알고 있다고 말한다.

이 엄청난 간극은 도대체 어디에서 비롯된 것인가? 우선 '나는 아이를 충분히 알고 있다'는 부모의 확신이 문제다. 잘 알고 있다고 생각하기 때문에 아이를 잘 관찰하지 않고 아이의 이야기에 귀를 기울이지 않게 되는 것이다. '내가 모르고 있는 것이 정말 많을지 모른다'고 생각한다면 세심하게 경청하고 관찰할 수밖에 없다.

부모의 급한 마음도 일조한다. 부모는 자녀를 빨리 그리고 잘 도와주고 싶어 한다. 아이가 무슨 말을 하거나 아이에게 무슨 일이 생기면 1초도 지나지 않아 '이래라저래라, 이것은 옳고 저것은 틀렸다'며 바로 개입과 조언이 들어간다. 하지만 상황을 모르는 상태에서 제대로 도울 수 있는 방법은 없다. 오히려 일을 그르치기 쉽다. 그래서 아이들이 "제대로 알지도 못하면서 그런다"고 대꾸하는 것이다.

제대로 도우려면 일단 잘 듣고 관찰해야 한다. 열 번 관찰한 후 한 번 개입하는 것이 좋다. 부모와 자녀 사이에 일어나는 많은 일들은 그저 듣고 같이 바라보는 것만으로 충분히 해결할 수 있는 경우가 많다. 중요한 것은 얼마나 오래 지속적으로 주목할 수 있느냐, 그리고 어떤 눈길로 바라보느냐 하는 것이다. 그윽한 시선으로 늘 곁에서 자신을 바라보는 부모를 가진 자녀에게 무엇이 더 필요하겠는가? 부모는 자녀를 바라보는 사람이며, 그것이 자녀와 친하게 지내는 길임을 잊지 말자.

셋째로, 친하다는 단어에는 '몸소'라는 의미도 있다. '직접 제 몸으로'라는 뜻이다. 우리는 '친히 …을 해 주다'라는 표현을 자주 사용한다. 친한 사이끼리는 서로가 서로에게 직접 수행하는 많은 행위가 존재할 수밖에 없다. 직접 음식을 해 주고, 직접 놀아 주고, 직접 만나고, 직접 이야기를 나눈다. 늦은 밤 직접 기다리고, 자녀를 위해 직접 먼 길을 떠나며, 직접 땀 흘려 일을 한다. 누군가 대신 해 주는 관계는 엄밀한 의미에서 친한 관계가 아니다.

자녀는 우리가 직접 우리 자신의 몸을 사용해서 헌신하고 섬겨야 하는 존재다. 자녀가 필요로 하는 그곳, 그 시간에 직접 우리의 몸을 움직여 함께 거하고 삶을 공유하기 위해 최선을 다해야 한다. '친하다'는 것은 관념적인 것이 아니라 실천적인 것이다. 자녀들에게 실천 없는 개념은 아무 의미가 없다. "넌 왜 내 마음을 못 알아주니?"라는 말은 그저 변명에 불과할 뿐이다. '마음'은 '몸'으로만 전달될 수 있다.

그런 의미에서 '몸소'라는 말이 난 참 좋다. 예수님이 몸소 친히 오시지 않았다면 성경에 구구절절 씌어 있는 사랑의 이야기가 우리에게 무슨 의미가 있겠는가? 우리도 이처럼 자녀의 친한 그리고 오랜 벗(親舊, 친구)이 돼야 할 것이다.

Chapter 8

문제를 극복하는 힘은 호통이 아닌 소통에 있다

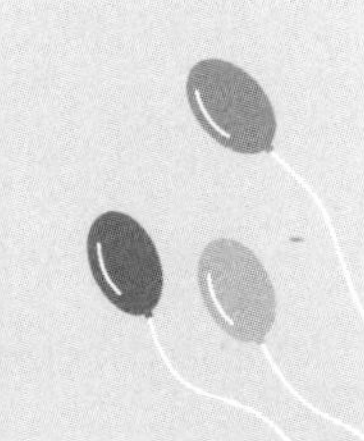

"엄마 아빠는 잘 알지도 못하면서 맨날 뭐라고만 해요!" 자신의 마음을 몰라주는 부모가 야속하다. "너는 하라는 공부는 안 하고 허구한 날 스마트 폰만 하냐?" 부모 눈에는 아이가 틈만 나면 SNS를 뒤적이는 것으로 보인다. 하지만 정작 아이는 학교와 학원에서 열심히 공부하고 돌아와 지금 막 스마트 폰을 들여다 본 것이라고 주장한다. 아이의 이야기를 들으면 그의 불평이 이해가 된다. 그러나 엄마 생각은 다르다. 둘의 입장 차이가 좀처럼 좁혀질 것 같지가 않다. 솔직히 부모는 아이의 하루를 잘 모르고, 아이도 부모의 잔소리가 납득되지 않는다.

부모의 말을 잘 듣지 않는 아이들과 이야기를 나누다 보면 많은 아이들이 부모가 자신을 잘 알지 못한다고 말한다. 솔직히 자기 사정을 모르는 사람이 하는 말을 따를 사람이 누가 있겠는가? 정확하지 않은 정보에 근거한 잘못된 조언에 순응할 리 없다. 만일 자신의 사정과 입장을 정확히 알았다면 이렇게 판단하지는 않았을 것이라고 생각하기 때문이다. 부모가 자신의 현재 상황을 잘 알고 이해하고 있다는 믿음은 바로 순응과 직결된다. 또한 사실을 잘 알지 못하고 제안하는 권고가 자녀에게 실제로 도움이 될 리 만무하다. 과연 우리는 자녀의 상황을 실시간으로 얼마나 잘 파악하고 있는가? 아니, 자녀의 하루를 제대로 파악하는 것이 현실적으로 가능한가? 만일 불가능하다면 우리가 할 수 있는 것은 무엇인가?

순응 여부를 떠나서라도 모든 자녀에게는 부모의 적절한 도움이 꼭 필요하다. 자녀들은 늘 부모에게 묻는다. 따라서 우리는 진지하게 듣고, 고민하며, 잘 대답해 줘야 한다. 하지만 무엇을 물어야 할지, 자신이 무엇을 모르는지조차 모르는 아이들이 많다. 공부하지 않는 학생들에게 질문거리가 없는 것처럼 말이다. 요즘에는 자신의 삶을 고민할 동기가 아예 없는 아이들도 있다. 어떤 경우는 고민할 기회조차 허락되지 않는 것 같다. 아이들은 그냥 앞에 놓인 길을 걷기만 한다. 어디로 갈지, 어떻게 갈지 판단하고 결정하는 역할은 주어지지 않는다. 지금 내가 잘 가고 있는지 멈춰 생각할 여유도 없다. 세상이 부과한 경로를 쫓아가는 수동적인 일정만으로도 넋이 나갈 지경이다. 이런 경우에는 부모의 결정과 조언이 더 중요해진다. 그런데 우리는 오늘의 자녀에 대해 얼마나 정확한 정보를 갖고 있는가? 부모와 아이가 같은 사건을 두고 아주 다른 이야기를 쏟아 내는 경우는 상담실의 흔한 풍경이다.

우리는 먼저 내가 아닌 다른 누군가를 잘 알고 있다는 생각을 버려야 한다. 아무리 자녀라 할지라도 그 삶을 확실히 파악하고 있다고 확신한다면 그 생각은 차라리 망상에 가까울 것이다. "엄마 아빠는 하나도 모르면서 저러신다!"고 푸념하는 아이들 뒤에는 거의 항상 "난 아이를 잘 알고 있다"고 확신하는 부모가 있다. 미안한 말이지만, 그 확신 때문에 아이의 말에 귀를 기울이지 않는 것임에 틀림없다. 아이도 귀가 막혀 있는 부모에게는 입도 뻥끗하지 않는다.

'다 안다'고 생각하는 사람은 새로운 사실을 배우려 하지 않는 법이다. "요즘 우리 아이가 어떻게 지내는지 잘 모르겠다"고 고백하는 부모는 자연스럽게 아이의 말에 귀를 기울이게 되고, 열린 마음으로 행동을 관찰하게 된다. 선부른 조언을 내놓기 전에 더 듣고, 보고, 고민하게 마련이다. 자녀의 지금 상황과 생각을 알려고 하는 마음이 자연스레 부모의 입을 닫게 만든다. 아이가 자신의 사정을 털어 놓기 시작하면 반 이상은 성공한 것이다.

실제 생활에서는 아이들의 질문과 부모의 답변 및 개입 사이에 시간차를 넉넉히 두는 것이 좋다. 문제가 생기자마자 바로 어떤 개입, 특히 꾸중이나 교정이 들어간다면 아이들은 다음부터 절대 입을 열지 않을 것이다. 말만 꺼내면 '맞다' 혹은 '틀리다' 판단하고 '이래라저래라' 훈계하고 교정하려는 사람에게 누가 고민을 털어 놓겠는가? 소통의 단절은 작게는 호미로 막을 것을 가래로 막게 만드는 원인이 되며, 크게는 부모와 자녀 간의 관계 자체를 위협하는 매우 해로운 독소가 된다.

이렇게 해 보자. 만일 무슨 문제가 발생했다면, "내일 저녁에 이 문제를 해결하기 위해 엄마 아빠와 상의를 좀 하자"고 말한 후 아이의 얘기를 먼저 듣는다. 그리고 "너는 어떻게 했으면 좋겠어?" 하고 아이의 의견을 먼저 묻는다. 아이가 제대로 답변을 못하면, "내일이나 모레까지 생각해 보자"고 한 후 다시 만나 조금은 정리된 아이의 의견을 듣는다. 부모의 의견을 제시하는 것은 다음번으로 미뤄 둔다. 그리고 어떤 결정이나 대책은 맨 마지막에 내린다. 이런 과정을 통해 아이와 부모 모두 자신들의 생각을 정리할 시간을 확보할 수 있다. 감정적인 판단을 내릴 가능성도 크게 줄어든다. 따라서 더 좋은 해결책이 나올 가능성이 크다. 또한 아이는 부모가 자신을 비난하거나 책임을 추궁하는 상대편이 아니라 함께 문제를 해결하고 돕는 한편이라는 인상을 받는다. 아이는 자연스레 문제를 해결하는 방식과 과정을 습득하고, 덤으로 기다리는 법까지 배운다.

사실 아이들의 기억 속에 살아남는 것은 특별한 비법이 아니라 부모와 함께했던 시간들이다. 쉽지 않은 시간을 함께 통과했던 경험과 기억이 아이들의 미래에 끊이지 않는 삶의 동기를 부여한다. 부모들은 너무나 자주 반복적으로 내게 묻는다. "지금 우리 아이에게 무엇을 어떻게 해 줘야 하지요?" 양육에는 비방(秘方)이나 특별한 묘책이 없다. 하지만 기억할 것은, 결국 아이에게는 특별한 노하우나 지식이 아니라 부모와의 관계에서 경험했던 상호작용들이 남는다는 사실이다. 관계는 세상의 어떤 지식보다 소중하고 강력하다는 실제 경험 말이다. 무슨 일이 일어났는지보다 누구와 함께 있었느냐가 더 중요하며, 살면서 일어나는 여러 힘든 일들이 견고한 관계 앞에서는 결코 결정타가 될 수 없다. 아이들에게 어떤 반응을 해야 할지 늘 오리무중인 우리가 염두에 둬야 할 점이다. 여러 가지 이유로 아이를 잘 알고 있지 못하더라도, 우리는 여전히 부모로서 해 줄 수 있는 것이 남아 있다.

자녀들도 이것은 알아야 한다. 남이 나를 얼마나 잘 알고 있는지는 중요하지 않다. 실제로 세상 그 누구도 나를 정확히 알 수는 없다. '나'를 아는 '남'은 존재하지 않는다. 내가 어디서 무엇을 어떻게 하며 살고 있는지는 오직 나 자신과 하나님만이 알 뿐이다. 그러니 "엄마는 나를 몰라줘!"라는 푸념에 대한 가장 정확한 답변은 바로 "당연하지! 엄마가 널 어떻게 다 알겠어?"이다. 나 자신도 나를 모를 때가 많은데, 남이 나를 어떻게 알겠는가? 1분에 수십 번도 더 바뀌고 갈등하고 헤매고 오락가락하는 나를 과연 누가 알 수 있겠는가?

결국 누구에게 내 전부를 알리거나 이해받거나 인정받으려는 시도는 모두 실패할 수밖에 없다. 남에게 비쳐진 나에게 관심을 두느니 차라리 내가 알고 있는 나에게 집중하는 것이 더 낫다. 내가 볼 때 오늘 하루 열심히 살았으면 그만이다. 내 본질과 오늘 내가 걸어온 길은 부모의 평가에 의해 변하지 않는다. 내가 살아온 하루는 내가 알아주면 된다. 꼭 부모가 알아줘야 할 이유가 무엇인가? 게다가 우리의 모든 것을 알고 계시는 하나님이 늘 함께 계시지 않은가? 자신에게 집중하는 법을 빨리 터득할수록 남의 이목에 따라 흔들리지 않는 사람이 될 것이다.

자녀를 아는 일은 언제나 어렵다. 오히려 자녀를 잘 모르겠다는 겸손한 태도가 자녀를 향한 우리의 귀를 열어 준다. 특별한 묘수가 삶의 문제를 푸는 열쇠가 아니라 경청하고 고민하는 그 과정 자체가 자녀와의 관계에 있어 해결책임을 믿는다면, 우리는 분명 자녀의 이야기에 더 집중하게 될 것이다.

Chapter 9

기다림은 자녀의 성장에 마중물이 된다

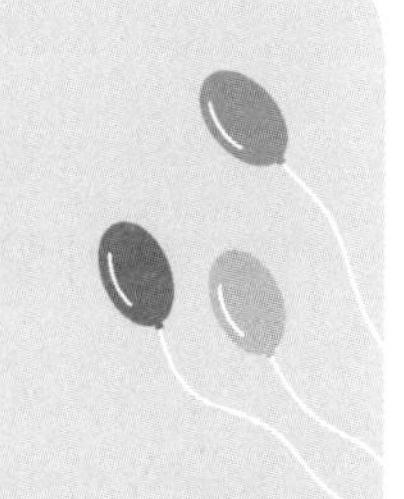

어른들의 삶은 매일 거의 똑같다. 간혹 특별한 일도 일어나지만, 대부분의 시간은 늘 하던 것을 반복한다. 직장 일과 집안일은 물론이고 여가 생활 역시 별다를 게 없다. 만나는 사람들도, 찾아가는 공간도 대부분 크게 다르지 않다. 큰 병에 걸리거나 사고가 난 경우가 아니면 개인의 신체적, 지적 능력이나 상태도 그다지 변하지 않는다. 어른인 우리의 일상은 말 그대로 일상적이다.

아이들의 세계는 이 점에서 완전히 다르다. 그들의 뇌와 신체는 변화를 멈추지 않는다. 이미 유전자에 프로그래밍 되어 있는 강력한 본능의 추진력에 의해 몸과 뇌의 구조가 변하고, 따라서 기능도 변한다. 제대로 걷지도 못했던 아이가 미적분 문제를 풀 수 있는 청소년으로 성장한다. 몸은 부모보다 더 재빠르고 강해진다. 몰랐던 것을 이해하고 기억해 낸다. 논리력도 도덕적인 사고도 나날이 발전한다. 때로는 부모도 생각하지 못하는 것을 느끼고 말한다.

내적으로만 변화되는 것이 아니다. 환경도 매번 새롭다. 매년 새로운 교사와 친구들을 만난다. 배우고 숙달해야 할 과제도 매일 달라진다. 생활 속에서 익혀야 할 것들도 다양해지고 어려워진다. 하지만 놀라운 것은 대부분의 아이들이 이 숙제들을 소화해 낸다는 것이다. 어제의 아이가 오늘의 아이가 아니고, 오늘의 미션이 내일의 그것과 다르기 때문이다.

그 자리에 머물러 있는 어른과는 달리 아이들은 늘 변한다는 사실, 부모가 이 부분을 깜빡하면 적잖은 소동이 발생한다. 아이는 예전과는 다른 국면에 있는데 부모는 늘 같은 이야기만 되풀이하는 셈이 된다. 자녀는 이미 지나가 버린 과거를 부모는 계속해서 얽매여 있는 것이다. 소통이 될 리 만무하다.

"엄마는 맨날 지나간 얘기를 계속해요. 지겨워 죽겠어요!"

상담실을 찾는 아이들이 자주 하는 호소다. 부모는 자신을 둘러싼 환경이 늘 일정하고 자기 자신의 상태가 크게 변화되지 않기 때문에 발달 중에 있는 아이의 변화를 간과하기 쉽다. 때문에 매일 아침 아이를 대할 때마다 마음과 눈을 새롭게 해야 한다. '오늘은 무엇이 달라졌을까?' 하는 기대와 '혹시 내가 모르고 있는 부분이 있지는 않을까?' 하는 겸손함으로 아이들을 마주해야 한다.

혹시 아이에게 힘든 문제가 생기면 '오늘의 아이가 내일도 똑같지는 않을 것'이라는 소망으로 좌절감에 빠지지 않도록 참고 견뎌야 한다. 시간이 꽤 많은 것을 해결해 줄 것이라는 기대를 언제나 잃지 말아야 한다. 이것은 근거 없는 낙관주의가 아니다. 물론 전부는 아니지만, 시간은 상당히 많은 것을 해결해 준다. 적어도 발달학적인 측면에서는 '시간이 약'이다. 이런 종단적 관점은 부모의 소비적인 걱정이나 반복되는 잔소리를 줄여 주고, 아이의 미래에 대한 낙관적인 시야를 갖게 해 준다. 마틴 셀리그만(Martin Seligman)은 "낙관주의는 시련이 닥쳤을 때 포기하지 않고 굳게 버틸 수 있는 힘이 되고, 업무 능력을 향상시키며, 새로운 일에 대한 도전 정신을 갖게 한다"고 역설했다. 자녀의 변화 가능성에 대한 열린 마음은 힘든 양육의 여정을 끝까지 완주하게 만드는 에너지원이다.

Chapter 10

다르다는 시각이 자녀를 특별하게 한다

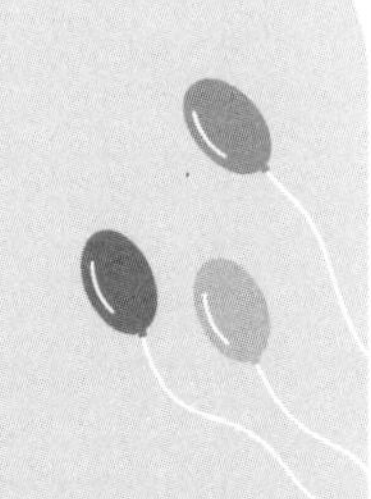

2002년 여름, 붉은 티셔츠를 입은 우리 모두는 뜨거운 하나가 됐다. 지금도 국가대표 축구 경기를 볼 때면 가슴 깊은 곳에 남아 있던 그때의 감동과 기대가 되살아난다. 그 추억은 '대-한민국'이라는 구호가 만들어 준 홍분, 바로 우리는 같은 민족, 한 국가라는 동질감에서 비롯됐다.

끝도 없는 가자 지구의 이스라엘과 팔레스타인 분쟁, 911 이후에 벌어진 중동의 두 차례의 전쟁과 한없이 반복되는 아랍과 미국 간의 긴장, 인도와 파키스탄의 카슈미르 문제, 보스니아 내전, 르완다와 남수단의 부족 간 혈전 등, 사람이 사람을 그토록 잔인하게 대하도록 만드는 것은 무엇일까? 나와 다른 종교, 다른 민족 그리고 다른 이데올로기, 바로 나와 다르다는 점 때문은 아닐까? 멀리 갈 것도 없다. 선거철이 다가오면 그 차이점과 이질감의 갈등이 더욱 가열된다. 한 나라 안에서도 오랜 세월 동안 남과 북, 호남과 영남, 왼쪽과 오른쪽, 보수와 진보가 싸우며 소리치고 울고 웃는다. 왜일까? 한 울타리 안에서도 다른 이념과 가치가 공존하고 있기 때문이며, 나와 다른 생각은 체질적으로 거부하는 속성이 우리 마음 깊은 곳에 자리 잡고 있기 때문일 것이다.

이처럼 우리는 일반적으로 나와 같은 생각에는 환호하지만, 나와 다른 주장에는 자동적으로 고개를 가로젓는다. 이런 관성은 원래 생존을 위해 꼭 필요한 안전장치이기 때문에 생각보다 아주 강하게 작동한다. 세심하게 경계하고 주의하지 않으면 우리는 자연스럽게 이것을 따라가기 쉽다. '유유상종'(類類相從), '동병상련'(同病相憐), '가재는 게 편'과 같은 말들이 우리의 이런 본성을 잘 표현해 주고 있다.

옷차림이나 대중문화에는 늘 유행, 트렌드가 존재한다. 이는 동시대 사람들이 선호하는 경향을 의미하는데, 가령 어그 부츠, 아이돌, 비니, 후드 티셔츠 등은 30년 전에는 별로 주목받지 못했던 아이템들이다. 그렇다면 자녀 양육이나 교육에 대해서는 어떤가? 단연코 유행이 존재한다. 전에 없던 선행 학습 같은 것이 대표적인 예다. 올림픽이 끝나면 수영장이나 탁구장, 스케이트장이 갑자기 아이들로 시끌벅적하다. 물론 이런 현상을 발전이요, 시대적 필요라고 볼 수도 있다. 내가 말하고자 하는 것은 양육과 교육에도 유행이 있고, 아주 많은 부모들이 이 파동에 공명하면서 자신의 주파수를 일치시키고 있다는 점이다. 그래서 결국 현재 가장 인기 있는 양육 방식과 내용을 선택하려 하며, 가장 좋은 선택이라고 스스로 믿고 안심한다.

이런 선택에는 큰 함정이 있다. 부모가 자기 아이의 양육에 대해 진지하게 고민하지 않게 된다는 사실이다. 그저 남을 따라가기만 한다. 늘 그렇듯이 이렇게 손쉽게 거저 얻는 것들은 대부분 도움이 되지 않는다. 아니, 양육에서는 오히려 마이너스가 된다. 자기 아이의 특성에 딱 맞는 양육과 교육이 어떤 것인지를 발견하기 어렵게 만들기 때문이다.

"요즘은 다 이래요."

"옆집은 더해요."

"그렇게 안 하면 불안하잖아요."

이런 대답을 들을 때면 안타까우면서도 솔직히 약간 화가 나기도 한다. 이 부모는 자신의 아이를 위해 얼마나 진지하게 고민하고 있는 것일까 하는 의심 때문이다.

양육은 아이에게 가치관을 심어 주는 과정이다. 아이는 앞으로 인생을 살면서 무엇을 위해 그리고 어떤 방식으로 살아가야 할지를 계속해서 선택해야만 한다. 그때 가장 필요한 것이 가치관이다. "어떻게 사는 것이 가장 의미 있고 가치 있는가?"라는 질문에 대한 대답 말이다. 당연하게도 아이를 올바르게 키우기 위해 지금 어떤 것이 필요한지를 고민하고 선택하는 부모의 태도와 행동, 즉 양육에 대한 부모의 가치관이 그대로 아이에게 전해진다. 무엇을 금지하고 무엇을 허용할 것인가에 대한 끝없는 선택 과정을 통해 부모는 아이에게 세상에서 중요한 것과 사소한 것을 구분하는 기준과 비법을 전수한다. 아이는 이런 선택의 기준과 기술을 배우고 익힌 다음, 여기에 따라 자발적인 결정을 하면서 자신의 삶을 살아가게 된다. 그런데 이런 선택의 기준이 단지 '남이 하고 있는 것이기 때문에 나도 한다'라는 것이면, 아이의 가치관은 자신이 아닌 남의 삶을 향해 고정되어 버린다. 결국 매사에 스스로 결정하지 못하고 다른 사람의 시선과 평가에 의해 흔들리는 매우 불안정한 삶의 여정을 걷게 될 가능성이 높아진다. 아이가 자기주도적인 삶을 살도록 하고 싶다면, 부모 역시 자신의 가치관에 따라 양육과 교육적인 선택을 해야 한다.

아이들은 각자 다 다르다. 생김새도 다르고 장단점도 다르고 좋아하는 것과 싫어하는 것도 다르다. 능력도 다르고 체력도 다르다. 그런데 모두가 비슷한 양육과 교육을 받는다면 이것이 바람직한 것일까? 모두 영어 공부만 죽도록 하고 올림피아드, 경시대회에만 매달리고 있다면 아이들과 앞으로의 세상은 어떻게 될까? 세상을 살아감에 있어 영어, 수학이 그렇게 많이 필요한가? 지금 이 사회에서 영어 한마디 안 하고 미적분 한 문제 안 풀면서도 자신과 세상에 충분히 기여하며 잘 살고 있는 사람들이 얼마나 많은가? 솔직히 아이의 장단점과 개성을 고려하지 않는 양육 방식이야말로 가장 비효율적이다. 사람마다 잘하는 것과 못하는 것이 있는데, 어찌 잘 못하는 것으로 남들과 경쟁해서 좋은 성과를 거둘 수 있겠는가? 이것은 정말 미련한 짓이다. 손자(孫子)의 '지피지기 백전불태'(知彼知己百戰不殆)가 의미하는 바가 바로 이것이다. 나의 장점을 알아 그것으로 세상에 승부수를 던지라는 뜻 아니겠는가? 그러니 아이의 특성을 바탕으로 한 맞춤 양육과 교육이야말로 아이의 성공을 위한 비방책일 것이다.

천편일률적인 양육과 교육 패턴은 궁극적으로 심각한 사회적 문제를 야기한다. 사회는 다양성을 잃으면 제 기능을 할 수 없다. 사회 자체가 경쟁력을 잃어버린다. 유기적이고 균형 잡힌 사회가 되지 못해 급기야 마비 상태에 빠지게 될 것이다. 다양성을 상실한 사회에서는 어떤 것은 늘 모자라 허덕이면서도, 동시에 어떤 것은 남아돌아 버려진다. 곳곳에 쌓인 쓰레기가 썩어 악취를 풍기면서도 자원은 늘 부족한 사회가 되는 것이다. 그 피해는 고스란히 우리 자녀들에게 돌아간다. 그러니 우리의 미래는 다양하고 폭넓은 교육을 제공하는 데 달려 있다고 해도 과언이 아니다. 당연히 한 사람이 다양한 교육을 모두 받을 수 없으니, 그 역할을 가장 잘할 수 있는 사람에게 가장 적절한 교육을 제공할 수 있어야 한다. 즉, 각자는 모두 자기에게 맞는 서로 다른 교육을 받아야 한다는 결론이다. '다른 아이, 다른 교육!' 이는 우리 사회의 미래를 견고하게 만드는 길이다.

이런 시각에서 보면, 각기 내 자녀의 '다른 면'에 투자하는 것이 옳다. 옆집 부모가 하는 그대로를 절대 당신의 자녀에게 적용하지 말라. 그것은 부모로서의 직무유기(職務遺棄)다. 먼저 당신의 자녀를 잘 관찰하라. 그리고 다른 아이와 다른 점을 발견하라. 그 차별점이 바로 당신 자녀의 필살기다. 남과 다르게 생각하고 다르게 행동하도록 가르치라. 다른 말을 하고 다른 의견을 제시하면 왜 튀느냐며 윽박지르지 말고 오히려 칭찬하라. 남들이 하는 대로 아무 생각 없이 좇아 하지 말도록 지도하라. 다른 시각으로 세상을 바라보며 남이 보지 못하는 것을 보도록 하라. 한 가지 주장만 옳다는 편견을 갖지 않도록 늘 반대편을 생각하게 하라. 자기와 생각이 다르고 지금은 상대편에 있다고 해서 틀렸다고 생각하거나 적대시하지 않도록 경계시키라. 지금은 달라도 나중에는 하나가 될 수 있고, 지금은 틀려도 나중에는 옳은 것이 될 수 있다는 삶의 이치를 알려 주라. 단면이 아닌 긴 흐름을 볼 수 있는 역사적 시야를 갖도록 교육하라.

남과 달라야 다른 사람의 주목을 받을 수 있으며, 그런 아이가 희소성이 있다. 알다시피 희소성은 가치를 결정하는 아주 중요한 요소다. '군계일학'(群鷄一鶴)을 기억하라. 무리 속에 묻혀 있으면 보이지 않는다. 하나님은 각자 다른 자리에서 자기 고유의 일을 하는 지체, 즉 개성적인 존재로 우리를 부르셨다. 그 부르심에 어울리는 독특한 한 사람으로서의 삶을 살게 만드는 것은 바로 당신 아이의 '다름'에 달려 있다.

Part 3

부모와 자녀는
서로를 통해
사랑을 배운다

Chapter 11

성숙한 사랑은 있는 그대로를 수용한다

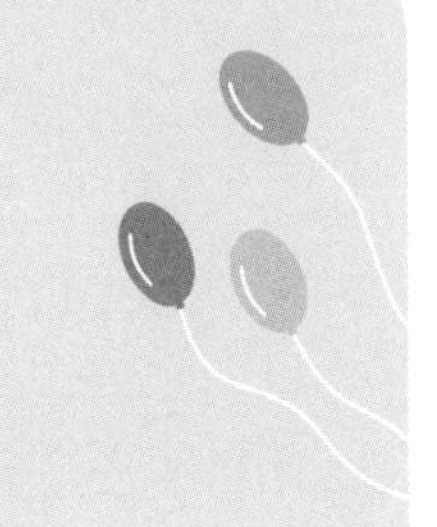

"난 아이와 친구처럼 지내요!"

이것을 자랑스럽게 말하는 부모들을 종종 본다. 실제로도 가깝고, 가깝게 지내려고 노력하고 있다는 것을 알고 있지만 마음이 그리 편하지는 않다. 자녀와의 입장, 신분, 역할의 경계가 흐릿해져 있는 부모들이 이런 표현을 잘 쓰는 것을 여러 번 경험했기 때문이다. 단연코 부모는 자녀의 친구가 아니다. 부모는 그저 부모다. 부모는 친한 관계를 유지하며 자녀에게 사랑을 베푸는 존재다. 흔하고 값싼 사랑이 아니라, 세상에서 가장 멋지고 깊은 사랑, 고상한 사랑 말이다. 부모라면 적어도 사랑이라는 측면에서 자녀보다 훨씬 뛰어나야 한다. 사랑을 주는 능력이 몇 수준 위에 있어야만 한다. 확실한 낙차가 없이는 사랑이 아래로 흘러내려갈 수 없기 때문이다.

12세 상준이는 끊임없이 요구하는 아이다. 요구대로 당장 되지 않으면 금방 안색이 변하고, 관철될 때까지 끊임없이 징징거린다. 지금까지 부족함이 없도록 원하는 것은 다 들어줬는데, 아이의 요구는 도무지 줄어들지 않는다. 참다못해 부모가 한마디 한다. "넌 어떻게 원하는 것은 다 가지려고 하니?" 곧바로 부모의 깊은 곳을 찌르는 상준이의 카운터펀치가 날아온다. "해 주지도 못할 거 뭣 하러 낳았어?"

중2 경희는 엄마의 말이라면 무조건 반대다. 밑도 끝도 없다. 하라는 것은 안 하고, 하지 말라는 것만 골라 한다. 엄마는 쏘아 댄다. "넌 뭐 부족한 게 있다고 하는 짓이 그 모양이야!"

이 정도 막장 대사는 힘든 부모 자녀 사이에서 자주 등장한다. 부모도 아이가 못마땅하고, 아이도 부모가 영 맘에 들지 않는다.

어원적으로 동의하지 않는 사람들도 있지만, 흔히 사랑에는 아가페, 스토르게, 필리아, 에로스 등이 있다고 한다. 사람들은 가장 숭고한 사랑인 아가페의 전형으로 인류를 향한 신의 사랑 그리고 자식을 향한 부모의 사랑을 꼽는다. 솔직히 동의하기 어렵다. 부모의 사랑이라고 과연 다 아가페적인가? 인간의 본성에 대한 지식과 경험이 늘어나면서 부모의 사랑도 한계가 많다는 것을 인정하게 되었다. 물론 우리 대부분은 신문에 실릴 정도로 비정한 부모는 아닐 것이다. 또한 그나마 부모의 자녀에 대한 사랑이 그 어떤 사랑보다 깊고 넓을 가능성이 높다. 하지만 살다 보면 그토록 소중한 자녀가 너무도 미울 때가 있다. 금방 후회하면서도 독설을 내뱉기도 하고, 홧김에 쥐어박기도 한다. 부모로서 자신의 사랑의 수준이 별로 대단치 않다는 것, 안타깝지만 그것은 사실이다.

우리는 사랑을 잘못 배웠다. 우리의 삶은 누군가로부터 받은 자원을 토대로 시작되고, 주변의 영향에 의해 변화된다. 내가 스스로 만들어 낸 것 같지만, 실은 받지 않은 것이 없다. 사랑 역시 예외는 아니다. 다른 어떤 것보다 받지 않으면 결코 할 수 없는 것이 바로 사랑, 특히 숭고한 사랑일 것이다. 인간은 본질적으로 자신이 가장 우선인 존재이기 때문이다. 그러니 제대로 사랑하는 부모가 되려면, 먼저 자신이 사랑이라 믿고 있는 것이 무엇이고, 누구로부터 어떻게 그 사랑을 받았으며, 지금도 꾸준히 공급받고 있는지를 잘 살펴봐야 한다.

'동일시'(同一視, identification)는 개인이 다른 사람의 어떤 부분을 닮게 되는 자동적이며 무의식적인 과정이다. 아이는 동일시를 통해 성숙하고 발달한다. 마찬가지로 자녀에 대한 우리의 사랑도 누군가의 사랑을 동일시한 결과다. 아마 가장 큰 영향은 우리의 부모로부터 내려왔을 것이다. 다음은 살면서 만난 많은 사람들, 사랑에 대한 직접 혹은 간접적인 경험들, 또한 종교적인 영향과 깨달음이 지금 내가 가진 사랑의 내용과 수준을 조성했을 것이다. 자신이 받았던 사랑을 아무 여과 없이 그대로 자신의 자녀에게 흘려보내는 부모들을 수도 없이 만났다. 그 사랑이 좋은 것이든, 아니면 "나는 절대 내 자식에게는 그렇게 하지 않을 거야!" 하며 치를 떨었던 험악한 것이든 간에 마찬가지다. 하지만 자신의 사랑이 부모를 동일시한 것임을 깨닫고 난 후, 좋은 것은 취하고 나쁜 것은 버리는 과정을 통해 더 성숙한 사랑을 배우고 베풀어 나가는 부모들도 많이 봤다. 무의식적인 동일시 과정만이 아니라, 우리의 의식적,

이성적인 노력을 통해서도 사랑을 계속 만들어 나갈 수 있으며, 그동안 어떻게 배웠든 지금부터 또 다른 사랑으로 채워 나갈 수 있다. 바로 우리 앞에 앉아 있는 자녀들이 성숙한 사랑의 대상이며, 동시에 리트머스 시험지다.

혹시 '내가 낳았고, 내가 키웠고, 지금도 내가 모든 것을 주고 있으니 내 자식은 내 말을 들어야 한다'라고 생각한다면, 당신의 사랑은 아직 낮은 수준에 머물러 있다고 볼 수 있다. 이런 생각만큼 자녀를 부담스럽고 화나게 하는 것도 없다. 자녀들은 외친다. "누가 언제 해 달라고 했어?" 화가 나면, "아니 누가 날 낳으라고 했어?"가 튀어 나오기도 한다. 자신의 이런 마음을 털어 놓는 아이들이 얼마나 많은지 모른다! "네가 뭐가 부족해서 그래?", "우리 때는 너처럼 이렇게 편안하고 넉넉하게 누리지도 못했어!", "넌 그냥 하라는 공부만 하면 되잖아?"라는 말도 자녀들을 정말 짜증나게 만드는 말들이다. 오늘을 사는 자녀와 아무 상관 없는 부모가 살아온 옛 배경을 왜 갑자기 들이대는가? 그것은 부모의 과거일 뿐이다. 우리 자녀들은 지금 여기에서 나름의 한계와 어려움을 안고 살아가며 현재 자신과 비슷한 형편의 다른 아이들과 경쟁하며 어울리고 있지, 부모가 지난날에 함께했던 부모의 옛 동료들과 살고 있는 것이 아니다. 그런데도 우리는 말도 안 되는 논리로 자녀를 설득하려고 한다. 물론 더 열심히 잘 살라는 간절함에서 비롯된 것이리라 생각한다. 하지만 그 간절함은 부모의 욕망(desire)일 뿐, 성숙한 사랑과는 거리가 멀다. 오히려 걸림돌이요, 쓴 뿌리다. 자신의 분노와 희망, 콤플렉스 등을 자녀에게 투사하는 부모도 적지 않다.

자녀가 불평할 때, 실패했을 때, 혹은 잘못이나 부족함에 직면했을 때 이것이 부모 자신의 잘못이나 부족 때문이라고 생각하는 것도 성숙한 사랑을 실천하는 데 방해가 된다. 자녀에게 미안한 마음이 강한 부모는 제대로 사랑할 수 없다. 미안한 마음은 결정적인 순간에 자녀의 요구에 끌려가도록 만든다. 어린 자녀의 요구와 아주 단순한 주장에도 맥을 못 춘다. 양육의 주체가 부모가 아닌 자녀가 되는 셈이다. 뿐만 아니라 모든 문제가 자기 때문이라는 부모의 마음을 자녀들이 읽게 되면 자녀들은 자신의 삶에 대한 몫과 책임을 배우지 못한다. 잘 안 되면 부모를 탓하고, 결국 자신의 삶을 부모에게 의존해 버린다. 어릴 때는 자기 마음대로 하고, 커서는 부모를 원망하면서도 부모에게서 독립하지 못한다. 이런 식의 사랑은 성숙한 사랑이 아니다.

성숙한 사랑은 서로의 모자란 부분을 수용하고 덮어 주는 특징이 있다. 하지만 아무리 부모라도 자녀의 부족함을 다 채워 줄 수는 없다. 솔직히 부모는 그만큼 충분히 가지고 있지 못하다. 부모 자신도 부족함이 있는 그저 하나의 존재일 뿐이다. 나는 서로가 서로를 모두 채워 줄 수 있다는 지나치게 낙관적인 인본주의적 사랑관에 동의하지 않는다. 인간의 역사와 오늘의 현실에는 오히려 그 반대를 지지하는 증거들로 가득 차 있다. 부족한 사람이 부족한 사람을 충족시켜 줄 수는 없는 법이다.

그렇다면 어떻게 해야 하는가? 다 채워 주지는 못해도 서로를 있는 모습 그대로 받아 줄 수는 있다. 자신의 연약함으로 상대의 약점을 이해하고 공감해 줄 수는 있다. 그렇다. 성숙한 사랑은 자녀의 있는 모습 그대로를 인정하는 것에서 시작된다. 또한 부모부터 먼저 자신을 있는 그대로 받아들여야 한다. 서로에게 적당히 바라고, 작은 노력이나 변화에도 감사하자. 안 돼도 크게 낙심하지 말자. 우리는 원래 부족한 사람들이지 않은가? 그리고 다시 한 번 시작하자. 조금만 더 나아지면 된다. 물론 지금 당장이 아니어도 된다. 오래 걸려도 괜찮다. 이것이 더 나은 사랑, 성숙한 사랑이다. 가득 채워 줄 수는 없어도 끝까지 함께할 수는 있다. 대신할 수는 없어도 손을 놓지 않을 수는 있다.

무언가를 자녀에게 꼭 해 줘야 한다는 강박은 사랑과는 거리가 멀다. 완벽을 추구하는 갈증은 불안이지 사랑이 아니다. 오히려 강요가 되기 쉽다. 사랑은 상호적인 것이다. 부모는 주고 자녀는 받는다는 생각으로는 건강한 사랑을 하기 어렵다. 자녀에게도 받아야 한다. 아니, 이미 많은 것을 받고 있다. 사랑의 대상이 존재한다는 것은 그 자체로 축복이다. 환자 없는 의사, 학생 없는 교사, 아내 없는 남편, 자녀 없는 부모가 무슨 의미가 있는가? 자녀는 부모라는 존재의 목적이다. 자녀의 표정, 웃음, 곤히 잠든 얼굴, 한마디 말과 몸짓, 이 모든 것이 자녀가 부모에게 주는 선물이다. 이를 날마다 받아 누리고 감사한다면, 우리는 한 계단 더 성숙한 사랑을 할 수 있을 것이다.

매일 사랑을 배우자. 이제부터는 의식적으로 그리고 이성적으로 사랑을 배우고 훈련하자. 있는 모습 그대로 자신과 자녀를 받아들이자. 서로의 부족함을 없애려고 무리하지 말자. 천천히 있는 모습 그대로 가자. 정신을 차리고 가만히 들여다보면, 지금 모습 그대로가 가장 아름답고 사랑스럽다. 자녀들은 날마다 우리를 초대한다. 좀 더 수준 높은 사랑의 무대로 올라오라고 말이다.

Chapter 12

권위주의가 아닌 권위 있는 사랑을 하라

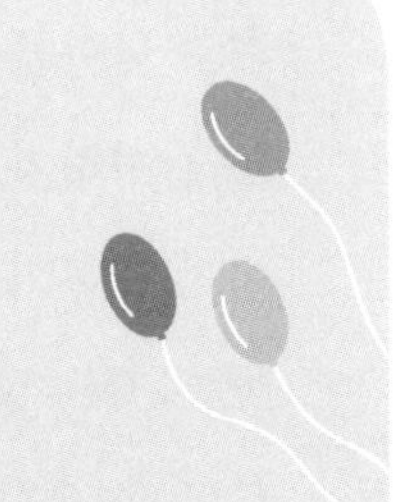

어머니의 희생적이고 세심한 보살핌은 명실공히 사랑의 전형이다. 반면 '아버지' 하면 사랑보다는 권위가 떠오른다. 자녀들이 별로 달가워하지 않는 아버지의 권위! 아버지는 어떻게 권위를 갖고 성숙한 사랑을 할 수 있을까?

중3 기훈이는 게임하느라 새벽까지 잠을 자지 않는다. 정작 학교 갈 시간이 되면 피곤 때문에 눈을 뜨지도 못한다. 매일 아침마다 학교 보내려고 실랑이하는 것이 너무 힘들어 엄마는 아침 해가 뜰 때마다 가슴이 덜컹 내려앉는다. 기훈이가 본격적으로 엄마 속을 썩이기 시작한 것은 1년 전 아버지가 지방으로 발령을 받은 이후부터다. 한 달에 한두 번 정도만 집에 오니 아버지는 이런 아들의 행동에 직접 개입할 수 없다. 가족 모두 이사를 가자는 아버지의 뜻에 반대한 것은 바로 엄마. 지방보다는 서울이 아이 교육시키기에 더 좋을 것 같다는 막연한 생각 때문이었다. 하지만 아버지가 집에 없자 아이는 자기 멋대로 행동하기 시작했다. 공부는 고사하고 기본적인 생활조차 힘들어졌다. 지각과 무단결석으로 벌점은 산더미처럼 쌓여 가는데, 유약한 성격인 엄마로서는 고집 센 사춘기 아들을 어떻게 할 방도가 없다.

아버지가 떨어져 있는 가정에서 종종 볼 수 있는 모습이다. 물론 어머니 혼자서 충분한 경우도 있지만, 사춘기 남자아이를 어머니 혼자서 다루기란 쉽지 않다. 예민해진 사춘기 딸을 아버지 혼자 대하기 만만치 않은 것처럼 말이다.

요즘 아버지들이 잃어버린 것은 무엇일까? "아빠가 집에 있는 날은 애들이 말을 잘 들어서 편해요!"라는 엄마의 말은 '아버지는 자녀를 쉽게 통제할 수 있는 사람'이라는 의미만을 품고 있을까? 물론 아버지는 전통적으로 권위와 통제의 아이콘이다. 아버지가 집에 있으면 조금은 행동이 조심스러워지기 마련이고, 때로는 지나치게 억압적이고 일방적인 관계의 중심에 아버지가 서 있기도 하다. 하지만 권위주의적인(authoritarian) 것과 권위 있는(authoritative) 것은 분명 다르니, 부모의 권위가 무엇인지 먼저 살펴볼 필요가 있다.

양육은 적절하고 건강한 권위를 바탕으로 이루어지는 상호작용이다. 부모 자녀 간은 친구처럼 평등한 관계가 아니다. 물론 일방적으로 통제하고 명령하고 복종시키는 독재적인 권위, 즉 권위주의적인 관계를 말하는 것도 아니다. 일방적인 권위주의로는 자녀를 통제할 수 없다. 아버지가 자리에 없거나 자녀가 나이를 먹으면 권위주의는 금세 힘을 잃는다. 통제는커녕 오히려 반항과 단절을 야기할 뿐이며, 기껏해야 수동적인 복종, 거짓되고 형식적인 순응만이 남는다. 인간은 절대 또 다른 인간을 눌러서 가둬 놓을 수 없다. 자유를 향한 인간의 의지는 결코 다함이 없으며, 부모로부터 떨어지는 것이 자녀의 궁극적인 숙명이기 때문이다.

부모의 권위는 훨씬 크고 깊다. 권위는 그저 자신의 말을 듣게 하려는 파워 게임을 위한 것이 아니다. 건강한 권위는 자녀를 향한 깊은 사랑에 뿌리를 두고 있다. 아버지는 단연코 사랑의 화신이어야 한다. 어머니의 사랑이 세밀하게 보살펴 주는 희생적인 사랑을 대변한다면, 아버지의 사랑은 끝까지 책임지는 믿음직한 사랑의 귀감이다. 이 사랑만이 아버지의 권위를 지켜 주는 유일한 지지목이다. 요즘 아버지들이 이 묵직하고 진한 사랑을 점점 잃어버리고 있는 것은 아닌지 걱정이 된다. 과연 자녀들이 아버지와 같이 있으면 안전한 성벽 속에서 보호받고 있다는 안정감과 견고한 신뢰를 느끼고 누리는가? 아버지(父)는 도끼(斧)를 들고 가족을 지키며 책임지는 존재가 아니던가? 끝까지 책임지는 사랑, 아버지는 그 사랑의 힘을 잃지 말아야 한다.

남자가 결혼해서 부딛히게 되는 가장 큰 도전은 무엇일까? 자기 자신만을 위해 살던 총각 시절과는 달리 이제는 한 가정을 책임지고 꾸려 나가야 한다는 것이다. 이것은 사랑의 지각 변동이다. 자기 자신에게로 향하던 사랑의 벡터가 배우자나 자녀에게로 전향해야 한다. 개인에서 가정이라는 공동체로 사랑의 대상이 확대되고, 단지 '함께' 정도가 아니라 모든 것을 책임져야 하는 무한 책임의 위치에 서게 되는 것이다.

'가장'(家長)이란 위상이 높아진 것이 아니라 가족을 끝까지 보호하고 책임져야 하는 종의 위치로 내려간 자리다. 만일 결혼을 하고 자녀가 태어났는데도 여전히 자기중심적인 틀 안에 머물러 있다면, 아직 진정한 아버지로서 다시 태어났다고 볼 수 없다. 가정은 아버지인 내가 어디까지 사랑할 수 있는 사람인지, 내 사랑이 얼마나 부족하고 이기적인 것인지를 매일 깨닫게 해 주는 명문 학교다. 동시에 그 부족한 사랑이 자라나게 해 주는 옥토며, 오래 견디도록 강하게 단련해 주는 조련장이다.

따라서 가족 간에 의견 충돌이 있을 때 아버지는 자신의 뜻만 고집스럽게 주장해서는 곤란하다. 오해하지 말라. 무조건 아내나 아이들이 원하고 좋아하는 대로 다 들어주라는 말이 아니다. 왔다 갔다 부화뇌동(附和雷同)하라는 말은 더욱 아니다. 어떤 결정을 할 때 자신이 아닌 다른 가족을 위한 결정인지를 늘 되돌아보라는 이야기다. 자녀에게 필요하다면 때로는 엄격하고 단호하게 금지시켜야 할 때도 있다. 그냥 허락하는 것보다 자녀의 강한 요구와 눈물을 거절하는 것이 더 힘들고, 더 큰 사랑과 신념을 필요로 한다. 책임 있는 아버지는 자녀가 자신에게 필요한 것을 받아들일 때까지 기다리고, 될 때까지 시도한다. 하지만 그 시도는 자신을 위한 것이 아니라 분명 자녀를 위한 것이어야 한다. 남을 위한 고집은 사랑이고, 자신을 위한 고집은 집착이다. 자녀와 뜻이 다를 때, 하늘을 우러러 자신의 생각이 누구를 위한 것인지 고민하고 기도해야 한다. 책임 있는 사랑을 가진 아버지는 한 번 말하기 위해 백 번을 생각한다.

사랑은 말로 하는 것이 아니다. 행동과 실천만이 사랑이다. 사랑의 정도는 시간으로 계량될 수 있다고 생각한다. 가족을 위해 사용하는 시간의 양, 그것은 기막히게 사랑의 크기와 비례한다. 자녀를 생각하고 그들을 위해 기도하고 고민하고 실제로 자녀와 함께하는 시간, 우리는 딱 그만큼 자녀를 사랑하는 것이다. 2013년에 개봉된 영화 〈어바웃 타임〉은 아버지에 대한 내용을 담고 있다. 일찌감치 대학 교수직을 내려놓은 주인공 팀의 아버지는 가족과 함께 매일 차를 마시고 해변을 거닐고 아들과 탁구를 치며 하루를 보낸다. 영화를 본 사람들은 알겠지만, 이 아버지에게는 시간을 되돌릴 수 있는 능력이 있다. 시간을 여러 번 되돌리면서 아버지가 결국 깨달은 것은, 가족들과 함께 시간을 보내는 삶이 가장 소중하다는 사실이었다. 자녀와 함께 보낸 시간은 그 무엇으로도 대신할 수 없다. 그것이 바로 가족에 대한 사랑 자체이기 때문이다. 가장 위대한 사랑의 사건, 성자 하나님의 성육신(成肉身)이야말로 바로 우리 옆에 와 함께 시간을 보낸 창조주의 사랑의 행동이 아닌가?

자녀가 사랑에 대해 생각할 때 자신의 아버지가 떠오른다면 그보다 더 가슴 벅찬 일은 없을 것이다. 자녀들이 사랑이 메말라 버린 세상 속에서 아버지에게 배운 사랑으로 누군가를 적시며 살아갈 수 있다면, 이보다 더 위대한 유산은 없을 것이다. 아버지인 나 역시 오늘 또 결심한다. 그리고 세상의 모든 아버지들에게 당부하고 기대한다. 아버지들이여! 사랑의 존재 그 자체로 빛나라!

Chapter 13

자녀를 교정하지 말고 사랑으로 교육하라

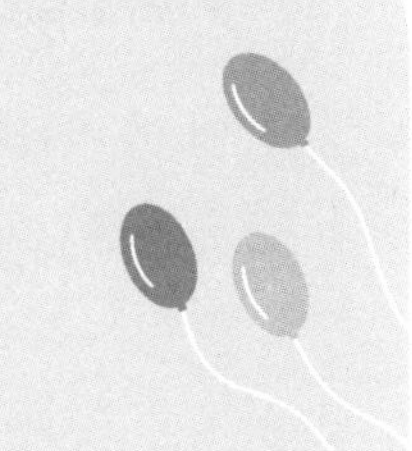

현숙 씨는 요즘 초등학교 4학년 딸아이가 너무도 밉다. 아침마다 죽상, 아무것도 아닌 일에도 징징, 얼굴만 봐도 화가 치민다. 엄마의 말끝마다 토를 달고, 화가 나면 엄마의 자존심을 건드리는 말도 서슴지 않는다. 학교에서는 하루가 멀다 하고 전화가 온다. 친구와 다투고, 선생님께 대들고, 마음에 안 들면 소리를 지르며 울어 댄다고 한다. 자기보다 힘이 약한 동생에게 함부로 대하는 모습을 보면 정말이지 오만 정이 다 떨어진다. 참다못해 화를 내고 매를 댄 적도 여러 번. 하지만 아이의 행동은 별로 바뀌지 않는다. 요즘에는 아이가 학교에서 귀가하는 시간이 다가오면 가슴이 벌렁거린다. 주말이나 방학이 돼도 아이와 지내야 할 생각에 가슴이 답답해진다. 며칠 전 문득 자신이 딸아이를 너무 미워하고 있다는 사실을 발견하고는 스스로에게 몸서리를 쳤고, 죄책감에 밤새 울었다. 아이에게 너무 미안했다. 하지만 미운 마음이 드는 것을 어찌할 수가 없다. 나머지 둘은 너무 귀엽고 사랑스러운데, 이 아이에게는 그런 마음이 좀처럼 생기지가 않는다. 자신은 엄마 자격이 없다는 생각이 들어 더 비참해진다. 직장을 그만두면서까지 더 좋은 엄마가 되려고 나름 열심히 노력해 왔는데, 자신의 모습이 너무 실망스럽고 후회가 된다.

"어머님의 희생은 가이 없어라"(이흥렬, 〈어머니의 마음〉)라는 노랫말이 있다. 또한 많은 이들이 고귀한 사랑, 무조건적인 사랑의 실례로 부모의 사랑을 들곤 한다. 물론 자녀에 대한 부모의 사랑이 우리가 살면서 경험하는 사랑 중에는 일반적으로 높은 수준에 속하는 것 같다. 하지만 그렇지 않은 경우도 심심찮게 본다. 자녀를 폭행하고 학대하는 부모도 있다. 대부분의 아동 학대, 더 나아가 아동 살해는 직접 낳고 키운 부모에 의해 일어난다. 특히 자녀가 장애를 갖고 있거나 심각한 행동 문제를 동반한 경우는 부모의 학대 및 유기, 방임의 가능성이 더 커진다. 온갖 매체를 통해 인면수심(人面獸心)의 부모가 저지른 비극적인 이야기를 종종 접한다. 굳이 이런 극단적인 경우가 아니라도, 우리 자신도 간혹 자녀가 미울 때가 있지 않은가? 분명한 것은 적어도 무한하거나 무조건적이지 않은, 한계가 아주 명확한 제한적인 사랑으로 아이를 키우고 있음에 틀림없다. '아니, 부모인 내가 어떻게 이럴 수 있지?'

누구나 부모에 대한 저마다의 기준을 갖고 있다. 많은 이들이 '부모는 자녀를 무조건적으로 사랑하고 희생해야 한다'는 강박 속에서 아이를 키운다. 하지만 자녀를 양육하는 과정은 그리 쉽지 않고 마음대로 되지 않는다. 성숙한 사랑의 길은 멀고도 험하다. 더욱이 이런저런 이유로 힘든 아이를 키우는 경우에 이런 당위는 곧바로 만만찮은, 아니 불가능한 도전에 휩싸인다. 우리는 자녀에 대해, 자신의 부모 됨에 대해, 또 부모의 사랑과 헌신에 대해 진지하게 고민하게 된다. 때로는 자신이 실망스럽기도 하고, 자녀와 배우자가 원망스럽기도 하다. 피할 수 없고 바꿀 수 없는 현실의 상황들이 야속하기도 하다. 앞으로 아이를 잘 키워 나갈 자신감이 사라지기도 하고, 가끔은 다 때려치우고 싶을 때도 있다. 하지만 도망치지 않고 버티며 고통과 회한의 숲 속을 헤매다가 어떤 깨달음을 얻기도 한다.

우리에게는 사랑할 능력이 없다. 오해를 막기 위해 단어 하나를 추가해야겠다. 우리에게는 '무조건적으로' 사랑할 능력이 없다. 역사 이래로 무조건적인 사랑을 베푼 사람이 단 한 명도 없다는 의미가 아니다. 물론 있었을 수도 있다. 하지만 높은 수준의 무조건적인 사랑을 베풀 수 있는 사람은 극히 드물고, 이 또한 그냥 자연스럽게 되는 것이 아니라 엄청난 수련을 거친 후에야 가능할 것이다. 우리 같은 범인들은 꿈에라도 범접하기 어려운 경지다. 그러니 아무 근거 없이 자신이 사랑이 많은 사람이거나 그래야만 한다고 가정하는 것은 곤란하다. 이런 생각이 드는 이유는 어쩌면 고결한 수준의 사랑을 너무 가볍게 보기 때문일 수 있다.

무조건적인 사랑은 흔히 그리고 쉽게 베풀 수 있는 것이 아니다. 십자가 위에서 자기를 조롱한 사람들을 용서하신 예수님이나 평생을 가난한 자와 함께한 마더 테레사(Teresa) 같은 존재가 되는 길이 어찌 쉽단 말인가? 우리가 이 정도 사랑밖에 할 수 없는 것은 어찌 보면 당연한 일이다. 속상하거나 실망했을 때 자녀에게 미운 마음이 드는 것도 당연하다. 솔직히 우리는 남보다는 자신을 더 사랑한다. 혹시 깜빡했을까 봐 얘기하는데, 자녀도 물론 남이다. 우리가 베풀 수 있는 사랑은 언제나 부족하다. 부모인 우리는 이 사실을 인정해야 한다. 이런 자각이 자녀를 더 사랑하기 위한 동력이 될 수 있다. 자기 자식도 제대로 사랑하지 못하는 사람이 세상 그 누구를 제대로 사랑할 수 있겠는가? 그나마 제 아이니까 이 정도 사랑하는 것이다. 남에게는 반에 반도 못한다. 우리 유전자에 이미 각인된 본능이라는 힘 덕에, 그리고 우리가 부모로부터 받은 사랑과 보살핌 덕에 그나마 제 자식은 조금 더 잘 사랑할 수 있는 것이다. 그 작지만 분명한 힘을 구름판 삼아 좀 더 괜찮고 멋진 사랑을 향해 우리는 매일매일 아주 조금씩 도움닫기를 하는 것이다.

자녀에 대한 미운 마음이 지속된다면 부모는 자신의 마음을 잘 들여다봐야 한다. 깜빡하면 부모 자신의 체면이나 욕심 때문에 자녀를 미워할 수도 있다. 자녀가 자신의 소유물인 양 자기 마음대로 하려다가 뜻대로 되지 않는다고 자녀를 탓하고 미워할 수도 있다. '나는 이만큼 했는데 너는 왜 그 모양이야'라는 '본전 생각'이 미움의 원인이 되기도 한다. 자녀가 부모 인생의 투자 대상이 되어 버린 것이다. 이 모두는 자녀를 자신의 이익을 위한 하나의 수단으로 삼는 경우로서, 숭고한 사랑의 정의에 근본적으로 위배된다. 전부 다 내려놓아야 한다.

자신과 너무 다르거나 자신과 너무 흡사한 경우도 아이를 미워하는 원인이 된다. 기질이나 습관, 취향이 반대인 자녀는 참으로 쉽지 않다. 매사에 반대 경향이므로 갈등이 잘 발생한다. 이런 경향은 부모가 몇 번을 고치려 해도 쉽게 고쳐지지 않으니 말 안 듣고 고집 센 아이로 받아들여지기도 한다. 놀랍게도 많은 부모들이 그저 자녀가 자기와 다르다는 이유만으로 자녀의 어떤 측면을 교정하려 든다. 그것은 곤란하다. 부모와 같아지거나 비슷해지는 것은 양육의 목표와는 전혀 상관이 없다. 또한 자녀는 부모의 소유물도, 전횡의 대상물도 아니니다. 자녀가 부모와 다르면 부모가 불편하고 힘든 것은 맞다. 하지만 자녀도 마찬가지다. 서로 다르기 때문에 불편하다면, 서로가 같은 모습으로 변화되는 방향보다는 서로의 다름을 인정하고 수용하는 방향으로 해결해야 한다. 그럴 수만 있다면, 서로의 차이점은 미움이나 갈등의 원인이 아니라, 더 새롭고 다양하고 풍성한 세상으로 안내하는 길잡이가 될 수 있다.

미움도 사랑일 수 있다. 자식이 미운 것은 그에게 기대하는 것이 있고, 그가 잘되기를 바라기 때문이다. 나를 찾아와 '자녀를 미워하는 자신이 실망스럽다'고 고백하는 부모들의 십중팔구는 실제로 그 자녀에게 가장 헌신적인 삶을 살고 있었다. 지극히 사랑하기에 때로는 밉다. 부모 마음을 모두 아는 자녀는 없고, 그 마음을 몰라주기에 부모의 짝사랑은 때로 꽤 고통스럽다. 하지만 그것은 짝사랑의 운명이다. 진정한 사랑은 멈추지 않는다. 그렇게 미운 자녀를 위해 오늘도 몸과 마음을 다해 그들을 돌보고 있는 당신이야말로 진정 위대한 사랑의 '화신' 아닌가? 사랑은 벅차오르는 행복한 감정이 아니라 행동이고 실천이며 삶 자체이니 말이다.

Chapter 14

눈물로 키운 자녀일수록 감사의 샘도 깊다

키우기 참 힘든 아이들이 있다. 태어날 때부터 여러 가지 핸디캡이 겹쳐 있는 아이, 감정 조절이 어려워 주변 사람들과 매번 부딪히는 아이, 불안이 심해 늘 위축되어 있는 아이, 친구들에게 당하기만 하고 집에 와서 속상해하는 아이, 학교에서 심한 행동 문제를 일으키는 아이, 학교에 적응하지 못해 아침마다 부모의 애간장을 녹이는 아이…. 이런 아이들을 돌보는 부모들 역시 여간 힘든 것이 아니다. 연구 결과를 보면, 힘든 아이들을 키우는 부모들의 3분의 1 내지 절반은 실제로 전문가의 도움을 받아야 할 정도로 정서적인 어려움을 겪는다.

"제 자식 키워 봐야 어른이 된다"는 옛말은 옳다. 일반적인 아이들을 양육하는데도 부모는 참 많은 것을 배우고 그 열매로 아이와 함께 성장한다. 그렇다면 힘든 아이를 키우는 부모들은 어떤가? 아픈 만큼 더 성숙해지는가? 단연코 그렇다. 힘든 아이를 키우는 부모들은 보통 더 많은 것을 배운다. 물론 죄다 울면서 배운 것들이다.

아이에게 어떤 문제가 생기면 부모들은 죄책감에 빠지기 쉽다. '내가 뭘 잘못했기에 아이에게 저런 문제가 생겼지?' '그때 일을 하지 말고 아이를 직접 키웠어야 했던 건 아닐까?' '부부 싸움을 자주 해서 이렇게 됐나?' '임신한 것을 별로 좋아하지 않고 부담스러워했는데.' '아이가 속상하게 했을 때 마음속으로 아이를 너무 미워했는데.' 아이가 힘겨워할 때마다, 문제가 반복될 때마다 부모는 이런 후회와 자기 비난에 시달린다. 하지만 이런 지나친 죄책감은 오히려 아이를 잘못 대하게 만든다. 무조건 허용한다든지, 아이가 해야 할 몫까지 대신 해 준다든지, 자기 일을 모두 그만두고 아이에게만 올인한다든지 하는 식으로 말이다. 이럴 때는 그렇게 하면 안 된다는 조언도 무용지물이다. '내가 또 잘못했구나' 하고 죄책감에 더 빠져들게 하기 때문이다. 힘든 아이를 키우는 부모는 이런 자기 책망에 빠지기 쉽다. 무의미하고 비생산적인 죄책감에서 벗어나려면, 먼저 자기를 용서하고 사랑하고 아끼는 법을 배워야 한다. 기억하라. 당신이 오늘 해야 할 과제는 자기 연민이 아니라 자녀를 돕는 일이다. 그것만이 당신도 살고 아이도 사는 길이다. 당신을 힘들게 만드는 그 아이가 매일 이렇게 외치고 있는지도 모른다. "나보다 먼저 엄마 아빠 자신을 더 사랑하세요!"

힘든 아이는 부모의 도움과 에너지를 항상 요구한다. 그래서 지난날의 잘못과 조금 전의 실수를 아파하느라 계속 자기 연민에 빠질 여유가 없다. 슬픔도, 실수에 대한 미련도 툭 털고 일어나 아이와 함께 하루를 또 시작해야 한다. 보다 나은 아이의 내일을 위해 오늘에 더 집중해야 한다. 아무리 부족하고 잘못했다 하더라도 이 아이에겐 지금 곁에 있는 부모가 필요하다. 힘든 아이는 부모가 자신을 용서하고 죄책감에 허덕이지 않도록 할 뿐 아니라, 일어나 다시 시작하도록 만든다. 이 아이 때문에 부모는 쓰러질 수 없다. 아이는 부모가 삶의 무게에 굴복하지 않도록 연단시킨다. 절망을 딛고 언제나 다시 비상(飛翔)할 수 있도록 말이다.

힘든 아이의 부모들을 만날 때마다 놀라는 것이 있다. 그들은 자녀의 아주 작은 변화를 알아보는 눈을 갖고 있다. 부모와 눈 맞추는 시간의 길이, 옹알이의 정도, 주변에 대한 반응성, 사소한 놀이의 변화 등을 아주 세밀하게 알아챈다. 전문가도 탄성이 나올 정도다. 보통 사람들은 잘 보지 못하는 변화를 발견하고, 그것을 기뻐하고 감사한다. 힘든 아이가 부모의 눈을 기민하게 만드는 것이다. 작은 진전을 무시하거나 당연한 것으로 생각하지 않도록 훈련시켜 주는 것이다. 우리는 매일의 삶이 주는 소중하고 의미 있는 변화와 자극들을 보지 못하고 무심코 지나칠 때가 많다. 작은 것을 소중히 여길 수 있는 사람만이 항상 감사하는 마음을 유지할 수 있다. 이들은 불평과 불만의 유혹에 빠지지 않으며, 좀처럼 마음의 평화가 흔들리지 않는다. 힘든 아이들은 작은 변화도 얼마나 위대한 기적인지를 깨닫게 해 주는 존재들이다.

사랑하는 자녀를 도울 수 있는 것이 별로 없다는 사실은 참으로 부모를 가슴 아프게 한다. 자신이 해 줄 수 있는 것이 없다는 것을 자각했을 때의 그 무력감은 이루 말할 수 없이 고통스럽다. 부모라는 자신의 존재가 허물어지는 고통이기에 참으로 받아들이기 힘겹다. 힘든 아이를 바라볼 때마다 부모는 이런 아픔을 느낀다. 하지만 되짚어 보면, 자신의 무력함을 받아들이는 과정은 참으로 중요하다. 진정한 겸손으로 나아가는 중간 단계라고 할까?

자신이 무엇인가를 할 수 없는 연약하고 유한한 존재라는 사실을 꼭 받아들여야 한다. 우리는 전능자, 신이 아니다. 아무리 사랑하는 사람에게라도 할 수 없는 것과 줄 수 없는 것이 있다. 우리 아이도 연약하고, 부모인 우리도 연약하다. 아무리 강해 보이는 주변의 그 누구도 사실은 그저 연약한 하나의 존재일 뿐이다. 그러니 부족한 사람끼리 서로 용납하고 이해하고 도와야만 한다. 어떤 것은 내게 있고, 어떤 것은 그에게 있을 뿐이다. 내가 할 수 있는 것은 내가 열심히 하고, 남이 할 수 있는 것은 그가 하도록 둬야 한다. 참견할 이유도 자격도 없다. 겸손이란 이런 것이다. 이 배우기 어렵고 지키기 힘든 겸손을 힘든 아이가 우리에게 가르쳐 준다. 부모로서, 한 인간으로서의 무력함을 한 단계 더 깊이 깨달을 때, 우리는 겸손의 미덕으로 한 걸음 더 나아간다.

힘든 아이를 통해 배우고 자라는 부모들을 곁에서 볼 때마다 삶의 숨겨진 비밀을 덤으로 배운다. 고통은 빈손으로 오지 않고 항상 값진 선물을 어깨에 짊어지고 찾아온다는 사실 말이다.

Part 4

바른 양육은
부모와 자녀 모두를
자라게 한다

Chapter 15

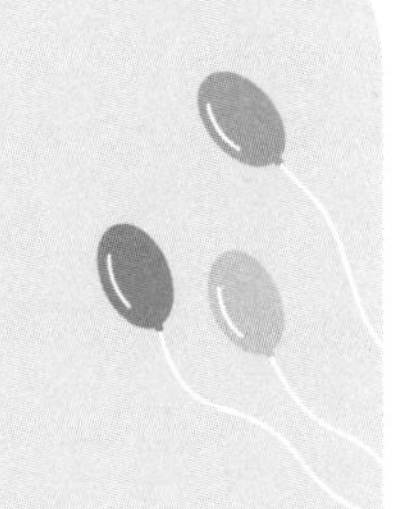

자녀에게 부모는 언제나 영웅이다

〈어벤져스〉 열풍이 대단하다. 아이들, 특히 남자아이들은 말할 것도 없고, 어린 시절 〈마징가 Z〉와 〈태권 V〉에 박수를 치며 환호성을 질렀던 어른들도 아이언맨과 캡틴 아메리카와 함께 환상의 세계로 빠져들어 간다. 어찌 슈퍼맨, 배트맨뿐이랴? 이순신 장군, 알렉산더 대왕, 칭기즈칸과 같이 위기에 빠진 세상을 구하고 정의를 실현하는 초인적인 능력의 소유자, 영웅들의 이야기는 언제나 우리의 마음을 사로잡는다.

어벤져스가 아니더라도, 사실 오래전부터 아이들의 마음속에는 늘 영웅이 존재해 왔다. 영웅에 대한 인간의 기대와 소망은 본능적이고 무의식적인 것이다. 힘도 없고 키도 작고 스스로 할 수 있는 것도 별로 없는 아이들에게는 자신을 곁에서 보호해 주고 도와줄 수 있는 부모가 바로 영웅과 같은 존재다. '부모는 모든 것을 할 수 있는 사람'이라는 믿음, 곧 전능 환상(omnipotent fantasy)은 부모와 강력한 정서적 유대를 맺게 하고, 부모의 행동을 효과적으로 동일시하도록 만든다. 부모와의 동일시 과정을 통해 '자신도 부모처럼 영웅이 될 수 있다'는 영웅 심리가 탄생한다.

하지만 이런 생각은 보통 만 10세쯤이면 위기를 맞는다. 부모가 자신이 믿어 왔던 것처럼 대단한 존재가 아닐 뿐만 아니라, 자신을 둘러싼 현실이 생각과는 다르다는 것을 깨닫기 때문이다. 청소년기가 되면 한계투성이인 부모와 세상에 대해 불만을 품고 반항하기도 한다. 영웅과는 거리가 먼 부모와 자신을 부끄럽게 생각하기도 한다. 그래서 다소 우울해지기도 하고 쉽게 화를 내기도 한다. 그러면서 영웅에 대한 환상이 현실에서는 점점 사라져 간다. 하지만 그러한 환상은 마음 깊은 곳에 여전히 자리 잡고 있고, 어려움을 겪을 때마다 고개를 든다. 자기가 영웅이 되거나, 다른 영웅의 도움을 받아 힘든 현실에서 해방되는 백일몽을 꿈꾸기도 한다. 어벤져스와 같은 영웅 이야기는 이런 위축된 영웅 심리를 점화시켜, 잠깐이지만 카타르시스와 흥분을 선물해 준다.

영웅 심리가 잘못된 방향으로 흘러가는 경우도 있다. 자아가 지나치게 팽창되고 현실적인 자제력을 잃으면 자기만 잘났고 다른 사람은 모두 쓸모없다는 생각에 빠진다. 과도한 자기애는 폭력과 학대, 허영과 과시, 인간애의 상실, 권위주의의 내적 토양이 된다. 남의 일에는 오만 가지 오지랖을 떨면서 정작 자기 자신은 겉만 번지르르하고 내용은 전혀 없는 빈껍데기 삶을 살게 만들기도 한다.

물론 영웅이 되고자 하는 욕망으로 인해 자신만이 아니라 이웃과 세상을 위한 멋진 선택을 하기도 한다. 자신의 이익보다는 사회적 가치를 추구하게 만들고, 어느 영웅이나 마찬가지로 고난을 견디며 희생을 감내하도록 만들기도 한다. 처음에는 개인의 욕심에서 출발했지만, 나중에는 세상에 커다란 도움을 끼치는 진짜 영웅이 되기도 한다. 우리는 모두 이 길에 들어서기를 희망한다. 아이들도 마찬가지다.

나는 종종 아이들에게 질문한다. "너는 왜 공부를 해야 한다고 생각하니?" 공부가 무엇인지도 모르고 하기도 싫어하는 유치원생 장난꾸러기들도 대부분 이렇게 대답한다. "훌륭한 사람이 되려고요!" 그러면 나는 재차 묻는다. "그렇구나! 그런데 훌륭한 게 뭐지?" 아이들은 고사하고 어른들도 대답하기 어려운 질문이다.

'훌륭하다'에 해당되는 한자어는 '위대하다'이다. 한자로는 '클 위'(偉)와 '클 대'(大)를 쓴다. 그렇다면 어떤 것이 큰 사람을 위대한 사람이라고 부르는가? 아이들에게 영웅은 일단 힘이 센 사람이다. 슈퍼맨은 엄청나게 힘이 세고, 아이언맨에게는 강력한 수트가 있다. 토니 스타크는 머리도 좋고 돈도 많다. 지력과 재력을 고루 겸비했다. 알렉산더 대왕은 엄청난 군사력과 권력을 소유했던 사람이다. 능력 있는 사람, 힘센 사람이 바로 영웅이다. 하지만 영 석연치 않다. 능력은 영웅의 조건도 되지만, 동시에 악당의 조건도 되기 때문이다. 악당도 대단한 힘을 갖고 있고, 용맹스러우며, 고난과 어려움에 맞서는 인내심 또한 영웅 못지않다. 하지만 악당은 악당일 뿐, 우리 모두가 우러러보는 영웅은 결코 아니다. 영화 속이나 현실 속이나 똑같다. 세상에도 능력 있는 사람은 얼마든지 있다. 하지만 능력자들 중 대부분은 평범하며, 간혹 악당이 있고, 영웅은 꽤 드물다. 능력은 영웅을 결정하는 요소가 아니다. 영웅이 되려면 선하고 가치 있는 목적과 방향이 필요하다.

마이클 거리언(Michael Gurian)은 《소년의 심리학》(위고 역간)이라는 책에서 소년들이 갈망하는 영웅의 특성에 대해 다음과 같이 이야기 한다. 'HEROIC'(영웅적인)이란 Honorable(명예), Enterprising(진취성), Responsible(책임감), Original(독창성), Intimate(친밀성) 그리고 Creative(창의성)한 것이라고 말이다. '명예'는 양심과 의무를 지키는 도덕성을 말하며, '진취성'은 마음에 둔 일은 결국 해내는 활동성과 근면함을 의미한다. '책임감'은 다른 사람이 부족한 것에 대해 마음을 쓰는 봉사 정신이며, '독창성'은 성인이 되었을 때 다른 이들에게 얽매이지 않고 자신만의 고유한 재능을 발휘하는 능력을 말한다. 또한 '친밀성'은 다른 사람을 동등한 동반자로서 사랑할 수 있는 자세를 의미하며, 마지막으로 '창의성'은 자신의 꿈을 일관되게 추구함으로써 다음세대에 기여할 수 있는 특성을 말한다. 이 안에는 영웅이 갖춰야 할 능력과 방향성이 골고루 포함되어 있는 것 같다.

잘났든 못났든 부모인 우리는 모두 어린 자녀들의 영웅이다. 우리에게 영웅적인 특성이 있다면 모조리 자녀들에게 전달될 것이다. 마이클 거리언이 주장한 영웅의 특성들은 아이들에게 지속적으로 가르쳐야 할 내용이긴 하지만, 솔직히 적용해 볼 용기가 나지 않는다. 그렇다면 평범한 우리가 자녀들에게 실천할 수 있는 것은 무엇이 있을까?

첫째는, 섬기는 자세다. 모든 영웅은 사람들을 섬긴다. 그들의 능력은 다른 사람과 세상을 향해 있다. 남 위에 군림해서 조종하는 것은 악당의 몫이다. 부모는 자녀와 가족을 섬기는 사람이다. 혹자는 이런 생각이 부모의 권위를 무너뜨리거나 훈육에 방해가 된다고 우려를 표하기도 한다. 하지만 그렇지 않다. 무섭게 하지 않으면 무시당한다는 생각은 잘못된 것이다. 강요와 공포는 일시적이고 표면적인 복종만을 불러올 뿐이다. 진정한 순종은 '그 사람처럼 되고 싶다'는 깊은 존경심에서 비롯된다. 부모의 섬김의 삶은 아이들을 진정한 영웅으로 만들어 줄 것이다.

둘째는, '자기 자신을 다스리는 본(本)'이다. 자신을 다스리지 못하는 사람은 남을 도울 수 없다. 영웅 이야기는 대부분 제법 긴 중간 과정을 포함한다. 그 기간에 영웅은 자신의 남다른 능력을 혹독한 훈련을 통해 조절하는 것을 배운다. 물론 실패와 도전이 반복된다. 이 시기를 통과하면서 영웅은 자신을 통제하는 능력을 획득해서 결국 다른 사람을 위해 사용할 수 있게 된다. 생각해 보면 세상에서 가장 위대한 힘은 자신을 다스리는 힘이다. 자신의 욕심과 충동, 허영심, 게으름, 자만을 통제할 수 있는 사람이야말로 진정한 영웅이다. 우리 모두는 이 일에 연약하다. 하지만 이는 가장 어려우면서도 가장 가치 있고 누구나 걸을 수 있는 길이다. 자기를 다스리는 일에는 특별한 능력이나 자격이 필요치 않다.

가족을 섬기고 자신을 다스리는 위대한 과정을 성실히 걷다 보면 어느새 부모 자신이 저마다의 빛과 색을 내게 될 것이다. 그 빛은 먼저 아이를 비추어 아이가 자신만의 빛을 만들어 내게 할 것이다. 그러면 모두가 밤하늘의 별처럼 빛을 발하게 될 것이다. 우리는 그 빛으로 다른 사람들을 좀 더 나은 삶으로 이끄는 진정한 스타, 영웅이 될 것이다.

"지혜 있는 자는 궁창의 빛과 같이 빛날 것이요 많은 사람을 옳은 데로 돌아오게 한 자는 별과 같이 영원토록 빛나리라"(단 12:3).

Chapter 16

자녀의 삶에 최선의 롤모델이 되라

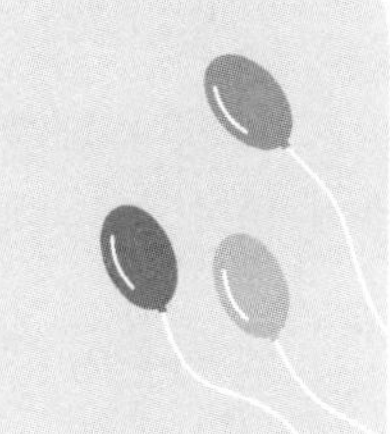

창수는 세상에서 자기 아빠를 가장 존경한다. 큰 호텔 요리사인 아빠를 제일로 닮고 싶어 한다. 창수 아빠는 덩치가 우람하고 남자답게 생겼다. 말투도 시원시원하고 주변 사람들을 편안하게 해 주는 스타일이라 '호인'이라며 다들 좋아한다. 자녀들에게는 늘 공부보다도 정직하고 성실한 것이 더 중요하다고 강조하며, 사소한 일에는 거의 잔소리를 하지 않는다. 교회 생활도 열심히 하고, 부부 사이도 좋다. 누가 봐도 괜찮은 아빠고, 남편이다. 특히 창수에게는 세상에 둘도 없는 슈퍼 히어로나 다름없다. "어떤 사람이 되고 싶니?"라고 물으면 창수는 주저 없이 "우리 아빠 같은 사람이 되고 싶습니다!"라고 대답한다. 하지만 아빠에 대한 창수의 동경은 중학교 2학년 봄날 아침 한 번에 무너져 버렸다. 언제부턴가 엄마와 아빠 사이가 안 좋아지고 자주 다투기 시작했는데, 알고 보니 아빠는 다른 여자와 5년 이상을 이중 생활해 왔던 것이다. 늘 자신에게 정직하게 살라고 말했던 아빠가 나중에 보니 거짓말쟁이요, 이중인격자

였던 것이다. 결국 부모님은 이혼을 했고, 이날부터 창수의 방황도 시작됐다. 대학생이 된 지금까지 창수는 한 번도 아버지를 만나지 않았다.

어른이 되는 방법 중 가장 손쉬운 길은 주변의 어른을 보면서 그대로 따라 하는 것이다. 부모, 선생님, 가까운 이웃이나 친척들이 주된 대상이 된다. 자녀가 부모와 비슷하게 생각하고 행동하는 이유가 단지 유전자를 물려받았기 때문만은 아니다. 같이 살면서 보고 듣고 경험한 것을 모방하기 때문이기도 하다. 정신의학에서는 동일시라는 용어로 표현하는데, 모든 부모는 자신의 의도와는 상관없이 자녀의 삶에 가장 강력한 영향을 주고 있는 셈이다. 모든 부모는 선택의 여지도 없이 이미 누군가의 아주 중요한 롤모델이다. 남에게는 말솜씨로, 말쑥한 옷차림이나 환한 미소로 자신을 포장할 수 있을지 몰라도 자녀에게는 씨알도 먹히지 않는다. "우리 아빠는 집안에서는 폭군이고 집 밖에서는 매너남이에요. 그런 아빠를 볼 때마다 너무 짜증나요." "우리 엄마는 남이 있을 때와 없을 때가 너무 달라요. 위선자가 따로 없어요. 정말 너무 실망스러워요." 상담실에서 자주 듣는 아이들의 고백이다.

아이들이 부모 가까이에 있으면서 일거수일투족을 늘 주목하고 배운다는 사실은 부모에게 적잖은 부담을 준다. 적절한 부담을 갖고 자녀 앞에서 올바로 살아야 한다는 것은 물론 타당한 말이다. 하지만 부모는 완벽한 존재가 아니다. 자녀에게 떳떳이 "나를 닮아라!"라고 자신 있게 말할 수 있는 부모가 과연 존재할까? 회사 상사에게 결재를 받는 것처럼 매일 자녀들의 평가를 받는다는 마음으로 산다면 좀 더 노력할 것 같기는 하다. 하지만 그렇다고 얼마나 더 나아질지, 그리고 이런 매일의 부담이 과연 바람직한 것인지는 잘 모르겠다. 사실 그렇다. 모든 부모는 자녀에게 가장 중요한 롤모델인 동시에 불완전하고 연약한 존재다. 자기 자신조차 제대로 가누지 못하면서 언제나 아이들 앞에 서야 하고, 그들을 도우며 키워 내야만 한다. 도망갈 수도 없고, 대충 갈 수도 없다.

당신이 이런 실존적 딜레마에 빠진 부모라면, 먼저 이것을 기억하기 바란다. 정말 중요한 것은 롤모델로서 부모가 얼마나 완전한가가 아니라, 어떤 것을 본받게 할 것이냐, 즉 무엇을 비춰 줄 것이냐는 부분이다. 롤모델의 자격 기준을 논하는 것보다 롤의 구체적 내용이 더 중요하다는 의미다. 자녀에게 무엇을 보여 줄 것인가? 어쩌면 우리 부모들은 자녀에게 이런 것들을 보여 주려고 애써 왔는지도 모른다. 주어진 일을 잘 처리하는 유능함, 성공, 많은 지식, 돈을 버는 방법이나 재주, 고상한 취미나 매너, 여유 있는 삶을 영위하는 모습 같은 것 말이다. 물론 이런 것들은 우리 자신도 갖고 싶고, 특히 우리 자녀들이 앞으로 소유하기를 희망하는 것들일 수도 있다. 하지만 이것은 부모가 자녀의 롤모델로서 보여 줘야 하는 내용으로는 아주 부적절하다. 보통 부모들이 보유하고 있는 지식이나 일처리 능력, 재력을 얻는 노하우, 처세술 등은 그다지 높은 수준이 되지 못하기 때문이다. 따라서 부모로부터 직접 보고 배우는 것은 오히려 비효율적이다. 부모 말고도 이런 것들을 더 잘 배울 수 있는 롤모델은 세상에 얼마든지 있다. 이런 것들은 모든 부모가 자녀에게 실제적인 본(本)이 되어 주기에 현실적으로 불가능한 내용들이다. 우리는 이런 역할을 담당하기에 대부분 역부족이다. 이런 면들에서 솔직히 우리는 가진 것이 별로 없다.

그렇다면 모든 자녀들이 부모로부터 꼭 배워야 하는 것은 과연 무엇일까? 부모가 아니면 가르쳐 주기 어려우면서 일반적인 부모라면 누구든 (때론 노력을 통해서라도) 보여 줄 수 있는 것, 그러면서도 자녀의 삶에 결정적으로 중요한 것들은 무엇일까? 또한 부모와 같이 살아가는 과정에서 체득을 통해 배울 수 있는 것은 과연 무엇일까? 가장 먼저 떠오르는 것은 가족에 대한 생각과 가족을 대하는 태도와 방식이다. 이것이야말로 가족 밖에서는 경험하기 어려운 것이면서, 앞으로 가정을 꾸려 나갈 우리의 자녀들이 꼭 배워야 하는 필수적인 내용이다. 인류를 구성하는 가장 중요하고 근본된 조직인 가족을 이끌고 유지하는 방식을 배우는 곳이 바로 가정이기 때문이다. 이렇게 한 세대에서 다음 세대로 가족을 대하는 자세와 방식이 이어져 간다. 아니, 공동체 생활에 필요한 가치들을 배우고 훈련하는 것이다.

가족과 살면서 우리는 희생을 배우고, 배려와 돌봄을 경험한다. '우리'라는 공동체 의식은 가족에 뿌리를 두고 있다. 누군가의 헌신과 사랑을 경험하고, 누군가가 일어서고 변화될 때까지 참고 기다리는 인내를 배운다. 아무리 부족하고 모자라더라도 함께 가야만 하는, 힘들다고 해서 외면하거나 끊어 버릴 수 없는 책임을 제대로 훈련받는다. 무엇이 좀 부족하다고 해서 삶을 살아갈 수 없다든지, 실수나 실패를 했다고 해서 생이 멈춰 버리는 것은 아니라는 끈질긴 소망을 배우기도 한다. 어찌해도, 무슨 일이 일어나도 나를 수용해 주는 누군가만 있다면 결국은 '괜찮을 수 있다'는 낙관을 배울 수도 있다. 사는 맛이라는 게, 보람이나 재미라는 게 성공이나 실패 따위로 보장받거나 사라지지 않는다는 것, 의미가 쾌락보다 더 깊은 뿌듯함을 준다는 가치를 배우기도 한다.

어디 이것뿐인가? 모든 어려움을 반드시 극복하고 이겨 내야만 하는 것은 아니라는 사실, 이겨 낼 수 없는 경우도 꽤 있다는 겸손 또한 가정에서 배운다. 그 사이에 경험한 삶의 한계가 우리를 더 성숙시킨다는 반전(反轉)도 경험한다. 무너져도 누군가가 함께 있다면 좀 더 쉽게 일어설 수 있다는 연대(連帶)와, 이 척박한 세상에도 '용서'라는 것이 있고, 그래서 언제라도 다시 마주할 수 있다는 화해(和解)를 배운다. 누군가와 함께 슬퍼하고 즐거워하는 공감을 배우기도 하며, 공감을 통해 기쁨은 배가 되고 아픔과 슬픔은 반이 되는 시너지를 경험하기도 한다. 같이 하면 그만큼 더 짜릿하고 풍성해진다는 것을 배우기도 한다. 나눔과 봉사의 가치 말이다. 때로는 밉고 싫어도, 의견이 달라도 같이 먹고 마실 수 있다는 평화 또한 배운다. 이 얼마나 놀라운 특권인가? 이런 것들을 우리가 자녀들에게 가르칠 수 있다니 말이다.

우리는 롤모델을 보고 성장한다. 그러다 결코 쉽지 않고 그리 짧지 않은 시간이 흐른 뒤 문득 알게 된다. 이제는 더 이상 누군가를 본받을 필요가 없다는 사실, 굳이 다른 사람처럼 될 이유가 없다는 사실을 말이다. 부모와 가족을 통해 배우고 체득된 관점과 습관을 토대로 이제는 자유롭게 자신의 생을 달려갈 준비가 된 것이다. 생각해 보니 그렇다. 솔직히 인간은 애초부터 또 다른 인간을 닮을 필요가 없을 수도 있다. 인간이 지닌 본래 가치에 따른 삶의 목적과 방식을 창조하고, 섭리에 따라 각자의 길을 인도해 주시는 하나님의 손길이 있기 때문이다(히 12:2 참조).

우리는 하나님을 궁극적인 롤모델로 삼아야 한다. 물론 우리 아이들도 그래야 할 것이다. 자녀들이 우리와 더불어 먹고 마시고 함께 자라 가며, 우리를 통해 하나님을 만나고 경험하기를 간절히 소망한다.

일상의 롤모델

초등학교 2학년 철웅이는 잘 놀다가도 엄마 얼굴만 보면 징징대기 시작한다. 하루 종일 사사건건 말도 안 되는 것으로 생트집을 잡는다. 빵을 내놓으면 밥을 달라 하고, 밥을 내놓으면 스파게티를 요구한다. 바로 들어주지 않으면 울고불고 난리를 부리다가 화가 더 치밀면 엄마에게 욕을 하거나 발과 주먹으로 때리기도 한다. 이런 이야기를 전해들은 철웅이 담임선생님은 깜짝 놀란 표정을 지었다. "세상에 철웅이같이 착한 아이는 없는 줄 알았어요." 학교에서는 예의도 바르고, 자기 일뿐 아니라 친구들도 잘 도와주는 모범생 중에 모범생이란다.

철웅이네 집에는 비슷한 인물이 한 명 더 있다. 바로 철웅이 아버지다! 혈기가 많은 철웅이 아버지는 아내와 대화 중에도 화가 나면 소리를 빽 지른다. 아내에게 고성을 내며 거친 욕설을 내뱉고, 종종 물건을 집어 던지기도 한다. 철웅이는 아빠를 제일 무서워하는데, 간혹 말을 듣지 않고 징징거리다가 매를 맞은 적도 여러 번이다. 짐작하겠지만, 철웅이 아빠 역시 밖에서는 호인 중에 호인이다. 직장에서 여러모로 인정받는 것은 물론, 친구 사이에서도 인기 만점이다. 사교적이고 호탕해 누구나 좋아한다. 그러나 집에만 들어오면 아무것도 아닌 일에 헐크처럼 변한다. '지킬 박사와 하이드'가 따로 없다. 그것도 부전자전으로.

"너는 네 아빠 (혹은 엄마) 붕어빵이야!"라는 말을 들어 본 적이 있을 것이다. 의식하지 않았는데 부모와 똑같이 행동하거나 생각하는 자신을 발견하고는 스스로 신기하게 생각한 적도 있을 것이다. 때로는 부모의 원치 않는 부분을 빼어 닮은 자신을 보고 화들짝 놀란 적도 있을 것이다. 부모의 이런 모습이 정말 싫어서 '난 죽어도 내 부모처럼 하지는 않을 거야'라고 굳게 결심했는데도 말이다.

부모의 모습은 놀랍게 자녀에게로 전해진다. 아이가 부모를 롤모델로 삼기 때문이다. 대부분의 모델링은 대상을 직접 보고 듣고 경험하는 과정, 즉 삶의 시간과 공간을 함께 공유하면서 일어난다. 그러니 당연히 부모의 가정 밖 생활은 자녀에게 잘 전수되지 않는다. 기껏해야 일부 간접적인 정보만 알려질 뿐이다. 부모가 밖에서 아무리 훌륭하거나 혹 그 반대라 해도 그 삶은 상대적으로 자녀에게 큰 영향력을 미치지 못한다. 그래서 간혹 아이들이 속 썩일 때, "내가 밖에서 얼마나 고생하는데, 너희들은 왜 그 모양이냐?"라고 일갈하거나, "아이들이 밖에서 고생하는 부모의 사정을 잘 몰라준다"고 하소연하는 것은 별로 적절하지 않다. 아이들은 부모가 밖에서 어떻게 행동하는지 잘 알지 못하며, 솔직히 별 관심도 없다. 이처럼 부모의 바깥 삶은 자녀의 롤모델 대상이 되기 어렵다.

이와는 반대로 부모의 가정 내 삶은 아주 강력한 자녀의 롤모델 대상이 된다. 밖에서는 드러나지 않는, 포장되어 있지 않은 있는 그대로의 모습, 개인의 프라이버시, 그것이 자녀가 모방하는 주된 내용이 된다. 그렇다면 우리의 민낯은 어떠한가? 가족끼리는 거리낌 없이 트림도 하고 방귀도 뿡뿡 뀌어 댄다. 부스스한 맨 얼굴, 속옷 차림, 헝클어진 머리는 기본이다. 식탁에서 쩝쩝대기도 하고, 입 냄새와 고린내를 풍기면서도 별로 미안해하거나 부끄러워하지 않는다. 어찌 이런 겉모습뿐이랴? 집안에서는 자연적인 우리의 속 모습, 즉 인격의 맨 얼굴과 매일의 일상적인 습관이 고스란히 드러난다. 그리고 이것들은 나의 본질을 더 뚜렷하고 정확하게 반영한다. 은밀한 것일수록 '진정한 나'에 훨씬 더 근접해 있다. 나를 그럴싸하게 감싸고 있는 화려한 옷과 가면과 분장이 걷힌 상태이기 때문이다. 바로 이것들이 가정에서 그대로 자녀에게 전달되어 자녀의 삶에 뚜렷하게 각인된다.

몇 가지만 생각해 보자. 당신은 화가 났을 때 그것을 어떻게 다스리는가? 밖에서야 체면도 있고 사람들 이목도 있고 하니 전두엽이 더 잘 활성화될 것이다. 먹고살아야 하니 성질대로 할 수가 없다. 이를 악물고 참으며 억지 미소, 썩소를 지을 수밖에 없다. 하지만 집에서는 어떠한가? 자기를 억제하거나 통제할 수 없는 가족, 특히 어린 자녀들에게 화가 났을 때 당신은 어떻게 분노를 표현하는가? 자녀는 감정을 표현하는 원칙과 방법을 대부분 부모로부터 배운다. 부부가 서로에게 매너 없이 대하면 자녀도 화가 날 때 부모에게 똑같이 행동한다. 나중에는 자신의 배우자와 자식들에게도 비슷하게 행동하게 되어 있다. 당신이 제대로 롤모델이 된 것이다. 하지만 당신은 집에서 다르게 행동할 수도 있다. 화가 날 때 당신의 행동을 그대로 복사하려고 흰 도화지처럼 깨끗이 비워진 상태로 당신을 바라보고 있는 영혼들이 있다는 사실을 잊지 않는다면 말이다.

인간이기에 우리는 언제든 실수할 수 있다. 가족이나 아이들에게 어떤 실수나 잘못을 했을 때 당신은 어떻게 처신하는가? 아무것도 아닌 것처럼 모른 척하거나 은근슬쩍 넘어갈 수도 있다. 가족이니 어차피 별일 없을 것이라고 생각할 수도 있다. 때로는 도리어 성을 내거나 아내 탓이나 남편 탓을 할 수도 있다. 자신의 부모나 세상 탓을 할 수도 있다. 잘못을 인정하는 것은 부끄러운 일이 아니라는 사실을 잘 알지만, 자녀 앞에서 솔직히 인정하고 사과하는 것이 쉽지 않을 수도 있다. 나는 사과하지 않는 부모 때문에 상처 받은 아이들의 이야기를 심심찮게 듣는다. 잘못을 사과하지 않기 때문에 부모 자식 간에 진정한 화해가 일어나지 않는 것도 안타깝지만, 더 큰 문제는 그러는 사이에 자녀들이 '잘못을 인정하지 않아도 된다'는 더 큰 잘못을 답습하게 되는 데 있다. 정말이지, 이건 아니다. 요즘 우리나라를 가득 채운 부끄러운 일들을 보라. 많은 일이 잘못됐는데, 잘못했다고 하는 사람들이 없다. 잘못을 인정하지 않으니 고칠 게 없고, 발전도, 내일의 변화도 기대할 게 없다. 쓸데없이 어리석은 자존심을 세우는 고집은 분명 부모로부터 배운 것임에 틀림없다.

당신은 가장 가깝고 편한 사람을 어떻게 대하는가? 어린 시절 나의 선친은 항상 안방의 이불과 요를 직접 깔고 개셨다. 퇴근 후에는 늘 거실과 방을 다니면서 지저분한 것을 치우고 정리하셨다. 빨래가 나오면 어머니와 같이 널고, 손수 걷어 오시고, 함께 개셨다. 집안일은 전업 주부인 어머니가 주로 하셨지만, 아버지는 늘 어머니의 집안일을 자발적으로 도와주셨다. 하루 종일 일하고 집에 돌아오면 누구라도 쉬고 싶지 않을까? 하지만 아버지는 항상 어머니를 배려하셨다. 이런 모습은 자기밖에 모르는 나 같은 사람에게도 어느 정도 복제된 듯하다. 물론 아버지처럼은 못 하지만 말이다.

집 밖에서는 인정받고 존경받는 사람들 중에 가족들은 함부로 대하는 가짜 인생들이 참 많다. 진정한 인격자는 가장 가깝고 편한 사람에게 가장 잘한다. 가장 가까운 가족에게 존경받는 사람이야말로 진짜 훌륭하고 위대한 사람 아닌가? 세상에서 가장 얻기 힘든 최고의 명예라 해도 과언이 아닐 것이다. 당신이 가깝고 편한 사람들을 어떤 식으로 대하는지 가족에게는 절대 숨길 수가 없다. 그들을 위해 어떻게 섬기고 아끼고 배려하고 기꺼이 희생하는지 자녀들이야말로 속속들이 알고 있다. 그리고 자녀들은 당신의 그 모습을 그대로 모델링하고 있다. 나중에 그들도 가장 가까운 사람들을 그 방식 그대로 대할 것이다.

> "내가 완전한 길을 주목하오리니 주께서 어느 때나 내게 임하시겠나이까 내가 완전한 마음으로 내 집안에서 행하리이다"(시 101:2).

누군가가 나를 바라보며 따라 하고 있다는 사실은 꽤나 부담스럽다. 하지만 한편으로는 고맙기도 하다. 무언가 내가 살아가는 의미를 준다. 나의 발자취가 세상에 남겨지기 때문이다. 나의 흔적이 세대를 거쳐 반복되어 내려간다고 생각하니 무거우면서도 가슴이 벅차오른다. 나의 은밀한 것이 드러나는 그곳에서 한 인격의 위대함이 만들어진다고 생각하니 한층 더 의미심장하다. 감정을 다스리는 것, 잘못을 인정하고 돌이키는 것, 그리고 가장 가까운 사람에게 최선을 다하는 것과 같은 참으로 소중한 가치들이 우리의 집안에서 매일매일 과제로 던져지고 다루어진다. 가면과 겉옷을 벗어 놓은 그곳에서 가장 확연하고 명백하게 드러나 우리를 갈고 닦는다. 은밀하고 위대하게 그 엄청난 과업을 완수하기를 바란다.

실패의 롤모델

누구나 큰 어려움 없는 안정된 인생을 고대하고 준비하지만 인생은 예상대로 흘러가지 않는다. 인생에는 좋은 일만 있거나 나쁜 일만 있지 않다. 순풍을 만났을 때야 알아채지 못하지만, 어두운 골짜기를 지날 때면 우리 주변도 한결같지 않다는 것을 느낀다. 가족과 가까운 친구들은 곁에 남아 나를 지지하고 있음을 새삼 깨달으면서 그들의 존재 의미를 되새긴다. 내가 잘될 때 즐거움을 같이했던 사람들 중 상당수는 그다지 깊은 관계가 아니었음을 발견하고는 허무함과 배신감을 느끼기도 한다. 생각해 보면 사실은 그들의 문제가 아니라 보편적인 인간의 본색이었는데 나 혼자 착각하고 있었음을 깨닫는다. 씁쓸한 웃음이 피식 입가에 퍼진다. 그들은 나를 좋아했던 것이 아니라, 내가 갖고 있던 무언가를 부러워했거나 얻고자 했던 것이었는지도 모른다. 아무튼 난처한 상황들은 내 주변을 깨끗이 청소해 주는 순기능이 있다. 고통스럽긴 하지만 덕분에 주의를 빼앗던 주변의 잡음들이 걸러진다. 그 덕에 나도 포장지를 벗고 한결 더 가벼워진다. 무언가 좀 더 뚜렷해지는 느낌이다. 비워진 삶에서 오는 공복감이 나를 살짝 긴장하게 만들고 정신을 민첩하게 한다. 그 기민함으로 무엇이 정말 내게 소중한 것인지를 다시 보게 된다. 그렇다. 거기에는 언제나 가족들이 그대로 남아 있다. 여러 가지 사정으로 곁에 가족이 없는 경우도 있지만, 일반적으로 가족은 우리가 처한 어떤 상황이든 잘 변하지 않는 관계다.

조금 조심스럽게 살펴보면, 우리 곁에는 세상 다른 곳에서는 해 주지 않는 그 일을 묵묵히 감당해 온 누군가가 있다. 그들은 아주 오래전부터 쭉 그래 왔다. 티 나지 않는 성가시고 지루하고 고된 역할을, 그것도 나의 상태나 반응과는 무관하게 누군가가 지속해 왔다. 우리는 그것을 받았고, 그 삶을 보았고, 함께 살며 직접 몸으로 체험했다. 어느덧 우리도 나이를 먹어 다른 누군가에게 그 일을 해야만 하는 역할을 맡게 되었다. 우리는 롤모델이 되었다.

우리의 자녀들이 우리를 통해 꼭 배워야 하는 것 중에 하나는, 굴곡이 많은 세상에서 힘든 상황이 닥쳤을 때 어떻게 처신하느냐 하는 것이다. 학자들은 연구를 통해 힘든 상황을 견디는 힘은 '자기 가치감'(self worth)과 깊이 연관되어 있다고 주장해 왔다. 여기에 따르면, 부모 자신이 먼저 스스로를 가치 있게 여기고, 자녀들을 대할 때도 그들이 참으로 가치 있는 존재라고 확신해야 한다. 즉, 자녀들은 부모의 눈빛과 말투에서 '잘하고 못하고, 성공하고 실패하고, 옳고 옳지 못하고'와 상관없이 '나는 존재론적인 가치가 있다'는 사실을 느껴야 한다. 그들은 자신이 사랑받을 가치가 있고, 지지와 지원받을 자격이 있으며, 힘들 때는 위로와 격려를, 또한 기쁠 때는 웃음과 박수와 환호성도 지를 수 있는 존재임을 믿어야 한다. 그들이 실패하고 실수할 때 곁에서 묵묵히 지켜 주는 당신의 든든한 어깨와 매몰차게 비판하고 경멸하는 세상과는 차별된 당신의 그윽한 시선만이 이런 소중한 사실을 알려 줄 수 있다. 자녀의 실패는 이런 것들을 배우기 위한 절호의 찬스이며, 그들의 실수는 이런 것들을 가르칠 수 있는 호기(好機)이다.

예상치 못한 어려움, 쉽게 해결되지 않는 문제에 시달리다 보면 누구든 모든 것을 포기하고 싶은 유혹에 빠진다. 자아의 힘이 약하고, 충동적인 경향이 강하며, 신중함이나 책임의식이 성인보다 약한 아동 청소년들은 더 쉽게 흔들린다. 또한 이들은 성인에 비해 주변의 영향을 강하게 받기 때문에 주변의 지지 구조가 미치는 영향이 참으로 크다. 가족과 같이 지지 구조가 탄탄하면 아주 강력한 보호인자가 되지만, 반대로 취약하면 오히려 더 큰 위험인자로 작용한다. 잘 알다시피 우리나라의 자살률은 2014년 기준 인구 10만 명당 27.4명이며, 12년째 OECD 국가에서 1위를 차지해 왔다. OECD 국가의 평균 자살률인 12명의 두 배가 넘는 수치다. 다행히 10-19세 사이의 자살률은 약 5명 정도로 전체 자살률보다는 낮다. 하지만 연령을 막론하고 자살의 중요한 요인이 어린 시절의 경험과 사회·정서적 지지 상태와 밀접하기 때문에, 실의에 빠진 자녀를 부모가 어떻게 대하는지는 자녀가 현재 혹은 미래의 삶을 포기할지 말지를 결정하는 핵심 요인이 된다.

부모는 자녀가 힘든 현실에서 포기하지 않고 다시 일어설 수 있도록 돕는 롤모델이 되어야 한다. 그러기 위해서는 첫째, '미래는 알 수 없다'는 사실을 알려 줘야 한다. 인간은 앞을 내다볼 수 없다. 이 사실은 우리를 두렵게 만들기도 하지만, 오히려 희망을 주기도 한다. 겸손하게 만들면서, 동시에 어떤 기대를 품게 한다. 나는 어렸을 때 지금과 같은 삶을 조금도 예측하지 못했다. 앞으로 10년 뒤의 모습도 알 수 없다. 꿈도 꾸고 계획도 세우지만 꼭 그렇게 되리라는 보장이 없다. 섭리에 따라, 다른 수많은 변수에 따라 미래의 모습은 예상과는 다를 것이다. 우리 아이들도 마찬가지다. 지금과 똑같이 계속 그렇게 사는 것은 아니다. 특히 아이들은 놀라울 정도로 성장하고 발달하며 변한다. 그들의 정신적, 신체적, 사회적, 지적 능력은 해가 다르게 바뀔 것이다. 그들이 살아갈 세상도 어떻게 변할지 모른다.

불필요하게 염세적인 예상도, 근거 없는 낙관도 곤란하다. 분명한 것은, 미래는 알 수 없고 지금과는 다를 것이라는 사실이다. 부모는 이런 가변성과 불확실성이 우리의 삶을 더 묘미 있게 만들고 또 다른 희망을 준다는 사실을 아이들에게 보여 줘야 한다. 지금 좋은 일이 있으면 그저 충분히 즐기고 감사하면 된다. 이 좋은 일이 마치 미래까지 다 보장된 것처럼 노력을 멈추거나, 모든 것이 다 해결된 것처럼 방종하거나 자고(自高)해져서는 곤란하다. 모르는 미래에 대해서는 늘 겸손해야 한다. 오늘 힘들면 그냥 버텨야 한다. 시간이 지나면 많은 것이 저절로 변할 것이다. 시간은 삶의 가장 중요한 변인 중 하나다. 내일은 달라질 것이라는 희망을 품고 삶을 끈덕지게 유지해 나가야 한다. 포기해서는 안 된다. 인생은 늘 역전이 있고, 역전승만큼 짜릿한 것은 없다.

둘째, 우리는 힘들어하는 자녀들에게 '없어도 행복할 수 있다', '힘들어도 웃을 수 있다'는 기막힌 삶의 아이러니를 알려 줘야 한다. 사람들은 흔히 긍정적인 결과는 반드시 그럴 만한 실제적인 원인이 있어야만 가능하다고 생각한다. 근대 이후 우리의 사고방식은 합리주의에 뿌리를 둔 인과론에 푹 빠져 있어서, 대부분은 약간의 의심도 하지 않은 채 이런 믿음을 갖고 살아간다. 이런 사고방식은 인간의 이성에 너무 큰 권위를 부과한 탓에 우리의 마음속 깊은 곳에 자리를 잡았는데, 혜택이 없었던 것은 아니지만 무시할 수 없는 손실 또한 입혔다. 이런 자동적인 생각에 근거한 몇 가지 확신들이 우리를 혼란스럽게 만들었기 때문이다.

인생은 인과론적인 설명으로는 이해할 수 없는 것들로 가득하다. 대표적인 것이 '행복'이다. 많이 벌고 많이 배우고 머리도 좋으면 더 행복할 것 같지만, 행복에 대한 연구 결과들은 그렇지 않다. 하버드대학 정신의학과 교수인 조지 베일런트(George Vailant) 박사가 시행한 전대미문의 '행복' 연구에서는 '다른 사람과의 관계', '위기에 대처하는 성숙한 방어기제', '건강한 생활 습관' 등이 훨씬 더 중요한 요인으로 나타났다. '긍정적인 반응'이나 '낙관적인 삶의 자세'는 어떤가? 역시 삶의 외적 조건이 이런 긍정성을 결정하는 것은 아니다. 긍정심리학의 아버지 마틴 셀리그만은 "생각, 즉 사고방식의 차이에서 비롯된다"고 거침없이 주장했다. 게다가 우리는 이미 실패와 고난 중에도 긍정성을 잃지 않을 이유와 근거를 갖고 있다. 우리의 낙관성은 현실과 동떨어져 있는 상상의 산물이 아니다. 우리는 '실제'로 가장 연약할 때에 가장 강하다. 이 약속은 우리의 상태와 무관하게 주어졌고, 약속하신 분은 약속을 반드시 지키는 분이시다. 우리와 우리 자녀가 할 유일한 일은 포기하지 않고 더 배우고 성장하는 것뿐이다.

한 사람의 사고방식은 당연히 성장 과정에서 부모로부터 가장 큰 영향을 받는다. 우리는 고난 속에서도 보다 소중한 가치를 유지함으로써 삶의 의미와 행복을 찾고 누리는 삶을 자녀에게 선사해야 한다. 힘들어도 깊이 있는 미소를 짓고, 때로는 어린아이와 같은 함박웃음을 보이는 끈질긴 긍정의 힘을 발휘해야 한다. 그것을 옆에서 바라보는 자녀들에게는 참으로 소중한 롤모델이 될 것이다. 인생의 굴곡진 시간들 내내 함께 자고 먹고 살아가는 가족 말고 누가 이 귀한 교훈을 가르쳐 줄 수 있겠는가?

우리는 자녀들에게 '힘들어하는 사람에게 무엇을 어떻게 해 줄 수 있는지'를 가르쳐 줄 수 있다. 고통 속에 있는 사람을 위로하고 돕는 것은 너무나 소중하지만 만만치 않은 일이다. 섣불리 다가가면 오히려 그르치기 쉽다. 자존심에 상처를 줄 수도 있고, 의존 욕구를 부추길 수도 있다. 힘든 일이 점점 커지거나 오래 지속되면 서로를 탓하기도 쉽다. 누군가는 먼저 포기하고, 낙심하거나 냉담해지기도 한다. 힘든 이를 섬기는 과정은 무엇보다도 긴 인내가 필요한 일이다. 가족이 힘들 때는 서로의 짐을 나누어 지고, 상대의 실수나 잘못을 수용하고 용서해야 한다. 이런 능력을 과연 어떻게 함양할 수 있는가? 도대체 이것을 어디서 배울 수 있겠는가? 이는 힘들어하는 가족들과 고난의 시간을 함께하며 서로 돌보고 헤쳐 나감으로 얻게 되는 교훈이요, 능력들이다.

사는 맛은 단맛만이 아니다. 쓴맛도 있고 매운맛도 있다. 복잡하고 다양한 맛이 오묘하게 어우러져 조화를 이루는 것이 진짜 사는 맛이다. 힘든 인생 여정은 우리와 자녀에게 '사는 맛'에 대해 소중한 지혜를 알려줄 것이다. 우리는 당당히 롤모델의 역할을 감당해야 한다. 지금 보이는 것이 다가 아니다. 그래서 삶은 계속 나아가야 한다. '함께'라면 넉넉히 가능하다.

결핍의 롤모델

"요즘 아이들은 우리 때보다 조건도 좋고 부족한 것도 없는데 왜 더 잘하지 못하죠? 우리 때는 갖고 싶어도, 먹고 싶어도 할 수 없는 것이 많았는데, 요즘 애들은 과외에 학원에 부족한 것이 뭐가 있어요? 그냥 열심히만 하면 되는데 왜 그게 안 되는지 모르겠어요." 아이의 행동이 영 맘에 들지 않는 부모들이 종종 내뱉는 한숨 섞인 말이다.

방학 때 해외여행은 물론이고 어학연수까지 다녀오는 아이들이 있는 것을 보면 왠지 좀 낯설다. 많은 아이들이 예전보다 풍족하고 여유 있는 삶을 누리고 있다. 예전에는 졸업식 때나 먹을 수 있었던 짜장면, 탕수육이 이제는 더 이상 특별하지 않다. 집안 잔치나 명절 때나 먹던 맛난 음식들은 평소에도 배불리 먹을 수 있다. 외식이 일상이 된 것은 오래전 일이다. 학원에 과외에 인터넷 강의에 더 좋은 교재와 다채로운 문제집이 사방에 널려 있다. 공부를 위한 환경도 예전에 비하면 비교할 수 없을 정도로 좋아졌다.

"이 좋은 환경에서 그냥 열심히 공부만 하면 되는데, 왜 우리 아이들은 그렇게 하지 않을까요?"

그러고 보니 우리가 던졌던 이런 말들이 그리 낯설지가 않다. 아차! 우리도 많이 들었던 말이구나! 우리도 우리 부모로부터 수없이 들었던 이야기들이다.

"우리는 자기 방도 책상도 없이, 때로는 교과서도 없이 공부했고, 심지어 여러 가지 이유로 학교도 다니지 못했다. 때로는 끼니도 제대로 못 먹었고, 전쟁과 온갖 혼란 속에서 힘든 삶을 살아왔다. 우리는 이렇게 어렵게 살았지만 너희는 세끼 걱정하지 않고 학교도 맘껏 다닐 수 있으니 그저 공부만 열심히 하면 돼!"

귀에 못이 박히도록 들어 왔지 않았는가? 우리도 이런 말을 매일 들으면서 이렇게 어른이 되었다.

아이들과 우리 그리고 우리 부모님들은 모두 다른 조건에서 살았고, 살고 있다. 부분적으로는 비슷한 조건들도 있지만, 다른 조건들도 분명히 많다. 솔직히 살면서 직접 경험하지 못한 상황들을 정확히 알 수는 없다. 우리는 부모의 세대를 모르고, 우리 자녀 세대의 조건 역시 모르고 있지 않은가?

"아무것도 알지 못하면서 딴소리 좀 하지 마세요."

아이들이 투덜대는 이 말은 사실 맞는 말이다. 그런데도 우리는 부모로부터 들었던 상황에 맞지 않는 말들을 그대로 자녀에게 반복한다. 다른 조건 속에서 일어난 일들을 그대로 서로 비교할 수는 없는 법이다. 우습다. 세대를 반복해 가며 사람들은 알지도 못하는 다른 세대를 평가하고 있다. 도대체 무엇이 더 낫고 무엇이 더 못하다는 말인가?

비교의 늪에 빠져 허우적대는 사이 우리가 잊고 있었던 것이 있다. 우리와 우리 아이들 간의 다른 조건들, 아마도 우리가 주목하지 않고 있었던 우리의 과거들, 지금의 아이들은 갖지 못하고 경험하지 못했던 배경들이 우리와 아이들에게 어떤 메시지를 던져 주고 있다. 단지 '너희들은 풍족한데 왜 그 모양이냐' 하는 피해의식에 절은 불평이나 생색 같은 것 말고, 아이들에게 실제적으로 도움이 되는 교훈이 있다.

생각해 보니 과거 우리가 아쉬워했던 상황들이 그리 부정적인 것만은 아니었다. 더 유리하고 좋은 조건들도 참 많았다. 예전에는 늘 부족하고 모자랐기에 이것이 일상의 당연한 현실이라는 사실을 빨리 배울 수 있었다. 그 덕에 넉넉함이 주는 감사와 기쁨의 역치가 그리 높지 않게 세팅되었다. 그 혜택은 생각할수록 놀라운데, 물 한 모금과 밥 한 술로도 충분함과 만족감을 느낄 수 있는 사람으로 만들어 주었다. 작은 것에 만족할 수 있는 이 값진 능력은 삶의 소소한 기쁨과 행복이라는 축복의 통로가 되었다. 없는 것이 당연하고 있는 것이 감사한 것이 아니라 있는 것이 당연한 것이 되는 순간, 행복의 기회는 거의 날려 먹은 것이나 다름없다. 슬프게도 요즘의 아이들에게 쉽게 발견되는 모습이다.

우리가 갖지 못했던 것들은 우리를 더 움직이도록 만들어 주었다. 실로 '필요는 발명의 어머니'다. 결핍은 우리의 원동력이 되었다. 한계가 많았기에 그 너머가 궁금했고, 도전하고 넘고 싶은 의욕이 배어 나왔다. 그리 크지 않은 인정과 보상만으로도 우리는 충분했다. 누군가에게 직접 보고 배울 수 있는 기회가 넉넉하지 않으니 방법을 늘 혼자 찾아야만 했고, 당연히 생각하는 힘과 문제를 해결하는 능력이 길러질 수밖에 없었다. 결과물과 내용은 좀 부실할지 모르겠으나, 결과를 도출해 내는 길과 방법을 연구하고 부족한 자원을 활용하는 기술을 연마하는 데는 최적의 환경이었다. 어른이 되니, 놀랍게도 세상에서는 온통 이런 능력을 요구하고 있었다. '문제 해결 능력'은 인간 두뇌의 가장 높은 인지 기능이며 전두엽 기능의 결정체다. 반복적인 도전과 긴 고민을 통해서만 얻을 수 있는 이 능력으로 우리는 자신과 세상이 처한 문제들을 해결하며 살아간다. 21세기가 요구하는 이런 능력은 지금처럼 짜여 있고 준비된 조건에서 턱없이 바쁘게 살아가는 아이들에게는 상대적으로 획득하기 힘든 능력일 것이다.

우리는 비교적 참 여유 있는 어린 시절을 보냈다. 휴일과 방학, 심지어 방과 후에도 별로 할 일이 없었다. 그 여백들은 백일몽과 쓸데없는 상상으로 채워졌고, 지루함을 깨기 위한 짓궂은 장난과 모험들로 가득했다. 심심하고 시간이 많으니 다 찢어진 동화책과 만화책을 여러 번 읽고 또 읽어야 했으며, 동네 아이들과 어울려 지내다가 싸워도 다음 날 또 같이 놀 수밖에 없었다. 어려서부터 집안일을 도왔고, 옆집 일에 관심이 갈 수밖에 없었다. 어릴 때는 동네방네, 산과 들로 뛰어 다니며 놀고, 청소년이 되어서는 운동장에서 축구하고 농구하며 뛰어놀다 보니 체력 단련을 따로 할 필요가 없었다.

시간의 여유가 있으니 매사에 서두를 필요가 없었다. 누가 먼저 해도 좀 기다리다가 나중에 하면 된다는 마음의 여유가 생겼다. 무엇보다도 내가 하고 싶은 것을 주야장천(晝夜長川) 오래 매달릴 수 있는 시간이 보장되었다. 제기를 잘 차고 싶어서 일주일 동안 제기만 찼던 기억, 기타를 치는 동네 형이 부러워 방학 내내 쫓아다니며 종일 기타를 배웠던 기억, 《셜록 홈즈》 추리소설에 빠져 며칠 낮밤을 책만 봤던 기억 등, 삶의 빈 공간이 주는 유익과 선물 덕에 여유를 배웠고, 다른 이들과 함께 살아가는 방법을 훈련했으며, 상상하는 힘을 길렀다. 결국 나는 기타 치는 것과 음악 듣는 것을 좋아하고, 운동과 스포츠 관람을 즐기며, 짬이 나면 독서하는 어른이 되었다. 무엇보다도 문제를 해결할 때까지 집중하는 습관까지 얻었으니, 어린 시절의 여유가 주는 축복은 실로 놀라운 것이 아닐 수 없다.

수많은 연구를 통해 밝혀진 '놀이'의 유익을 우리는 제대로 누리지 않았나 싶다. 물론 요즘 젊은 부모들은 더 의도적으로 아이들과 놀고 어울리는 시간을 많이 보낸다. 좋은 현상이다. 하지만 놀이에는 반드시 여유로운 시간이 보장하는 개인의 자유와 주도적인 선택이 함께 있어야 한다. 부모가 계획하고 만들어 준 놀이의 기회 안에는 이런 자율성이 부족하다. 여유가 부족한 요즘 아이들의 삶을 곁에서 지켜보자니 참으로 안타깝기 그지없다. 디지털 기계에 빠져 짧은 쉼을 해갈하는 그들에게 시간과 아날로그가 주는 여유만큼 더 필요한 것이 있을까 싶다.

모든 일에는 기본적인 것이 가장 중요하다. 그리고 기본적인 것은 당연히 평범해 보인다. 이런 평범한 조건들은 반드시 확보되고 보장되어야 한다. 사람마다 약간의 차이는 있겠으나, 인간의 생존을 위한 최소한의 의식주 그리고 돌봄과 교육의 기회가 기본적인 조건이라고 한다면, 그 나머지는 다 상대적인 조건들이라고 할 수 있다. 상대적인 조건이란 어떤 경우도 좋은 면만 갖고 있지는 않다는 의미다. '하나를 얻으면 하나를 잃는 법'이다. 마찬가지로 어떤 조건도 나쁜 면만 있지는 않다. 부족한 조건도 훌륭한 삶의 자원이 되는 역설과 반전이 항상 존재한다. 하지만 세상에는 자신과 자녀들이 생각하는 소위 좋은 조건들을 누리기 위해 올인하는 부모들이 참 많다. 자녀에게도 그렇게 살라고 조언한다. 우리는 그 좋은 조건이라는 것이 나쁜 조건이 될 수 있음을 잊어서는 안 된다. 물론 자녀도 그것을 꼭 알아야 한다.

반복되는 이야기지만, 그 반대도 마찬가지다. 우리와 우리 자녀들은 부족함과 연약함이 주는 유익을 꼭 경험해야 한다. 민감한 눈으로 삶 속의 반전의 묘미를 발견할 수 있어야 한다. 역전의 기쁨을 맛봐야 한다. 나쁜 것이 좋은 것이 되고 슬픔이 기쁨이 되는 삶, 그런 삶은 살 만하고 흥미진진한, 멋들어진 삶이다. 아이들에게 전수해 줄 가치가 있는 삶이다. 우리는 우리 자녀들이 자신들에게 부족했던 현재의 조건들이 도리어 그들을 더 나아가게 하는 밑거름이 될 수 있다는 희망과 가능성을 발견하고 그 삶에 자신을 헌신하도록 도와야 한다. 우리 부모와 우리도 그랬으니, 우리 아이들에게도 그렇게 될 것이다. 특별한 능력이 있는 사람만 그럴 수 있다고 생각하는 사람도 있을 것이다. 아니다. 우리에게 필요한 것은 대단한 능력이 아니다. 결핍이 도리어 삶을 풍성하게 만들 수 있음을 볼 수 있는 '눈'과 함께할 수 있는 '사람들'이면 충분하다. 당신이 좋은 롤모델이 될 수 있다.

우리는 각자 과거의 삶을 통해 얻었던 유일하고 독특한 경험들 속에 갇혀 있다. 대부분은 이런 사실을 인식하지도 못한 채 삶을 이어 간다.

나의 결정과는 무관하게 내려온 유전자와 내가 선택한 것이 그리 많지 않은 수많은 경험들은 서로 엉키고 어울려 지금의 내가 되고 내 삶의 원동력이 된다. 물론 약점도 된다. 내가 갖고 경험했던 옛 것들은 변형이 되어 또 다른 나를 만들고, 나는 살아가며 새로운 것을 추가로 만들어 낸다. 속도와 정도는 한결같지 않지만, 삶이 마감할 때까지 이런 생의 주기를 반복한다. 좋은 옛 것이 계속 좋은 새 것으로 나오지 않을 수도 있다. 마찬가지로 좋지 않은 옛 것이 꼭 좋지 않은 새 것이 되는 것은 아니다. 좋은 삶이란 좋은 옛 것을 좋은 새 것으로 유지하며, 좋지 않은 옛 것을 좋은 새 것으로 재창조하는 삶이 아닐까 싶다. 삶에는 그런 가능성이 무궁히 열려 있다. 세상과 개인의 역사를 조금만 눈여겨 살펴보면 누구나 쉽게 알 수 있는 사실이며, 당신과 당신의 자녀에게도 똑같이 적용되는 변함없는 진실이다.

긍정의 롤모델

미국 하버드대학 정신과 연구 팀은 인간의 삶을 오랫동안 추적 관찰해 온 그랜트(Grant) 연구의 결과를 발표했다. 대상자를 자그마치 75년간 관찰한 결과로서, 20대 초반에 연구에 참여한 사람들의 상당수가 이미 생을 마감했으며, 살아 있는 사람들도 90세를 훌쩍 넘겼다고 한다. 이 연구 결과가 독보적인 이유는, 젊은 시절부터 중년기, 노인기를 거쳐 죽음에 이르는 생애 전반에 걸친 인간의 삶을 결정하는 중요한 요인이 무엇인지를 포괄적이고 전향적으로 관찰했다는 점에 있다.

연구자들은 핵심적인 결과 중 하나로 '아동기의 긍정적인 경험이 부정적인 경험보다 평생 동안 더 지속적이고 강력한 영향을 미친다'는 사실을 보고했다. 그동안 정신과학이나 인간의 발달을 연구하는 사람들은 어린 시절의 부정적 경험이 성인이 된 후에도 여전히 명백히 나쁜 영향을 미치고 있다고 믿어 왔다. 그래서 어떻게 아이를 키워야 하며, 가정과 사회는 어떤 환경을 만들어 줘야 하는지에 대한 고민과 대책들이 만들어졌다. 또한 이미 받은 상처를 해소하기 위해서는 남은 인생을 살아가는 동안 좋은 관계를 경험하는 것이 필요하다는 사실도 알고 있었다. 다양한 종류의 심리사회적 요법들이 이런 사실을 전제로 만들어졌고, 지금도 수많은 사람들이 도움을 받고 있다. 하지만 여전히 예전의 상처로부터 회복하지 못하는 사람들이 적지 않다. 과연 누군가는 지난날의 아픔에서 결코 벗어날 수 없는 것인가? 이런 한계를 절감하는 지금, 한 인간에게 긍정적 경험이 부정적 경험보다 장기적으로 훨씬 깊은 영향을 미친다는 그랜트 연구 결과는 꽤 신선하고 고무적으로 다가온다.

이런 경우들이 있다. 어릴 때 아버지로부터 받은 상처 때문에 비정상적인 이성 관계를 반복하다가 50세가 넘어 좋은 반려자를 만나 여생을 해로하게 된 여인, 초등학교 때부터 왕따로 힘든 외톨이 시기를 보내다가 좋은 친구를 만난 후 학교 갈 재미를 되찾은 고등학생, 부모와의 갈등으로 인해 심각한 비행을 일삼다가 좋은 선생님을 만나면서 정신을 차리고 장래를 위해 다시 공부를 시작한 재수생, 불의의 사고로 가족을 잃고 고아가 된 후 좋은 양부모를 만나 상처를 극복하고 자신과 비슷한 처지로 고생하는 아이들을 헌신적으로 돕는 교사, 감정 기복이 심하고 신경질적인 어머니 밑에서 늘 불안해하고 다른 사람의 눈치만 살피며 살다가 포용적이고 일관된 상담사를 만난 후 마음의 안정을 찾고 당당해진 커리어우먼. 모두 긍정적인 경험을 통해 부정적인 과거를 극복하게 된 사례들이다. 힘든 아버지 밑에서도 좋은 어머니가 있으면 그래도 살 만하고, 부모들의 다툼으로 매일이 불안해도 품어 주는 형이나 누나가 있으면 그나마 견딜 수 있다. 나쁜 사정은 우리에게 슬픔과 좌절, 불안을 가져다주지만, 그 사이 맛볼 수 있는 좋은 만남들은 어려움을 메워주고 부족함을 채워 준다. 거칠고 건조한 사막의 한줄기 오아시스처럼 말이다.

우리 삶에는 나쁜 일과 좋은 일이 섞여 있다. 하지만 누구는 나쁜 일을 더 기억하고, 혹자는 좋은 일을 더 기억하는 경향이 있다. 과거를 기억하는 패턴은 각 개인이 갖고 있는 독특한 특성이라 할 수 있다. 연구결과들은 '자신이 행복하다'고 평가하는 사람일수록 긍정적인 기억을 많이 갖고 있다고 말한다. 반대로 '불행하다'고 느끼는 사람은 자신의 경험 중에 나쁜 추억을 취사선택해서 기억하는 경향이 크다. 이런 편향된 기억 경향은 현재의 삶에 큰 영향을 미친다.

'낙관성'에 대한 연구들은 더 많은 것들을 알려 주는데, 행복한 사람일수록 좋은 일은 오랫동안 지속될 것으로 기대하고 믿는 경향이 있다. '내게 왜 이런 좋은 일이 생겼을까?' 행복한 사람은 그 원인이 자기 자신에게 있다고 생각한다. 자신이 무엇인가 잘했거나 그럴 만한 자격이 있기 때문에 좋은 일도 생겼을 거라고 믿는다. 또한 이 좋은 일이 삶의 다른 영역까지 확장될 것이라고 기대하기 때문에 자신뿐만 아니라 가정과 일터에서도 낙관적인 소망을 갖고 살아간다.

흥미로운 것은, 낙관적인 이들은 나쁜 일을 경험하면 반대로 생각한다는 점이다. 좋지 않은 이 사건은 곧 끝날 것이고, 이는 내가 아니라 어쩔 수 없는 외적 요인에 의해 발생한 것이며, 내 삶의 다른 영역은 이 나쁜 일과는 별 상관이 없다고 생각한다. 이런 낙관적 경향은 긍정적인 인생을 구성하는 거의 모든 분야(신체 및 정신 건강, 직업 수행 능력, 대인관계, 행복감, 수명 등)에 걸쳐 결정적인 영향을 미친다. 모두 '긍정심리학'을 연구하는 사람들이 자신 있게 주장하는 사실들이다.

스스로 불행하다고 느끼고 우울한 경향이 강한 사람들에게는 모든 것이 반대다. 좋은 일은 일시적이고 우연이라 믿으며, 나쁜 일은 영원히 끝나지 않을 것이라고 생각한다. 자신이 못났고 벌 받을 만하기 때문에 우환이 생겼고, 이 일 때문에 자신의 인생 전체가 망가질 것이라고 생각한다. 자기에게 일어난 일에 대한 부정적 인식과 기억 때문에 앞으로 정말 부정적인 삶을 만들고 살게 된다.

좋은 기억은 잘 간직해야 한다. 반면 어제 일어났던 나쁜 일들은 되도록 빨리 잊어야 한다. 밤새 되뇌고 곱씹어 봐야 충혈된 눈과 깊이 팬 주름살 외에는 아무 소득이 없다. 바꿀 수 없는 과거 때문에 선택할 수 있고 변화시킬 수 있는 오늘에 집중할 시간을 빼앗기게 될 뿐이다. 과거의 실수나 아쉬움에 얽매이면 지금 이 순간을 탕진하게 된다. 밤샘 고민이 단지 생각에만 머물러 결국 우리 삶의 구체적인 도움으로 연결되지 않는다면 조금의 시간도 투자하기 아깝다. 이런 불필요한 생각의 끝없는 반추(反芻)는 삶의 명백한 방해요, 손해다. 아예 단순하게 사는 것이 더 낫다. “넌 너무 생각이 없어 보여!” “너무 쉽고 단순하게 생각하는 것 아니야?” 이런 말들에 주눅들 필요가 전혀 없다. 그 단순함이 낙관적인 지향점을 향하고 있다면 말이다.

이런 낙관적이고 긍정적인 자세를 어떻게 배우고 익힐 수 있을까? 어려움도 함께, 좋은 일도 함께 경험하는 삶의 현장에서 배울 수밖에 없다. 그곳은 바로 가정이다. 가족들은 같이 살아가면서 많은 것을 함께한다. 누구든, 어느 가정이든 좋은 일과 슬픈 일이 있다. 힘든 일만 있었다고? 아니다. 분명 기쁜 일도 있었을 것이다. 아니라면 적어도 앞으로 좋은 일이 꼭 생길 것이다. 기대해도 좋다. 힘든 일이 전혀 없었던 집도 있는가? 참으로 감사한 일이다. 하지만 방심하지 말라. 미안하지만, 머지않아 어려움이 닥칠 것이다. 이 경우 역시 기대해도 좋다. 아주 유익한 수업 시간이 될 것이기 때문이다.

좋은 일은 조금도 놓치지 말고 좋게 기억해야 한다. 그리고 나쁜 일은 잊어야 한다. 거기서는 배울 것만 배우고, 나머지는 조금도 미련 없이 버려야 한다. 실수나 아쉬움은 돌이킬 수 없는 과거지사일 뿐이다. 우리는 주어진 오늘을 묵묵히 살아가야 한다. 당신은 당신의 자녀 앞에서 이런 긍정적이고 낙관적인 부모로 살아야 한다. 하버드대학의 연구 결과처럼 긍정의 힘이 부정적인 경험을 다 덮고 넘칠 때까지 긍정의 롤모델로서 말이다.

“감사합니다!” 식사 기도를 마친 후 식사를 시작하기 전 항상 되뇌시던 선친의 혼잣말이다. 이 자동적인 독백은 먹지 못해 고생했던 지난날들의 힘든 기억이 소박한 식사에 대한 깊은 감사로 승화된 간증이었다. 과거의 부정적 경험은 아버지의 삶을 지배하지 못했고, 오히려 깊이 우러난 진국과도 같은 깊은 만족의 원천이 되었다. 그 영향이었던지, 그다지 큰 어려움 없이 자란 나 역시도 거의 반찬 투정을 한 적이 없다. 내 자녀들 역시 그러기를 바란다. 지금 먹고 있는 것에 감사하지 못하면 삶은 금세 불만과 부족함으로 가득 차 버리고 말 것이라는 가르침은 말 한두 마디로 전해진 것이 아니다. 매 끼니마다 그렇게 삶으로 전해졌다.

나는 이스라엘 백성이 광야에서 먹고 마시는 것을 불평하는 이야기를 읽을 때, 빵 한 조각과 죽 한 그릇을 앞에 놓고 감사 기도를 올리는 주름진 노인의 그림(에릭 엔스트롬, 〈은혜〉)이 떠오를 때, 그리고 하루에 세 번 음식을 마주할 때마다 긍정과 감사의 롤모델이었던 아버지를 다시 오늘로 초대한다. 그리고 그랜트 연구 결과처럼 아픈 기억은 감사와 행복의 기억으로 치유된다는 사실을 되뇐다.

역시 어둠은 빛을 이기지 못하는 법이다. 매일 악을 만날 때마다 선으로 갚는 쉽지 않은 길을 한 걸음씩 걸으려 한다. 그것만이 유일한 치유의 길이며, 삶을 성공적으로 사는 열쇠이기 때문이다. 도스토옙스키(Dostoevskii)는 말했다. "인간이 불행한 이유는 자기가 행복하다는 것을 모르기 때문이다"라고. 긍정의 롤모델로서 당신과 당신의 자녀를 살리고, 세상도 변화시켜 보자.

Chapter 17

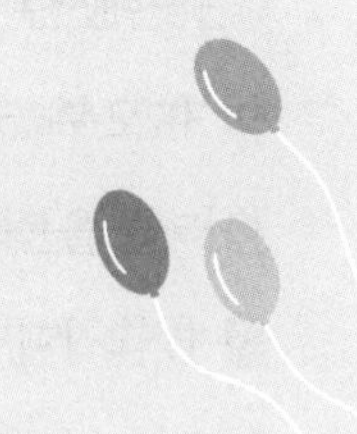

감정에 휘둘리지 않는 일관된 훈육을 하라

자식을 낳으면 철부지들도 책임감을 느낀다. 갑자기 어깨에 힘이 들어가고 훌쩍 어른이 된 것만 같다. 나는 큰아이를 처음으로 안았던 순간의 묵직한 느낌을 아직도 잊을 수 없다. 하지만 어디까지나 느낌이요, 마음뿐이다. 생각보다 어른, 특히 부모 역할을 잘한다는 것은 쉽지 않다. 나이를 먹거나 아이를 낳았다고 쉽게 가능한 것이 아니다. 어른스럽게 생각하고 말하고, 어른스럽게 참으며 살아가기란 만만치 않다.

누구에게나 자신의 아이는 너무나 귀하고 소중한 존재다. 그러기에 열심을 다해 아이를 키운다. 애착이라고 불리는 이 놀라운 생물학적 프로그램의 작동으로 인해 별다른 교육과 훈련을 받지 않은 어른들도 부모 노릇을 하게끔 되어 있다. 생의 수레가 돌듯 세대는 계속 이어져 내려가야만 하기에, 신은 인류의 유전자 속에 이런 프로그램을 미리 장착해 놓았다. 숙련되지 않은 배우도 연기를 할 수 있고, 악기를 처음 익힌 초보자도 나름 연주를 할 수 있는 것처럼 말이다.

아이는 한없이 연약하고 의존적인 존재로 우리 앞에 놓이고, 부모는 자기의 있는 모습 그대로 아이를 대한다. 부모 자신의 생각과 의도가 양육이라는 미명(美名) 아래 서서히, 하지만 분명히 드러난다. 오래지 않아 부모의 생각과는 달리 아이라고 그리 수동적이지만은 않음을 깨닫게 된다. 작은 인격체가 자신의 의사를 표현하기 시작할 때 비로소 갈등 또한 시작된다. 만일 부모가 자식이 자기와는 다른 또 하나의 능동적 주체라는 사실을 제때 알아채지 못하면 적잖은 풍파가 일어날 수밖에 없다. 부모는 자신이 옳다고 생각하는 모양으로 빚으려 하고, 자녀는 쉽게 따르려 하지 않는다. 가르치는 것은 만들어지지 않고, 필요 없고 나빠 보이는 것은 기막히게 배워 온다. 좋은 습관보다는 나쁜 버릇이 먼저 생기는 것이다.

아이의 기질이 까다롭고 고집스러우면 말할 것도 없다. 예민하고 불안한 아이는 또 어떤가? 힘든 아이를 키우는 하루하루는 힘에 겹다. 잔소리를 해도 좀처럼 변하지 않는다. 혼을 내도 잠시뿐, 금방 원래대로 되돌아간다. "도대체 몇 번을 말해야 고칠 거야?" "그 정도 말했으면 귀에 못이 박혔겠다!" 멋들어지게 키워야겠다는 처음의 결심과 포부가 흔들린다. 완벽하고 훌륭한 인간으로 키워 내겠다던 꿈은 그저 희망사항이었던 것인가? 자녀와 치고받으면서 부모들은 자신의 부족함을 보게 된다. 세상에 마음먹은 대로 되는 일이 없음도 배우게 된다. 그런 점에서 자녀는 마치 거울과 같다. 부모 자신의 모습과 수준을 그대로 비춰 주는 아주 맑은 거울인 것이다. 이 순간 양육의 진정한 고민이 시작된다. 어떻게 하면 좋은 습관과 품성을 가진 아이로 키워 낼 수 있을까? 나는 어떻게 해야만 하는가?

초등학교 2학년 철웅이는 남아 있는 손톱, 발톱이 없다. 아무리 말을 하고 혼을 내도 늘 손이 입에 가 있다. 진수는 자기 방이나 화장실 불을 끄는 법이 없다. 매번 타박을 해도 늘 불을 켜 놓는다. 보다 심각한 경우도 있다. 손버릇이 나쁜 아이, 아무것도 아닌 일에 화를 내는 아이, 순간을 모면하기 위해 거짓말을 하는 아이, 친구들을 툭툭 건드리는 아이, 은근히 다른 아이를 왕따시키거나 놀리는 아이, 친구가 뭐라고 하면 아무 말도 못하고 자기 것 다 내주는 아이, 남 앞에 서면 몸을 배배 꼬며 말 한마디 못하는 아이…. 누구의 자녀든 고칠 것 몇 가지는 가지고 있는 법. 부모가 알고 있는 이상 그냥 둘 수만은 없다.

부모를 롤모델 삼아 관찰하며 모방하고 배우는 과정만으로는 턱없이 부족하다. 세상에서 자신의 뜻을 펼치며 살아가려면 다양한 능력과 기술을 함양해야 한다. 이때 부모는 훈육이라는 보다 적극적인 방식을 통해 자녀를 도와야만 한다.

백 마디 말보다 진실한 행함

아이의 행동이나 습관을 고쳐 주기 위해서 부모들이 가장 많이 사용하는 도구는 바로 말이다. 그중 첫째는, '말로 지적하기'다. 잘못과 문제점을 말로 알려 주는 것인데, 아이가 몰라서 문제 행동을 반복하는 경우라면 꽤 효과가 있을 것이다. 하지만 웬만한 습관은 알아도 고쳐지지 않는 것이 대부분이라 실제는 별로 도움이 되지 않는다. 단순한 지적만으로는 어떻게 고쳐야 할지 방도를 알려 줄 수도 없다.

그래서 부모들은 바로 두 번째 방법인, '말로 지시하기'로 넘어간다. 단지 문제점을 알려 주는 것만이 아니라 나쁜 버릇을 고칠 수 있도록 보다 바람직한 대안을 알려 주는 것이다. 아주 좋은 방법처럼 보인다. 물론 효과적일 때도 있다. 하지만 말로 방법을 몇 번 알려 주는 것만으로는 고치거나 해낼 수 있는 것이 많지 않다. 자녀의 뿌리 깊은 습성이나 경향, 약점, 기질적 특성 등은 몇 마디 팁으로 해결되지 않는다. 보통은 똑같은 지시와 교정을 반복하는 형태, 즉 '잔소리'로 끝나 버린다. 아니, 잔소리는 통상 더 나쁜 결과로 이어져 종종 부모와 자녀 관계를 손상시킨다. 잔소리는 순(順)기능은커녕 적어도 무(無)기능, 더 나아가 역(逆)기능적이다. 빈대 잡으려다 초가삼간 다 태운 격이 된다.

'설득하기'도 부모들이 애용하는 방식이다. 아이가 가슴 깊이 깨닫지 못했거나 굳게 결심하지 못해서 고치지 못한다고 생각하는 부모는 일이 생길 때마다 진심을 다해 설득하고 또 설명한다. "지성이면 감천"이라는 속담을 맹신하는 경우다. '진심만 있으면 다 될 것'이라는 생각은 참 순진한 생각이 아닐 수 없다. '마음만 먹으면 못 이룰 게 없다'는 단순한 신념은 꿈나라 이야기요, 현실을 모르는 이상주의적 환상이다. 아무리 진심으로 결심하고 원한다 해도 삶을 살아 낼 힘이 없으면 무슨 소용인가? 간절히 원한다고 해서 누구나 손흥민 선수처럼 축구를 잘할 수는 없는 법이다. 아이들도 몰라서 못하는 것이 아니다. 아직 그렇게 살 만한 힘이 없기 때문이다. 힘이 없어 허덕이는 아이에게 '힘을 키워야 한다'는 호소만 반복하는 것은 결국 잔소리와 크게 다를 바 없다.

말에는 사람의 감정이 섞여 있다. 글은 상대적으로 차분하고 냉정하지만, 말은 거칠고 뜨겁다. 안타까운 마음으로 시작한 말도 나중에는 화를 전달하는 매개체로 변질되는 경우가 많다. 화가 난 부모의 첫 번째 신호는 목소리가 커지는 것이다. 짜증 섞인 큰 목소리는 누구나 듣기 싫어한다. 그러면 자녀의 귀는 자연스럽게 닫힌다. 재미있는 현상이다. 부모는 들으라고 목청을 높이고, 자녀는 그럴수록 마음의 귀를 닫는다. 자녀만 안 듣는 것이 아니다. 화가 난 사람 역시 상대의 이야기를 들으려 하지 않는다. 둘 다 귀를 닫았으니 상호 교류가 일어나지 않는다. 목소리가 커진 이상 더 이상 대화(對話)가 아니다. '소리를 지른다'는 것은 참으로 기막힌 표현이다. 어떤 내용과 의미가 들어 있는 말이 아니라, 그저 공허한 소리일 뿐이라는 표현이다. 격한 고함은 부정적 감정을 쏟아 내는 역류된 하수(下水)와 같다. 교정은 고사하고 주변을 더럽히기만 한다. 겁에 질린 아이가 잠깐 움찔할 수는 있지만, 절대 지속적인 행동의 변화를 일으킬 수는 없다. 아이에게 실제적인 도움은 하나도 주지 못한 채 또 다른 분노와 두려움만 양산할 뿐이다.

감정이 쏟아져 나오게 되는 경우의 가장 큰 문제는 필요 없는 말, 더 나아가 해로운 말을 하게 된다는 점이다. 즉, 말을 절제할 수가 없다. 대표적으로 겁을 주거나 위협하는 말이다. '…하지 않으면 …할 거야!'라는 식의 언급인데, 두려움이 별로 없는 아이들은 들은 척도 하지 않을 것이므로 점점 위협의 강도가 높아지기 쉽다. 반면 겁이 많은 아이들에게는 공포와 불안을 유발해 점점 더 위축되게 만들거나 상황을 모면하기 위한 거짓말을 하게 만들 수 있다. 화가 난 나머지 아이들에게 욕을 하거나 심지어 저주(?)하는 말을 하는 부모도 있다. 돌아서면 후회할 말들을 마구 쏟아 내는데, 이는 부모가 전혀 감정 조절이 되지 않는다는 증거다.

어린 시절 부모가 자신에게 되풀이한 말을 수십 년이 지나도록 또렷이 기억하는 어른들을 많이 보았다. 그런 말들은 아주 깊은 상처로 남아 생의 위기 때마다 부활해 비수가 된다. 부모들은 두려워해야 한다. 우리가 화가 나 내뱉은 말들이 자녀에게 빠지지 않는 가시가 될 수 있다는 사실을 말이다. 자녀가 그저 가만히 듣고 있다고 해서 부모의 말이 옳다고 무조건 동의하는 것은 아니다. 생각해 보라. 자녀와 갈등이 있을 때 결국 누가 더 말을 참고 있는가? 부모는 고래고래 할 말을 다 하고, 자녀는 가만히 숨죽여 듣고만 있지는 않은가? 나는 자녀가 부모보다 더 너그러운 경우를 수도 없이 많이 봐 왔다. 과연 누가 더 어른스러운가? 참는 자가 더 어른이고 더 사랑을 베푸는 사람이다.

말은 참 쉽다. 우리는 자녀에게 좋은 습관을 만들어 주겠다는 엄청난 미션을 수행한다고 하면서도 별다른 노력을 기울이지 않는 것 같다. 바쁘다는 핑계도 가능하지만, 많은 경우 게으른 탓이다. 자녀를 잘 키우는 것은 세상 어떤 것보다 소중한 임무요, 가치 있는 일이다. 또한 좋은 양육자가 된다는 것은 대단한 노력과 수고가 필요하다. 말 몇 마디로 때울 수 있는 작업이 아니다. 우리 안에 여전히 남아 있는 게으름과 맞서야 한다. 입으로 대충 때우려 하지 말라. 말보다는 더 수고로운 행동이 필요하다. 눈물을 흘리며 열심히 씨를 뿌려야 기쁨으로 수확할 수 있는 법이다.

진심으로 이야기하면 될 것이라는 단순하고 순진한 생각 또한 위험하다. 부모는 자신이 말하면 아이가 들을 것이라는 착각에 쉽게 빠진다. 하지만 아이들도 나름대로의 자기 생각과 뜻이 있다. 때로는 부모의 사정과 의도를 알아차릴 지적 수준이 못 되거나 공감대가 만들어지지 않은 경우도 있다. 부모는 자기 기분에 들떠서 혼자 이야기하고 있는 것은 아닌지 살펴야 한다. 눈높이가 맞더라도 진심 어린 호소는 동기를 주는 정도까지다. 우리 아이들도 늘 결심하고 다짐한다. 하지만 아직은 결심을 지킬 힘이 부족하다. 그래서 좋은 습관을 만들어 내지 못하는 것이다. 삶은 말에 있지 않고 살아 내는 능력에 달려 있다.

양육은 사랑이다. 사랑은 말과 혀로 하는 것이 아니라 진실한 행함으로 하는 것이다. 말로 자녀를 양육하겠다는 생각이나 관성을 먼저 내려놓아야 한다. 이것이 성공적인 양육의 첫 단계다.

부모가 먼저 변해야 한다

자녀가 좋지 않은 습관을 고치지 못하면 부모는 마음이 불안하고 답답해진다. 아이가 살면서 반복해서 손해를 볼 것이 예상되기 때문이다. 여러 번에 걸친 적극적인 교정에도 불구하고 바뀌지 않으면 고민은 더 깊어진다.

'아이의 의지가 약해서 그런가?' '아직도 무엇이 문제인지 잘 깨닫지 못하는 것은 아닐까?' '문제의 심각성을 모르는 거 아니야?' '내가 잘하고 있는 건가?' 온갖 원인을 찾으려 하지만 해답을 찾기가 그리 간단하지 않다. 아이의 의지 부족을 탓하기도 하지만 아이에게만 뭐라고 하기는 어렵다. 부모 자신도 마음에 굳게 결심한 대로 살 수 없지 않은가? 알아도, 결심해도 한 걸음 더 나아갈 수 없을 때가 많다.

안 되던 것을 되게 만드는 대표적인 방법 중 하나는 '훈련'이다. 말은 그럴싸한데, 모름지기 훈련은 많은 시간과 노력을 필요로 하며, 실패와 좌절을 통과해야 하는 고된 여정이다. 그래서 우리는 이 효과적인 방법을 두려워하며 쉽게 선택하지 못한다. 또한 효과적인 훈련을 위해서는 좋은 트레이너와 훈련장이 있어야 한다. 빨간 모자를 쓴 조교와 신병 교육대를 생각해 보면 감이 올 것이다. 그렇다면 양육의 트레이너는 누구이며, 훈련장은 과연 어디인가?

양육(養育)은 '아이를 보살펴서 길러 자라게 함'이란 뜻이다. '양'(養)에 '밥 식'(食)자가 들어가 있는 것을 보면 알 수 있듯이, '젖을 먹여서 기름', 즉 먹이고 보살피는 행위를 의미한다. 또한 '시간이 오래 걸리다, 길다'라는 또 다른 의미가 담겨 있다. 그리고 '육'(育)은 거꾸로 있는 아이, 즉 막 태어난 갓난아이의 모양을 나타내며, '급히 가다'라는 의미가 녹아 있다. 양육을 나타내는 영어인 'nurture'는 '잘 자라도록 보살피다'라는 사전적 뜻이 있는데, 'nature'의 상대되는 단어로서 인위적인 개입, 즉 양육자의 의도와 주도권을 강조하는 뉘앙스를 품고 있다. 요약해 보면, 아이는 스스로 알아서 자라나 어른이 되는 것이 아니라 양육이라는 적극적이고 의도적인 개입과 노력이 소요되는 과정을 통해 성장한다는 의미다. 때로는 상대적으로 짧은 시간의 집중적인 훈련도 필요하고, 때로는 길고 지속적인 개입과 인내가 요구되기도 한다. 아이를 키워 보면 쉽게 알게 되는 사실이다. 그냥 넘어가는 일이 거의 없으니 말이다.

물론 양육이 부모의 적극적이고 주도적인 활동이라는 측면이 잘못 강조되어 낭패를 보는 사례도 종종 있다. 마치 '부모 맘대로 아이를 키우면 된다'는 식으로 곡해되는 경우인데, 아이가 부모의 소유물이나 부모의 욕망을 이루는 도구처럼 취급될 가능성이 높아질 수 있기에 명백히 잘못된 것이다. 자녀는 부모와 똑같이 독립적인 인격이며, 자유 의지를 품고 있는 하나의 존재다. 양육의 탈을 쓴 각종 아동 학대나 남용은 양육에 대한 이 같은 오해에 뿌리를 두고 있는 경우가 많다.

양육에는 '서둘러 행동하는 주도적이고 적극적인 측면'과 반대로 '참고 기다리는 소극적인 측면'이 있다. 이 둘의 조화와 균형이 양육의 묘미라고 할 수 있다. 적극적인 측면이란 양육에 적합한 구조를 주도적으로 만드는 것을 의미하는데, 이는 마치 주물을 만들기 위해 주형을 제작하는 것과 같다. 자꾸 쓰러져 누우려는 나뭇가지를 위로 향하게 하기 위해 부목을 만들어 대는 것과도 유사하다. 생각해 보라. 주형이 잘못되면 당연히 잘못된 주물이 나오게 되어 있다. '맹모삼천지교'(孟母三遷之敎)가 바로 이에 관한 이야기다.

구조란 무엇을 말하는가? 자녀의 양육에 적합하게 만들어진 틀, 곧 환경을 의미한다. 그렇다면 가장 중요한 양육 환경은 무엇인가? 두말할 필요도 없이 양육자, 즉 부모 자신이다. 좋은 집, 이웃 환경, 교육 및 경제적 여건 등은 핵심적인 양육 환경이 아니다. 이 부분을 착각하고 있는 부모들이 적잖다. 다시 강조하지만, 부모 자신이 양육을 위한 가장 중요한 구조요, 틀이다. 양육은 부모 자신이 양육에 적합한 틀이 되도록 스스로를 끊임없이 바꾸는 아주 적극적이고 주도적인 행위다. 즉, 양육은 아이를 바꾸는 것이 아니라 바로 부모 자신을 바꾸는 과정이다. 자신의 생각, 태도, 가치관, 말투, 행동은 모두 그대로 둔 채 다른 것만 바꾸려는 부모들이 너무나도 많다. 아니, 그냥 아이만 바꾸려고 잔소리하고 혼내고 타이르기를 수십 번씩 반복하는 부모도 참 많다. 하지만 아이가 바뀌지 않는 가장 큰 이유 중에 하나는 부모 자신이 바뀌지 않기 때문이다.

어제 일이 맘대로 되지 않았어도 오늘 하루는 또 시작된다. 어제 만났던 자녀를 오늘 또 만나고, 물론 내일도 또 볼 것이다. 이처럼 양육은 반복적이고 일상적인 상황에서 계속 진행된다. 부모가 바뀌면, 그 바뀐 부모와 매일 만나고 얘기하고 놀고 생활하는 아이는 조금씩, 답답할 정도로 아주 조금씩, 하지만 결국 분명히 변화된다. 아이는 가까이에서 부모를 가장 많이 바라보고, 가장 많이 만나며, 가장 많이 상호작용하는 존재이기 때문이다. 양육의 소극적인 측면은 바로 이런 부모의 주도적인 변화의 틀 안에서 뒤따라오게 된다.

양육의 주체는 바로 부모다. 아이가 알아서 자란다면 양육이 왜 필요하겠는가? 그저 밥만 먹여 주고 몇 마디 말만 해 주는 것으로 이 험한 세상을 능히 살아 낼 어른이 되지는 않는다. 어떤 역할을 하는 사람은 하늘에서 뚝 떨어지는 것이 아니다. 하나님이 모든 부모에게 자녀를 맡기신 이유가 무엇일까? 부모가 키우는 것이 가장 좋기 때문이다. 자녀에게뿐 아니라 부모 자신에게도 좋은 방법이다. 자녀를 키우면 자녀만 자라는가? 천만의 말씀이다. 부모가 더 자란다. 양육은 부모와 자녀가 모두 성숙해지는 과정이다. "너도 커서 너 같은 아이 한번 키워 봐라!" 이 말은 진실을 머금고 있는 악담(?)이다. 양육은 나를 변화시키는 여정이며, 그래서 아이는 모든 부모의 스승이다.

훗날 하나님 앞에 설 때 자녀 양육에 대한 평가를 받게 된다면 하나님은 과연 무엇을 기준으로 나의 삶을 평가하실까? 자녀가 얼마나 훌륭하게 되었는지를 평가하실까? 내 생각은 다르다. 자녀를 잘 키우기 위해 부모 자신이 얼마나 나아졌는지를 가늠하실 것 같다. 그날에 우리는 각각 남의 일이 아닌 자기가 한 일을 하나님 앞에 직고(直告)하게 될 것이다.

자녀와 기본적인 신뢰감을 형성하라

습관을 바꾸기란 쉽지 않다. 특히 갖고 태어난 기질에 뿌리를 내리고 있는 버릇은 좀처럼 변하기 어렵다. 어찌 보면 그런 습관이 바뀐다는 것은 기적에 가깝다. 습관이 바뀌면 그것이 쌓여 삶이 달라질 수 있으니, 습관의 변화는 아무리 작더라도 모두 삶의 혁명이다.

부모는 자신의 태도와 일상(日常)을 변화시킴으로써 틀을 만들고, 그 틀 속에서 자녀를 양육한다. 견고하고 일관된 틀 속에서 성장한 아이들은 결국 일정한 습관과 태도로 삶을 살아가게 된다. 틀을 제대로 만들었다면 형태가 변형되지 않도록 단단히 붙들고 있어야 한다. 액상의 주물이 완전히 굳을 때까지 주형을 그대로 유지해야만 하는 것과 같은 이치다. 전문가들은 주저하지 않고 '일관성'(consistency)을 올바른 양육의 가장 중요한 요인으로 뽑는다. '일관성'은 자녀에 대한 규칙과 기대가 늘 같은 것을 의미하는데, 아이들로 하여금 세상과 미래가 예측 가능하도록 만들어 주어 자신이 어떻게 생각하고 행동해야 하는지를 터득하도록 돕는다.

초연이는 게으르고 의존적인 아이다. "엄마, 나 이거 해 줘." 초연이가 하루에도 수십 번씩 사용하는 말이다. "안 돼! 초연아, 그런 것은 네가 알아서 해야 해." 아무리 대답해 줘도 소용이 없다. 아이는 할 일을 미루면서 계속 졸라 대기만 한다. 초연이 엄마는 꼼꼼하면서도 성격이 급한 사람이라 늘어져 있는 아이를 보고 있자니 가슴이 답답해진다. '도와주면 안 되지!' 결심에 또 결심을 해도 기어이 두고 볼 수가 없다. 언제나 급한 엄마는 늘 느릿느릿한 아이를 기다리지 못하고 결국 요구를 들어주게 된다. 먹여 주고 입혀 주고 사 주고 놀아 주고…. 바쁜 직장 생활을 마치고 집에 와 아이의 요구에 시달리다 보면 몸과 마음이 금방 녹초가 돼 버린다. 이제는 할 일을 안 하고 엄마만 쳐다보는 아이를 보고 있으면 금세 화부터 치밀어 오른다. "절대 안 돼!" 화를 버럭 내며 거절했다가도 조용히 기가 죽어 있는 아이를 보고 있자니 불쑥 미안한 마음이 든다. 결국 아이가 요구하는 대로 해 줘 버린다.

두 번의 자연 유산을 겪고 어렵게 딸을 얻은 선정 씨는 걱정이 많다. 애지중지 키워서인지, 엄마가 없으면 아무것도 못하고 늘 엄마 옆에만 붙어 있는 아이 때문이다. 눈에 넣어도 아프지 않을 이 딸의 고집이 보통이 아니다. 선정 씨는 평소 남의 이목에 신경을 많이 쓰는 편이어서 아이의 잘못된 행동에 주의도 주고 혼도 내지만 아이는 좀처럼 말을 듣지 않는다. 처음에는 설명하고 설득하다가 결국 고함을 치게 되고, 이렇게 한참 힘겨루기를 한 후에는 결국 아이의 고집대로 들어주고 만다. 특히 다른 사람과 같이 있을 때면 아이는 더 고집쟁이가 되어 징징거리며 엄마의 속을 태운다. 난처한 상황을 아주 불편해하는 엄마는 결국 또 아이의 요구를 들어주게 된다. 이럴 때면 한없이 예쁜 딸이 너무 미워지고, 그런 자신을 보며 또 죄책감에 빠진다. 이 죄책감이 아이의 일방적인 요구를 또 들어주게 만든다. 아이의 밑도 끝도 없는 요구는 계속된다.

기본적 신뢰감(basic trust), 곧 자신과 남에 대한 믿음은 자신이 부모를 만족시킬 수 있고 부모도 자신에게 만족하고 있다는 반복된 경험을 통해 만들어지며, 깊은 안정감과 유대감의 초석이 된다. 기본적 신뢰감을 가지려면 부모의 일관된 수용과 반응이 필수적이다. 부모의 반응이 일관되지 않으면 아이는 자신의 행동이 적절한 것인지를 늘 추측하고 걱정해야 하므로 불안할 수밖에 없다. 결국 자기와 세상을 믿지 못하는 비관적인 시야를 갖게 되며, 건강한 자존감과 자기 가치감이 형성되기 어렵다.

부모의 일관된 반응은 아이들이 규칙적인 생활 습관을 갖도록 만든다. 자고, 일어나고, 먹고, 놀고, 시작하고 멈추는 생활 훈련의 토대가 된다. 부모의 기대를 예상할 수 있기 때문에 아이들도 자신이 해야 할 행동과 역할에 대한 그림이 명확하게 그려진다. 이는 책임감의 발달과 직결된다. 부모와의 약속, 즉 규칙의 경계를 침범하지 않게 되고, 거절과 거부 또한 쉽게 받아들이게 한다. 결국 좌절에 견디고 감정을 조절하는 능력이 향상된다. 좀 힘든 일도 곧잘 순응한다.

전문가들은 한결같이 불안한 성격, 불안정한 자아, 분노 통제의 어려움, 우울한 성격, 방종한 생활 습관, 낮은 자존감, 반사회적인 인격, 심한 변덕, 남을 신뢰하지 못하는 성격 등이 모두 비일관적인 양육 패턴과 관련되어 있다고 말한다. 그렇다면 우리는 어떻게 일관적인 양육을 실천할 수 있을까? 보통 자녀의 요구나 감정 상태에 따라 부화뇌동하며 끌려 다니는 부모 중에는 부모 자신의 가치관이 정립되지 않은 경우가 흔하다. 가치관이란 가치 판단의 일정한 기준이다. 즉 자녀의 행동과 요구가 지금 올바르고 적절한 것인지 결정할 때 기준으로 삼게 되는 잣대다. 이것이 형성되어 있지 않으면 자녀의 변덕스런 요구에 대해 일관적인 판단을 내릴 수가 없다.

거시적으로 보면 지금 한국 사회는 가치관의 춘추전국시대라고 볼 수 있다. 유교적인 가치관과 민간 토속 신앙, 인본주의, 자본주의, 사회주의, 기독교 가치관, 개인주의, 포스트모더니즘, 합리주의 등이 온통 뒤섞여 있다. 누가 가르쳐 주지도 않고, 깊게 고민하려고 하지도 않는다. 살기 바쁜 부모들은 자신의 가치관을 그리지도 못한 채 자녀를 낳고 덜컥 양육자가 된다. 다시 한 번 강조하지만, 양육의 주체는 부모다. 자녀를 일관적으로 키우려면 부모의 생각, 즉 가치관이 건전하고 또한 견고해야 한다. 만만치 않지만 결코 우회할 수 없는 숙제다.

두 번째 단계는 부모의 건전한 가치관에 따라 규칙을 정하는 것이다.

일관성을 유지하려면 규칙은 적을수록 좋다. 자녀가 어리면 두세 개를 넘지 않아야 한다. 규칙이 적어야 하는 이유는 부모 자신이 정한 규칙대로 약속을 잘 지키기 위해서다. 약속을 잘 지키는 최선의 길은 약속을 적게 하는 것이다. 자녀 역시 약속이 적어야 더 잘 지킬 수 있다. 잘 지켜진 약속은 거기서 끝나지 않는다. 자녀에게는 성취감이 선물로 주어진다. 이 성취감은 자기 유능감(self-competence)의 재료가 되고, 더 나아가 자존감(self-esteem)이 높아진다. 물론 규칙에는 꼭 책임이 정해져 있어야 한다. 규칙을 지킬 때와 지키지 못할 때는 반드시 확연히 구분되는 피드백이 주어져야 한다. 약속을 지키고 책임을 지는 일상을 통해 아이는 책임감을 획득하게 된다. 일단 책임감이 생기면 다른 생활 영역까지 일반화가 일어나 자녀는 스스로 규칙을 만들어 나가는 자율적인 사람으로 성장한다. 참으로 팽두이숙(烹頭耳熟)이 아닐 수 없다.

규칙을 지키도록 훈련하는 과정에서 꼭 기억해야 할 것이 있다. 첫째는, 예외를 두지 않아야 한다. 때로는 바빠서, 때로는 귀찮아서, 아이가 안쓰럽게 보여서, 혹은 '내가 너무 빡빡한 것이 아닌가?' 하는 생각 때문에 간혹 봐주는 부모들이 많다. 하지만 아이를 위해 만들어진 합리적인 약속이라면 그냥 넘어가서는 안 된다. 예외를 두면 아이들은 약속의 경계를 시험하는 시도를 더 하게 된다. 꼼수를 쓰도록 유도하는 꼴이 되어 결국 훈련이 제대로 일어나지 않는다.

둘째는, 아이의 수준과 상황에 맞춰야 한다. 절대 다른 집 아이를 기준으로 삼지 말라. 어떤 부모는 모든 형제에게 똑같은 규칙을 적용하기도 한다. 형제라도 각각 다른 존재다. 아이마다 각각 다른 규칙을 정하는 것이 좋다. 그것은 불공평한 것이 아니다. 개별적이고 합리적인 것이다. 누구와의 비교를 통해서는 그 어떤 삶의 해답도 얻을 수 없다. 아이들이 이 진실을 받아들일 수 있도록 어렸을 때부터 훈련시켜야 한다.

'한결같다'는 말이 있다. '처음부터 끝까지 변함없이 꼭 같다'는 의미다. 우리는 한결같은 사람을 참 좋아한다. 일관적이고 믿음직하고 든든한 사람이다. 이는 또한 하나님의 속성이며, 우리가 꼭 배우고 따라야 할 고귀한 성품이다.

"온갖 좋은 은사와 온전한 선물이 다 위로부터 빛들의 아버지께로부터 내려오나니 그는 변함도 없으시고 회전하는 그림자도 없으시니라"(약 1:17).

기다림은 사랑이다

자녀의 행동을 변화시키기 위해 부모 자신의 태도와 가정 내 일상을 조절해서 양육을 위한 틀을 만들었으면, 다음 단계는 그 구조를 유지하며 기다리는 것이다. 이 과정에서 가장 중요한 것은 원칙을 바꾸지 않고 정해진 그대로 유지하는 것, 바로 앞에서 언급한 일관성이다. 기다림이란 아무 의도나 목적 없이 무작정, 하염없이 가만히 있는 상태를 의미하지 않는다. 부모가 목적했던 의도에 따라 만든 약속을 변함없이 유지하면서 예외를 두지 않고 버티는 고되고 긴 과정이다.

양육에서 기다림이 필요한 가장 큰 이유는, 모든 변화에는 상당한 시간이 필요하다는 평범한 진실 때문이다. 아이는 하루아침에 어른이 될 수 없다. 현재 수준에서 한 단계씩 차곡차곡 발달한다. 따라서 목표에 도달하기까지는 상당한 시간이 필요하다. 사람은 마음에 굳은 결심을 했다고 해서, 혹은 어느 날 문득 무엇인가를 깨달았다고 해서 그 생각이나 결심을 그대로 살아 낼 수는 없다. 우리 삶은 오래된 훈련의 결과지, 한순간 결단의 산물이 아니기 때문이다. 뇌과학적으로 설명하자면, 새로운 자극이 한두 번 들어왔다고 해서 영구적인 뇌기능의 변화가 일어나는 것은 아니다. 새로운 자극이 반복적으로 뇌를 활성화시켜야 새로운 시냅스가 형성되고, 이것이 무수히 반복돼야 마침내 뇌 회로의 지속적이고 영구적인 구조적 변화가 일어난다. 그 결과로 새로운 행동이나 습관이 완성되는 것이다. 무수히 반복적인 자극을 받아들이는 오랜 시간이 필요하다.

이처럼 자녀의 행동이나 습관을 바꾸려면 기다리는 시간이 꼭 필요하지만, 실제로 실천하기란 쉽지 않다. 대부분의 부모들이 여기서 무너진다고 해도 과언이 아니다. 그렇다면 기다림을 방해하는 가장 큰 적은 무엇일까? 첫째는, 부모 자신의 불안이다. 부모가 아이의 장래를 걱정하는 것은 당연하다. 하지만 부모의 걱정이 너무 지나치면 애써 만들어 놓은 양육의 구조를 자주 바꾸게 된다. 아이의 습관이 형성되기도 전에 양육의 주형을 부모 스스로 허무는 격이다. 남들의 시선이나 체면을 너무 의식하는 부모 역시 진득하게 기다리지 못한다. 안테나가 너무 예민하면 필요 없는 잡음을 걸러 내지 못해 정확한 주파수를 제대로 잡아내지 못하는 법이다.

고집스럽고 독단적인 양육 방식도 문제지만, 주변의 반응에 따라 호떡 뒤집듯 180도 바뀌는 변덕스러운 양육 역시 큰 문제가 아닐 수 없다. 나는 상담실에서 종종 부모들에게 주변 사람들의 조언을 듣지 말라고 권한다. 잘못된 조언을 따르다가 낭패를 본 경우를 많이 보았기 때문이다. 보통 대부분의 친지나 이웃들은 양육에 대한 전문가가 아니며, 지금 아이와 부모의 상황을 정확히 알고 있기 어렵다. 따라서 정확하고 적절한 조언을 해 줄 가능성이 적다. '소경이 소경을 인도하는 격'이다. "친구 따라 강남 간다"는 속담은 자녀들에게만 적용되는 것이 아니다. 현대의 많은 부모들도 주변의 잡음을 좇아 잘못된 판단을 할 수 있음을 기억해야 한다. 부모들이 많이 참고하는 인터넷과 SNS도 그리 믿을 게 못된다. 거기에서 접하는 다른 사람의 경험이 나와 같을 수는 없기 때문이다. 서점에 차고 넘치는 많은 양육서들이 있지만, 보통은 원칙이나 일반적인 지침 위주여서 현재 내 상황에 풀어 적용하기가 쉽지 않다. 따라서 누군가의 의견을 자신의 양육에 적용할 때는 '과연 그럴까?' 하는 적절한 비판적인 자세가 필요하다.

자녀를 제대로 키워야 한다는 책임감이 너무 강해서 오히려 올무가 되는 경우도 있다. 밖에서 욕 안 먹는 아이, 완벽한 아이로 키워야 한다는 생각에 눌리면 아이의 사소한 부족함도 그냥 지나칠 수 없게 된다. 하지만 냉정하게 말해서 아이의 인생은 아이 스스로가 책임지는 것이지, 부모가 책임지는 것이 아니다. 오히려 부모의 역할은 이 준엄한 사실을 아이에게 알려 주고 스스로를 단련시킬 기회와 시간을 허락해 주는 것이다. 스스로 변할 수 있는 시간과 공간을 마련하고 기다려 주는 일이 바로 부모의 역할이다. 부모의 과도한 책임감은 자기의 조급한 마음을 자극해서 오히려 더 기다려 주지 못하게 만든다. 책임감 때문에 오히려 무책임한 양육을 하게 될 수 있다는 역설을 꼭 가슴에 새겨야 한다.

부모가 기다리지 못하는 두 번째 이유는, 발달에 대한 오해 때문이다. 어떤 부모는 자신의 아이가 현재 어떤 상태인지에 대해 잘못 판단하고 있다. 어른의 눈으로 보면 아이는 모든 것이 부족하기 마련이다. 고쳐 줄 것이 한두 가지가 아니다. 당신 앞에 서 있는 아이는 고작 유치원생일 뿐이고, 덩치가 엄마보다 크더라도 그저 사춘기 아이일 뿐이다. 반면 당신은 누구인가? 당신은 그 과정을 다 지나온 성인이고, 게다가 부모다. 그러니 부모의 눈으로 보면 못마땅한 것이 한두 가지가 아니다. 기억하라. 영아기부터 청소년기까지 복잡하고 다양한 발달 단계를 하나하나 지나가야만 어른이 될 수 있다. 각 단계마다 필요한 것을 성실히 완수해야만 건강한 성인이 된다. 모든 발달 과정은 시간을 토대로 일어나는 현상이므로 적절한 기다림 없이는 불가능하다. 이런 상식을 무시한 채 부모의 몇 마디로 쉽게 변화될 수 있다고 기대했다가는 행동의 변화는커녕 가장 중요한 부모와 자녀 간의 관계까지도 망가뜨릴 수 있다.

기다릴 때는 대부분 적극적인 변화를 주지 않고 현 상태 그대로 머물러 있기 때문에 아무런 노력이 필요하지 않은 것처럼 보인다. 하지만 기다림은 아주 적극적인 활동이다. 무엇인가를 한 번이라도 애타게 기다려 본 적이 있다면 기다림이 얼마나 고된 작업인지를 알게 된다. 자녀의 바람직하지 않은 행동이 반복되는 것을 지켜보고 있으면 한마디 해 주고 싶은 강한 충동이 생긴다. 보다 직접적인 방법을 사용하고 싶은 욕구가 샘솟는다. 부모들이 가장 손쉽게 사용하는 방법은 혼내고 지적하고 말로 교육하는 것이다. 이런 식으로 개입하고자 하는 유혹을 참아 내기는 결코 쉽지 않다. 주변의 눈치도 보인다. 그 방법은 잘못된 것 같으니 다르게 해 보라고 훈수를 두는 사람도 있다. 끝까지 기다리기 위해서는 이런 내외적인 자극을 걸러 내는 집중력과 소신이 필요하다.

기다리는 동안 부모는 적잖은 갈등에 휩싸인다. 자연스럽게 지금 자신의 양육 방식이 옳은 것인지 고민하게 된다. 자녀에게 요구하고 금지하는 것이 과연 누구를 위한 것인지, 무엇을 향한 것인지 묵상하게 된다. 그렇다. 기다리는 시간은 자신의 양육 가치관에 대한 자기 신념을 확인하는 시간이다. 이런 과정은 좋은 양육자가 되기 위해 꼭 필요한 시간이다. 요즘 부모들은 이런 시간이 턱없이 부족하다. 세상의 온갖 소음으로부터 자신의 생각을 지켜 내야 한다. 자녀와 세상의 요구는 우리 세대와 다르다. 세상의 가치는 성경의 가르침과 많은 부분 일치하지 않는다. 때로는 고집이, 때로는 유연함이 필요하다. 숙고의 나날을 지나 굳건해진 확신만이 자녀를 위한 올바르고 일관된 판단으로 이끌 것이다. 기다리는 시간은 좋은 부모가 되기 위한 처절한 자기 분투와 고민의 터전이 된다.

뿐만 아니다. 인내는 가장 강력한 힘이다. 나는 '지지'(支持)라는 단어를 참 좋아한다. 사전적 의미는 '붙들어서 버티는 것'이다. 버티는 힘, 인내력, 즉 기다리는 힘이다. 누군가를 꺾거나 공격해서 성취하고 빼앗는 힘이 아니라, 자기 자리에서 움직이지 않고 꿋꿋이 견뎌 내는 힘이다. 맹수의 강력한 턱과 발의 근력(筋力)이 아니라, 거친 풍파 속에도 흔들림

없이 서 있는 고목(古木)의 근력(根力)을 말한다. 부모는 자녀의 가장 확실한 서포터다. 자녀가 변할 때까지 끝까지 붙들고 버텨 줘야 한다. 그 힘이 양육의 원동력이다.

자녀를 기다린다는 것은 우리가 자녀에게 해 줄 수 있는 가장 큰 선물이다. '나는 너를 믿고 있다'는 강력한 희망의 메시지다. 군대 간 남자 친구를 사랑하고 있다는 가장 큰 증거는 제대할 때까지 기다리는 행위가 아닌가? 자녀에게 베풀 수 있는 것 중 이보다 더 큰 사랑은 없다.

"사랑은 … 모든 것을 견디느니라"(고전 13:4, 7).

양육은 선택의 연속이다

자녀가 태어나면 부모는 마음속에 이상적인 자녀의 모습을 그리게 마련이다. 하지만 부모의 생각대로 되지 않는다. 그저 희망사항일 뿐이다. 아이는 부모의 소망을 투사해서 그대로 조각하는 부모의 창조물도, 소유물도 아니다. 미안하지만 우리에게는 그럴 자격이 없다. 그 어떤 인간도 또 다른 인간을 소유하거나 조종할 수 없다. 부모는 그저 잠시 아이를 돕는 존재일 뿐이다. 목표는 자녀가 얼마 후 스스로 자신의 삶을 살아가게 하는 것이다.

아이들은 끊임없이 변하고, 아이들의 환경은 부모인 우리의 환경과 다르다. 같은 배 속에서 태어난 아이들조차 각자 다르고, 아이나 부모나 시간이 별로 없다. 게다가 부모의 능력 역시 제한적이라 많은 것을 해 줄 수 없다. 따라서 부모는 선택해야만 한다. "지금 과연 무엇을 도와줘야 할까?" 필요한 것을 선택한다는 것은 다른 나머지를 포기하거나 무시한다는 말이다. 즉, 좋은 양육을 선택하려면 불필요한 것에 시간과 노력을 사용하지 않아야 한다.

"이럴 때는 어떻게 해야 해요? 허락해야 해요? 아니면 못 하게 해야 해요?" 부모들은 이렇게 묻는다. 하지만 그 내용 자체가 고민할 필요가 있는 것인지 없는 것인지에 대해서는 별로 고려하지 않는다. 상담을 하다 보면 걱정할 필요가 없는 내용을 가지고 오랜 시간 고민해 온 부모들을 종종 만난다. 그렇다면 자녀의 행동 중 무시해도 괜찮은 것은 어떤 것일까? 몇 가지 잣대를 소개한다.

첫째, 반복되지 않는 행동은 일단 신경 쓸 필요가 없다. 우리 삶의 대부분은 반복되는 활동으로 채워져 있다. 또한 반복되는 행동 양상이 습관이 되는 법이다. 게다가 우리는 누구나 실수를 하고, 실수와 실패를 통해 더 많이 배운다. 불안한 부모는 아이가 한두 번 한 잘못에 화들짝 놀라 잔소리 폭탄을 던진다. 과도한 감정 반응을 보이고, 지나치게 혼내거나 몰아세우기도 한다. 그래서는 곤란하다. 그저 관심을 구하려고 했던 행동이라면 과도한 반응으로 더 강화될 것이다. 예민한 아이라면 사소한 잘못에 큰 죄책감을 가질 수도 있다. 그런 아이들은 우울해지거나 위축되기 쉽다. 아주 심각한 잘못이 아니라면 한두 번의 잘못은 그냥 두고 보는 것이 더 좋다. 상당수 아이들은 스스로 깨닫는다. 일부는 가벼운 눈짓만으로도 충분하다. 정말 문제라면 꼭 반복될 것이다. 여러 번 반복될 때, 그때 개입해도 늦지 않다.

둘째, 나이를 먹으면 자연스럽게 사라질 것은 무시해도 된다. 대표적인 예가 틱이나 야뇨증 같은 현상이다. 물론 간혹 병적인 경우가 있지만, 대부분은 성장 과정에서 뇌가 발달하면서 사라진다. 손톱을 물어뜯거나 특정 대상에 겁이 많은 아이들도 어른이 되면 대부분 별로 문제가 되지 않는다. 아이에게는 많지만 어른에게는 잘 관찰되지 않는 현상은 조금 여유 있게 생각해도 좋다. 혹시 어떤 행동이 나이가 먹어도 지속되고 있다면 주변의 전문가에게 문의해 보기를 권한다.

셋째, 부모의 눈에 거슬리거나 부모가 싫어하는 행동이라는 이유만으로 아이를 제한하는 것은 곤란하다. 그것만으로 양육을 빙자해 한 인격의 선택과 자유를 제한하기에는 명분이 부족하다. 부모가 원하는 것과 아이를 위하는 것은 동의어가 아니다. 이 둘 사이의 간격을 혼동하는 부모가 적잖다. 부모는 종종 자신이 원하는 것을 아이를 통해 이루려는 유혹을 받는다. 겉으로는 아이를 위하는 것이라고 포장되어 있지만 말이다. 대부분의 집착이나 학대가 여기에서 시작된다. 자신과 자녀의 삶이 융합되어 구분되지 않으면 자녀는 심리적으로 독립하지 못한 채 살아가게 될 수 있다. 따라서 부모는 조심스럽게 자신을 살펴야 한다. 아이를 위해서라면 부모가 원하는 것을 포기하는 것이 진정하고 올바른 사랑임을 꼭 기억하기를 바란다.

아이들은 계속 변하고 부모는 늘 선택해야 한다. 열린 마음과 세심한 눈, 날카로운 결단이 필요하다. 오늘 잘했든 못했든 내일의 해는 다시 떠오르고, 우리에게는 부모라는 역할이 또 주어진다. 분명한 것은, 아이와 함께 부모도 매일 자라고 있다는 사실이다.

갈등을 극복하고 하나됨을 누리라

서영 씨는 요즘 걱정에 잠을 못 이룬다. 늦게 결혼해서 낳은 다섯 살 아들 때문이다. 이 아이를 잘 키워 보려고 2년 전 좋은 일자리와 자신의 경력까지 모두 내려놓았다. 집에서 하루 종일 징징거리고 예민하게 구는 것은 어떻게든 견딜 수 있겠는데, 단체 생활이 큰 문제다. 하루가 멀다 하고 걸려 오는 전화에 엄마는 노이로제가 걸릴 지경이다. 아들은 뭐든지 자기가 원하는 대로만 행동한다. 친구들의 물건을 빼앗고, 화가 나면 아무나 밀치고 때린다. 자기가 좋아하지 않는 수업 시간에는 혼자 돌아다니거나 자기가 하고 싶은 놀이에 빠져 있다. 선생님이 제지하면 울고불고 난리가 난다. 어렵게 보낸 영어 유치원에서 5개월 만에 쫓겨나 지금은 놀이학교에 다니고 있는데, 여기서도 언제 쫓겨날지 불안하다. 아이는 항상 자기 마음대로다. 예민하고 고집이 센 것은 기질적으로 타고난 원인도 있겠지만, 아이가 원하는 것은 뭐든지 그대로 되는 집안 환경 탓도 적지 않다. 아이의 부모, 친조부모, 외조부모, 살림을 도와주는 도우미 아줌마 등 하나같이 늦게 얻은 귀한(?) 아이의 행동을 제한하는 사람이 없다. 아이가 징징거리거나 싫다고 하면 만사가 'OK!'다. 아이의 가는 길에 거칠 것이 없다.

훈육의 부재(不在)! 요즘 종종 만나는 가정의 모습이다. 어른도 그렇지만, 특히 어린아이는 자신이 원하는 것이 금방 주어지지 않거나 하기 싫은 것을 해야만 할 때 부정적인 감정이 흘러나오게 되어 있다. 징징대거나, 실망스럽거나 불만족스러운 얼굴 표정을 짓는다. 아이의 이런 반응은 종종 부모에게 묘한 감정을 불러일으킨다. '어! 이것 봐라. 말을 안 들어?' 조금 당혹스럽기도 하고 화가 나기도 한다. 좀 사려 깊은 부모에게는 '지금 나의 요구가 적당하고 적절한 것인가?', '내가 잘하고 있는 것인가?', '꼭 지금 이것을 요구해야 하는가?'와 같은 의문이 생기기도 한다. 한편 예민한 부모는 상처를 받기도 한다. '아이가 내 말을 무시하는 것 아닌가?' '나는 부족한 부모인가?' 다른 일은 잘해서 줄곧 주변의 칭찬을 받아 온 좀 잘난(?) 부모들은 아이 키우는 것이 뜻대로 되지 않을 경우 스트레스를 더 많이 받는 경향이 있다. 이제껏 경험하지 못했던 실수와 실패의 연속, 계획의 좌절과 지연으로 인해 자기애(自己愛)가 적잖이 상처를 입는다. 걱정이 불쑥 올라오기도 한다. '내가 정말 잘못하고 있는 것인가?' '아이가 잘못된 방향으로 자라나면 어떻게 하지?'

이런 복잡한 감정에 너무 마음을 빼앗기다 보면 처음 아이에게 요구했던 것을 철회하고 싶은 생각이 든다. '그래! 지금 꼭 해야 하는 것은 아니야. 이 아이는 너무 어려!' 스스로를 합리화하며 아이가 원하는 대로 해 준다. 아이는 다시 방긋 웃고 얼굴에는 금방 행복한 표정이 찾아온다. '그래! 뭐래도 좋은 게 좋은 거지! 밝고 행복하게 자라라!' 아이와 부모는 이런 식으로 자위를 하며 갈등 상황을 피해 간다.

하지만 그리 간단하지가 않다. 아이가 커 갈수록 갈등은 점점 잦아진다. 나이가 들면 아이가 해야 할 일들이 늘어나는데 아이는 나이에 맞게 행동하지 못하기 때문이다. 집에서 새는 바가지는 들에서도 새 버리기 마련이다. 집 안팎으로 시끄러운 일들이 반복된다. 더욱이 십 대 아이들은 자신의 주장을 더 강하게 펼치고 욕구도 다양해진다. 감정 표현은 거칠어지고, 말발은 세지고, 주장하는 논리는 더 정연해 보인다. 부모의 세상과 아이의 세상은 완전히 다른 차원이니 당연히 생각은 일치되지 않고 갈등은 더 많이 생긴다. 갈등을 함께 해결하고 서로의 의견을 조율하는 훈련이 부족한 아이와 부모는 점점 더 큰 어려움에 직면한다.

부모는 어떤 동기로 아이를 양육하는가? 양육자의 보상은 무엇인가? 솔직히 아이의 만족스러운 표정이나 "엄마 아빠 최고!"라는 말처럼 달콤한 보상은 없다. 사람은 누구나 인기 있는 존재가 되고 싶어 한다. 누가 날 좋아하면 신이 난다. 인간이라면 당연히 긍정적인 피드백을 받고 싶다. 게다가 부모 자식 간은 단지 그 정도의 사회적 보상 수준이 아니다. 아이의 환한 웃음은 부모를 본능적으로 자극하는 애착 행동이다. 애착 행동은 부모의 유전자 속에 깊이 뿌리박고 있는 애착 본능을 점화시킨다. 아이가 세상에 살아남고 인류가 계속 이어지도록 신이 인간의 마음속에 심어 놓은 장치가 작동되는 것이다. 아이의 실망스러운 얼굴과 만족스럽게 웃는 표정은 부모를 들었다 놓았다 한다. 정신을 차리기가 쉽지 않다.

많은 부모들이 자신들은 자녀들에게 일방적으로, 더 나아가 무조건적으로 사랑을 베푼다고 생각한다. 하지만 그것은 부모 자신을 너무 과대평가하는 것이다. 인간은 조건 없이 사랑하기가 매우 어렵다. 대부분의 범인(凡人)에게는 거의 불가능할 것이다. 만약 다른 사랑에 비해 자녀에 대한 사랑이 좀 더 강렬하다면 이는 신이 주신 빌트인 시스템 덕이며, 그것을 끊임없이 자극하는 아이의 적극적인 구애(求愛) 덕이다. 아이들은 끊임없이 부모의 부성과 모성을 자극하는 사랑의 마음을 전하고 표현한다. 그것들은 부모의 영혼에 단비와도 같다. 그리고 해갈(解渴)은 너무나 달콤하다.

만족이 너무 큰 것은 늘 그렇듯 중독되기도, 남용되기도 쉽다. 달콤한 사탕에 입맛을 다 빼앗기면 건강한 다른 음식을 소홀히 하게 되고, 치아도 다 상해 버리기 쉽다. 하지만 허니문이 결혼의 전부가 아닌 것처럼, 삶이란, 특히 아이를 키운다는 것은 핑크빛 로맨스가 아니다. 무엇보다 아이는 성장해야 한다. 근육을 단련하듯 몸과 마음을 훈련해야 한다. 성장을 위한 갈등은 필수 요소이며, 그것을 딛고 넘어서야만 한다. 지금 주어진 양육 과제는 꼭 완수해야 한다. 발달 과정에서 회피와 도피란 없다. 회피하면 미래에 반드시 더 큰 대가가 찾아올 것이기 때문이다.

당신은 어떤가? 아이의 피드백에 너무 민감하지는 않은가? 아이의 풀죽은 얼굴이 너무 안쓰럽지는 않은가? 자신의 양육 방식에 자주 회의가 드는가? 갈등이 생길 때마다 결국은 자녀의 뜻대로 되는가? 그렇다면 다음의 몇 가지 팁들이 꽤 도움이 될 것이다.

첫째, 자녀의 불만족스러운 표정에 익숙해지라. 그것은 지금 자신이 화가 났다는 신호등이지, 부모가 잘못 양육했다는 통지표가 아니다. 그 표정이 당신의 양육 방식, 더 나아가 인생 전체를 평가하는 것은 아니라는 말이다. 자녀는 그저 자기가 하고 싶은 것을 못 하게 돼서, 혹은 하기 싫은 것을 해야만 해서 지금 잠시 감정적으로 싫고 힘들다고 푸념하는 것이다. 그 이상으로 해석하고 확대하지 말라. 사실 자신의 요구가 거절됐는데 방긋 웃을 수 있는 사람이 세상에 얼마나 있겠는가? 아이가 늘 웃기만 하고 전혀 고통스런 표정을 지을 일이 없다면 오히려 잘못 양육하고 있다는 증거일 수 있다. 자녀가 가슴 깊은 곳에서 우러나는 진정한 웃음을 지을 때까지는 시간이 참 많이 필요하다. 울어 보지 않고는 웃음이 무엇인지 알 수 없다. 그저 가벼운 농담과 실소(失笑), 철없는 해맑음을 뛰어넘는 깊은 미소는 세월과 인내가 주는 선물이다. 깊고 그윽하게 웃는 자녀의 얼굴을 상상하고 기대하며 오늘의 갈등을 견뎌야 한다.

둘째, 자녀는 부모의 양육을 평가하는 존재가 아니다. 자녀는 그럴 기준도, 실력도 갖고 있지 못하고, 물론 자격도 없다. 그들은 어리고 충동적이며 미숙하다. 그들은 삶의 중후반기에 일어날 일들을 경험하지 못했다. 지식도 짧다. 그런 아이들의 피드백에 휘둘리는 것은 곤란하다. 양육은 보다 책임 있고 신중한 결정이며 행동이다. 당신의 양육이 어땠는지 평가해 줄 존재는 따로 있다. 마지막 때에 세상과 세상의 모든 일을 심판하실 하나님이 해 주실 것이다. 그날을 생각하며 두렵고 떨리는 마음으로 자녀를 대해야 할 것이다.

셋째, 진정한 사랑은 상대의 피드백과는 상관없이 베푸는 사랑이다. 인정받지 못해도 멈추지 않고 흔들리지 않고 지속적으로 행동하는 사랑이 더 크고 위대한 사랑이다. 우리는 사랑의 수준을 높여야만 한다. 무슨 말을 하더라도, 아무 반응이 없더라도 변함없이 사랑할 수 있는가? 남들에게 실천하기 전에 자녀에게 먼저 실천해 보라. 가정은 사랑의 수준과 실력을 갈고 닦는 최적의 합숙소다.

갈등은 삶의 필수적인 요소다. 해결할 수 없는 것도 많다. 해결이 아니라 조율이며, 조율조차도 불가능할 때는 그저 받아들이는 수밖에 없다. 가정에서 절대 누군가를 탓하지 말라. 가정은 옳고 그름을 정하고 문제를 해결하는 곳이 아니라, 같이 삶을 살아가는 공간이다. 자녀와 같이, 배우자와 함께 서로의 짐을 지라. 같이 감내하는 삶을 살고, 아프고 힘들고 간혹 기쁜 그 모든 순간을 공유하라. 갈등과 어려움이 있는 만큼 서로는 더욱 하나가 될 것이다. 그러다 보면 자연스럽게 알게 될 것이다. 서로의 얼굴에 깊고 그윽한 미소를 함박 머금고 있다는 사실을 말이다.

자발성은 기다림을 통해 길러진다

철기는 떼쟁이다. 갖고 싶은 것은 당장 다 가져야 직성이 풀린다. 조금이라도 불편하거나 화가 나면 징징거리기 시작한다. 한 번 기분이 틀어지면 달래도 안 되고 혼내도 안 된다. 울다가 날밤을 샌 적도 있다. 목은 늘 쉬어 있는 상태다. 기분이 좋을 때면 아주 딴 아이 같다. 시키지 않아도 엄마를 도와주거나 심부름도 잘한다. 하지만 하기 싫을 때는 아무리 설득해도 안 된다. 기분이 나빠질 때마다 주변 사람을 힘들게 하니 부모도 늘 아이 기분을 살핀다. 유치원에 안 간다고 할까 봐 아침마다 초긴장이다. 부모 모두 회사에 출근해야 하기 때문에 아침에 떼를 부리기 시작하면 애간장이 녹는다. 아이가 자기가 원하는 것을 다 얻어 내는 시간이다.

요즘 들어 개인의 욕구나 소망을 지금 당장 충족하는 것이 인생에서 아주 중요하다고 말하는 분위기가 늘어난 듯하다. 각종 미디어에서는 '자신이 원하는 삶을 살아라!', '고민하지 말고 바로 행동하라!' 하는 메시지가 쏟아져 나온다. "Just Do It!", "아버지는 말하셨지. 인생을 즐겨라!" 등이 대표적인 카피일 것이다. 외부의 요구를 충족시키느라 자신을 살피지 못하는 현대인들에게 '균형 잡힌 삶'을 살아가라는 메시지를 주는 것이라 볼 수 있겠다. 하지만 조금만 늦어져도 견디기 어려워하는 'GIGA' 세대들에게 당장 자신의 욕구를 충족하는 것이 최선이라고 부추기는 것은 아닐까 걱정이 든다.

예전에는 '하기 싫은 것을 하는 습관'을 꽤 강조했다. 집이나 학교에서도 책임이나 의무를 가르치기 위해 아이가 해야 할 일은 하기 싫어해도 꼭 하도록 했다. 심부름과 같은 작은 일을 통해 아이도 가족의 일원으로서 가족에 기여하도록 했다. 임무를 수행하지 못하면 꾸중이나 훈계를 들었고, 책임을 져야 했다. 이런 훈련은 내 욕구보다는 전체의 필요를 생각하게 했고, '우리'를 위해 '나'를 통제하도록 가르쳤다. 자연스럽게 다른 사람의 필요를 위해 자신의 욕구 충족을 지연시키는 것이 익숙해졌다.

그러다 보니 전체를 위해 개인의 헌신을 강요하는 분위기가 강했다. 협의와 토론의 부재(不在), 의사 결정권이 없는 약자들에게 강요되는 일방적인 희생은 결정적인 부작용임에 틀림없다. 하지만 일방적인 의사소통과 강요는 단순히 '우리'를 강조하는 분위기가 만들어 낸 것이 아니다. 반대로 '나'만이 중요하다는 이기심에서 비롯되는 것이다. 전체를 위해 자신의 욕구를 자제하지 못하는 어떤 구성원이 다른 이들을 괴롭힌다. 사실 자기밖에 모르는 아이가 자기밖에 모르는 어른이 되어 일방적인 강요와 학대를 이어 갈 가능성이 크다.

신경심리학에서는 '자신이 원하는 것을 당장 갖지 못하면 견딜 수 없을 정도로 힘들어하는 상태'를 가리켜 '지연 혐오'(delay aversion)라고 부른다. 지연 혐오가 높은 아이들은 행동과 충동 통제가 어렵고, 힘든 상황을 잘 참지 못한다. 구조가 조밀한 환경을 힘들어하고, 그것을 요구하는 어른들과 마찰이 일어난다. 친구들에게도 자기 위주로 대해서 갈등이 자주 발생한다. 높은 수준의 인내심을 요구하는 지루한 학습이나 훈련도 잘 견디지 못한다. 이런 과제를 계속 미루기 때문에 성취도가 낮을 수밖에 없고, 자극적인 것을 추구하는 경향이 높아 게임이나 위험한 행동에 과몰입되는 경향이 있다. 어른이 되면 알코올 및 다른 약물에 중독될 가능성이 높고, 심지어 범죄를 저지를 확률도 높다.

이와는 반대로, 전문가들은 학업 성취도나 업무 수행 능력, 운동이나 기술력, 사회성, 리더십을 가지려면 이런 능력의 근간이 되는 '지연 내성'(delay tolerance)을 연마해야 한다고 주장한다. 이 힘은 '하고 싶은 것과 해야만 하는 것을 바꾸는 힘'으로서, 충동을 억제하는 뇌인 전두엽의 주된 기능이다. 과연 우리는 아이들이 이 소중한 능력을 함양할 수 있도록 얼마나 훈련시키고 있는가? 당장의 욕구를 잘 참아 내는 아이로 키우기 위해 부모가 사용할 수 있는 가장 효과적인 기술은 '거절하기'다.

거절하기

오물거리며 음식을 삼키는 아이의 얼굴이 너무 예쁘다. 음식을 넘기기가 무섭게 엄마는 입 앞으로 숟가락을 갖다 댄다. 잘도 받아먹는다. 엄마는 자신이 먹는 것보다 더 배부른 표정을 짓는다. 엄마 기분이 참 좋아 보인다.

만 4세가 지나 수저질을 잘하는 아이인데도 쫓아다니며 밥을 입에 넣어준다. 밥 먹을 때마다 전쟁이다. 아이는 싫다 하고 엄마는 계속 입 앞으로 음식을 들이댄다. 아이는 밥을 다 먹는 대가로 뭔가를 해 주지 않으면 안 먹겠다고 으름장을 놓는다. 엄마는 떠 주는 밥을 먹으면 잘했다고 칭찬 일색이다. 밥 먹으면서 상까지 받는다.

아침마다 유치원 버스 시간 맞추는 것이 큰일이다. 아이는 좀처럼 움직이지 않는다. 일일이 쫓아다니며 하나부터 열까지 다 챙겨 줘야 한다. 칫솔질도 해 줘야 하고, 옷도 다 입혀 줘야 한다. 신발도 신겨 준다. 때로는 차까지 안고 나가기도 한다. 일어나서 지금까지 아이가 한 일이라곤 눈 뜨고 삼키고 숨 쉰 것밖에 없다. 사지 멀쩡한 아이가 손가락 하나 까딱하지 않는다. 엄마가 아이의 수족이 된다.

이런 아이들이 주로 사용하는 전략은 두 가지다. 첫째, 징징거리기. 둘째, 못 들은 체 미적거리기. 이 두 가지면 불안하고 급한 엄마를 하인처럼 부려먹기(?)에 충분하다. 아이를 향한 엄마의 잡손질은 계속된다. 엄마만 있으면 아이는 갑자기 신생아가 된다. 이런 아이들 중 대부분은 유치원에서는 스스로 밥도 먹으며 해야 할 일도 거의 다 한다. 엄마가 없으면 오히려 더 잘하는 아이들인 셈이다. 그렇다면 차라리 엄마가 사라지는 것이 더 좋은 것인가? 아이에게 엄마는 꼭 필요한 존재니 당연히 사라져서는 안 된다. 결국 '엄마의 어떤 행동이 없어야 한다'가 정답이다. 놀랍지 않은가? 부모는 무엇인가를 더 해 줘야 아이가 더 잘할 줄로 생각하는 경향이 있는데, 실은 오히려 해 주지 말아야, 즉 '열중쉬어'하고 가만히 있어야 더 잘하는 아이가 된다는 말이다. 또 반전이다.

왜 어떤 부모들은 아이의 몸종(?) 역할을 자처하고 있는가? 이야기를 나누다 보면 '아이가 욕구 불만이 있으면 안 된다, 이는 아이에게 해롭다'는 생각을 갖고 있는 부모들이 꽤 있다. 이런 가정 아래서는 아이가 원하는 대로 즉각 다 들어줘야만 좋은 양육이 되는 셈이다. 안타까운 일이다. 이는 오히려 좋지 않은 양육의 전형이기 때문이다. 물론 기본적인 욕구조차 만성적으로 박탈당하는 경우는 절대 해롭다. 엄마의 정성 어리고 일관적인 돌봄, 충분한 음식과 수면, 편안하고 위생적인 공간은 양육의 필수 요소다. 하지만 아이가 조금이라도 징징대거나 불편해할 경우 그 불편함을 바로 해결해 줘야 한다는 생각은 지나친 강박이다. 부모는 본능적으로 아이의 요구를 들어주고 싶어 한다. 이것은 우리의 DNA에 깊이 각인되어 있는 반사적인 행동이다. 이런 강력한 생물학적 경향이 아이와 부모 간에 애착 관계를 만들어 내고, 이 애착 관계가 아이 생존의 중요한 베이스캠프가 된다. 아이는 울고 엄마는 달래고, 아이는 울고 엄마는 먹이고, 아이는 울고 엄마는 안아 주고, 아이는 울고 엄마는 재워 준다. 이렇게 아이는 울고 조르는 행동을 통해 자신에게 필요한 것을 얻어 내며 발달한다.

하지만 이런 낮은 수준의 애착 행동이 성장한 후에도 잔존하는 경우에 문제가 발생한다. 스스로 할 수 있고 해야 하는 나이임에도 불구하고 계속 부모에게 요구한다. 어딘가가 불편하거나 욕구 충족이 잠시 지연되면 조금도 참지 못해 울고 징징대며 짜증을 낸다. 더 놀라운 것은, 이것을 다 받아 주고 들어줘야만 한다고 생각하는 부모가 있다는 점이다. 나름 이유는 다양하다. 아이가 불쌍해 보여서, 욕구 불만이 생기면 무슨 일이 생길까 봐, 짜증이 더 심해질까 봐, 실컷 들어주고 나면 그만 요구할 것 같아서, 부모와 아이 관계가 나빠질까 봐, 부모 자신이 징징거리는 소리가 듣기 싫고 견디기 힘들어서, 왠지 아이 스스로 못할 것 같아서, 내 마음이 놓이지 않아서, 너무 예뻐서, 어찌할 바를 몰라서, 그냥 아무 생각 없이…. 이유가 뭐든 간에 이들이 잊고 있는 아주 중요한 내용이 있다. 인간의 욕구는 채워도, 채워도 끝이 없다는 사실이다. 우주의 빛을 모두 빨아 삼켜 버리는 블랙홀과 같은 것이 인간의 탐욕이다. 우리는 인간의 만족이 한없는 충족을 통해 오는 것이 아니라 오히려 박탈과 부족함에서 비롯된다는 진실을 사색과 삶을 통해 터득해 알고 있다. 부족함을 견디는 훈련이 자족(自足)의 근원이라는 고백 말이다. 배고픔을 알아야 포만의 기쁨을 알고, 목마른 후에야 해갈의 행복을 느낄 수 있다.

간단하다. 아이의 요구를 일단 안 들어주는 것이다. 아이가 혼자서도 할 수 있는 것이라면 당연히 들어주지 않아야 한다. 아이는 반복을 통해 자신에게 필요한 활동을 숙달해야 한다. 그래야 실생활에서 자유자재로 시행할 수 있다. 만일 아이의 요구가 아이 스스로 할 수 없는 것이라고 판단되면 이것이 지금 당장 필요한지 생각해야 한다. 지금 당장 필요하지 않은 것이라면 역시 기다리라고 해야 한다. "음. OO이 필요하구나. 엄마가 좀 생각해 볼게!"라고 말하면 된다. 혹 아이가 요구하는 내용이 현재 아이가 할 수 있는 것인지 할 수 없는 것인지 애매할 때는 어떻게 하는 것이 좋을까? 이때도 일단은 해 주지 말고 잠시 기다릴 것을 권한다. 자기에게 꼭 필요한 것이라면 보통 아이들은 스스로 시도하기 마련이다. 시도하지 않는다면 지금 꼭 필요한 것이 아닐 가능성이 높다. 이 기법은 자발성을 길러 주는 아주 훌륭한 양육 기술이므로 꼭 숙지하고 폭넓게 사용하길 바란다. 자발성은 아주 중요하지만 좀처럼 만들어 주기 힘든 덕목이다.

부모가 제공하는 값으로 따질 수 없는 지원과 사랑을 감사함으로 받게 하려면 반드시 적절한 박탈과 제한이 동반되어야 한다. 이것은 선택사항이 아니다. 척박한 세상에서 독립적이고 생산적인 삶을 꾸리고 소중한 삶의 열매를 기다리며 견딜 수 있는 사람이 되기 위해 꼭 통과해야만 하는 필수 과정이다. 부모라는 이름으로 이 과정을 거저 우회하게 해서는 안 된다. 집 밖 그 어느 곳이든 스스로 움직이지 않는데 부모처럼 공급해 주는 곳은 없다. '막무가내'는 집 밖에서는 절대 통하지 않는다. 세상에서 아이는 살아남아야 하며, 더 나아가 행복하고 의미 있게 살아가야 한다. 지금은 엄마 무릎에 앉아 있는 것을 더 좋아하는 꼬마지만 곧 세상을 활보해야 할 시간이 온다.

소식하는 사람은 조금만 먹어도 배가 부르지만, 대식가는 어느 정도 이상을 먹어야만 양이 찬다. 위가 늘어났기 때문이다. 이처럼 자녀들의 포만 역치가 높아지지 않도록 주의해야 한다. 한 번 늘어난 위는 다시 작아지기 어렵다. 그러기 위해서는 잡손질을 멈춰야 한다. 부모가 안 해줘야 아이가 스스로 시작한다.

전 역사를 통틀어 가장 위대한 교육가로 꼽히는 장 자크 루소(Jean Jacques Rousseau)는 이렇게 말했다.

> "아이를 불행하게 하는 가장 확실한 방법은 무엇이건 잡히는 대로 손에 넣을 수 있게 하는 것이다."

부모가 먼저 약속을 지켜야 한다

초등학교 2학년 정수는 온 동네가 알아주는 고집쟁이다. 마트 장난감 코너를 그냥 지나치는 법이 없다. 갖고 싶은 장난감이 보이면 사 줄 때까지 울며 떼를 쓴다. 당장 하고 싶은 것이 있으면 누가 옆에 있건, 어느 장소건 상관없다. 처음에는 정수 엄마도 절대 안 된다고 엄포를 놓지만 늘 지고 만다. 전리품인 양 장난감을 한 손에 치켜 든 정수는 금세 울음을 멈추고 의기양양한 표정을 짓는다. 집에서도 마찬가지다. 아이스크림이 먹고 싶으면 당장 먹어야 한다. 날이 어두워져도 놀이터에서 더 놀고 싶으면 그래야만 한다. 씻기고 먹이기도 보통 힘든 것이 아니다. 정수와의 싸움에 엄마는 지칠 대로 지쳤다. 학교에서 아이가 돌아올 시간이 되면 엄마는 가슴이 두근거리기 시작한다. 엄마에게 있어 주말이나 방학은 휴일은커녕 피하고만 싶은 두려운 날들이 되어 버렸다.

늘 이런 식이다. 아이가 떼를 부리면 처음에는 이런저런 말로 안 되는 이유를 여러 번 설명한다. 설명이 안 먹히면 다음에는 온갖 감언이설(甘言利說)로 설득을 시작한다. 하지만 대부분 효과는 없다. 다음에는 임시방편(臨時方便)으로 이런저런 조건을 내세운다. "지금 …하면 …해 준다"는 식이다. 하지만 이것도 한두 번, 밑도 끝도 없는 아이의 요구에 협상은 결렬되기 일쑤다. 부모의 인내심은 바닥을 드러낸다. 점점 목소리가 커지고 말투가 거칠어지기 시작한다. 아이도 질세라 더 세게 고집을 부린다. 행동도 더 격해지고, 더 큰 소리로 울기 시작한다. 결국 화가 머리끝까지 치민 부모와 아이는 서로 고함을 치며 상처가 되는 말을 주고받는다. 고성 끝에 아이에게 손을 대는 일도 있다. 갈등의 클라이맥스가 지나면 얼마 지나지 않아 어색한 침묵이 찾아온다. 보통은 부모가 먼저 말을 건넨다. 아이는 쉽사리 화를 풀지 못하고, 불안(?)해진 엄마는 결국 아이가 원하는 것을 송두리째 주고 만다. 게임 셋이다. 호미로 막을 것을 가래로 막은 셈이다.

반대의 경우도 크게 다르지 않다. 겁에 질리고 부모의 힘에 눌린 아이가 울며 겨자 먹기로 부모의 요구를 따르기도 한다. 하지만 아이의 마음속에는 억울함과 화, 혹은 공포가 가득하다. 이런 경우에도 역시 원래 문제가 되었던 아이의 행동에는 변화가 일어나지 않는다. 잠시 후에 다시 반복되는데, 놀랍게도 아이들은 자신이 왜 부모에게 혼났는지를 잘 기억하지 못한다. 서로 부정적인 감정만 주고받으며 감정이 격해진 사이 양육하려고 의도했던 내용은 묻혀 버렸기 때문이다. 왜 혼났는지를 모르니 행동이 바뀔 리 만무하다. 부모가 이겼건 아이가 이겼건 결론은 매한가지다. 승자는 없다.

대부분의 부모들은 이런 일이 반복되면 아이에게 미안한 마음을 갖게 된다. 부모로서 해서는 안 될 행동과 말을 이미 많이 해 버렸기 때문이다. 이 미안함은 아이의 문제 행동을 교정하려 할 때 100퍼센트 다시 고개를 든다. 내가 잘못해서 그렇다는 막연한 죄책감은 아이를 자신 있게 통제하는 데 크게 방해가 된다. 엎친 데 덮친 격으로, 아빠가 무심하게 대하거나 집안 시끄럽게 애 하나 다루지 못한다고 엄마를 탓하기 시작하면 문제는 더 심각해진다. 실패와 무력감에 엄마는 자신감을 잃게 되고, 이것이 만성화되면 우울해지기도 한다. 우울증은 엄마를 약하게 만들어, 다루기 힘든 아이의 행동을 통제할 에너지를 잃어버리게 한다. 이쯤 되면 아이의 고집스러움은 더 강화되고, 결국 고약한 'little tyrant'(어린 독재자)가 탄생하게 된다.

대체 어디서부터 잘못된 것일까? 부모가 잃어버린 첫째는, 약속을 지키는 힘이다. 오랜 시간 동안 부모는 무수히 많이 아이와의 약속을 지키지 않았다. 예를 들면, "지금은 밖에서 놀 시간이 아니야! 지금 들어가지 않으면 이번 주는 놀이터에서 놀 수 없어!", "지금 TV를 끄지 않으면 내일은 TV를 볼 수 없어!", "이 장난감이 마지막이야. 앞으로 한 달간은 사 주지 않을 거야!" 등과 같은 약속들이다. 만일 그동안 이러한 사소한 약속들이 확실히 지켜졌다면 어땠을까? 대부분의 아이는 그 과정을 통해 자신의 요구가 거절되거나 연기되는 훈련을 받게 됐을 것이다. '화를 내고 울거나 떼를 써도 자신이 원하는 것을 당장 가질 수 없다'는 인생과 자연의 평범한 진리를 말이 아닌 몸과 생활로 받아들이는 연습 말이다. 현재 그것을 제공해 주는 사람이 없는데 스스로 생산할 수 없는 아이들이 어떻게 얻을 수 있겠는가? 좋지 않고 필요치 않은 것임을 알면서도 아이의 요구에 끌려 끊임없이 제공하는 누군가가 있기에 아이들은 기름진 욕망을 계속 채워 왔던 것이다. 금지와 기다림에 대한 약속을 반드시 지키라. 작은 박탈을 견디고 기다리는 데서부터 훈육은 시작된다.

사람이 어떻게 약속을 다 지킬 수 있느냐며 반문할 수도 있다. 물론 그것은 참 어려운 일이다. 앞에서도 말했지만, 약속을 잘 지킬 수 있는 가장 확실한 방법은 약속을 아주 적게 하는 것이다. 아이의 요구에 이끌려서, 혹은 아이와 서먹하고 불편한 관계가 거북해서, 때로는 현재 곤란한 상황을 잠깐 모면해 보려고 약속을 남발하지 말라! 그리고 불안해하지 말라. 지금 당장 아이와 약속하지 않아도 별 문제 될 것이 없다. 생활에 필수적인 의식주와 질적인 관계를 포함한 일반적인 양육 환경을 제공하고 있다면 이미 필요한 대부분을 베풀고 있는 것이다. 특별하거나 부가적인 것이 조금 더 있다고 해서 크게 달라질 것은 없다. 과도한 충족은 원하는 것을 당장 모두 집어삼켜야만 직성이 풀리는 '가오나시'(미야자키 하야오의 〈센과 치히로의 행방불명〉에 나오는 얼굴 없는 귀신. 늘 외로움과 허기를 호소하며, 모든 것을 먹어 치우는 존재로 묘사됨)를 만들 뿐이다.

둘째로, 훈육을 잘하려면 부모 자신의 본능을 통제하는 힘을 되찾아야 한다. 부모의 본능이란 무엇인가? 자식을 그 무엇보다 소중하게 여기는 마음이고, 자녀가 원하는 것은 다 해 주고 싶은 욕구다. 자기를 희생해서라도 자녀에게 베풀고 싶은 것이 모성의 본질이다. 이것은 인간이 세대를 거듭하면서 자손을 이어 가게 만드는 가장 기본적인 본능이며, 우리의 유전자 속에 이미 프로그램 된 기능으로서 거저 주어지는 것이다. 이런 경향을 노력과 훈련을 통해 갖는 경우는 거의 없으니 말이다. 하지만 좋은 부모가 되려면 본능만으로는 부족하다. 오히려 본능에 파묻혀 끌려 다니지 않도록 애써야 한다.

'무조건적인 사랑'이라는 미명 아래 많은 부모들이 아이의 요구를 여과 없이 들어준다. 그러면서 자신은 아이의 요구를 잘 들어주는 좋은 부모라고 스스로 평가한다. 지금 즐거워하는 아이의 표정 하나만으로 자신의 역할을 다했노라 자위하기도 한다. 부모 역시 자녀의 평가에 꽤 민감하다. 자녀가 좋아하면 마음이 뿌듯해지고, 자녀가 싫어하면 금방 의기소침해진다. 자녀의 반응을 잘 살피기는 해야겠지만, 당장 어색하다고 해서 부화뇌동해서는 곤란하다. 기억하라. 어린 자녀들은 부모의 양육을 평가할 객관적인 기준과 판단력을 갖고 있지 못하다. 내 부모가 좋은 양육을 제공했는지는 한 사람이 자기 인생의 길을 다 걷고 난 후에라야 평가할 수 있다.

지금 해맑게 좋아하는 아이의 모습이 양육의 궁극적인 목표는 아니다. 우리의 아이들은 만만치 않은 생의 여정을 스스로 꾸려 나가면서도 세상과 어울리며 행복하게 살아갈 수 있는 한 명의 인격체가 돼야 한다.

물론 부모는 이것을 다 책임져 줄 수 없고, 그래서도 안 된다. 하지만 부모의 몫이 작지는 않다. 이 과정은 그저 부모의 본능이 시키는 대로 따라가서는 결코 이룰 수 없는 만만찮은 길이다. 사랑이란 본능을 따라 행동하는 것이 아니라, 상대를 위해 적극적으로 자신의 뜻과 욕망을 조절하고 포기하는 행위다.

거친 야생마는 훈련을 통해 최고의 경주마로 거듭난다. 훈련 과정은 야생마에게뿐 아니라 조련사에게도 고되고 힘들다. 조련사는 체계적인 계획을 갖고 단계적으로 훈련시킨다. 자기가 하고 싶은 대로 하지도 않고, 더욱이 말이 원하는 대로 하지도 않는다.

하나님도 긴 시간동안 우리의 요구를 들어주지 않으실 때가 많다. 우리에게는 외면과 거절처럼 느껴진다. 하지만 그것은 분명 아버지의 사랑, 기다림, 훈육이다. 우리는 그 답답한 시간을 거쳐 성장하고 비로소 하나님의 마음을 알게 된다. 거절이 바로 하나님의 방법이었음을 말이다.

Part 5

부모가 같이할 때 가치 있는 자녀로 자란다

Chapter 18

자녀의 마음에 건강한 자존감을 심어 주라

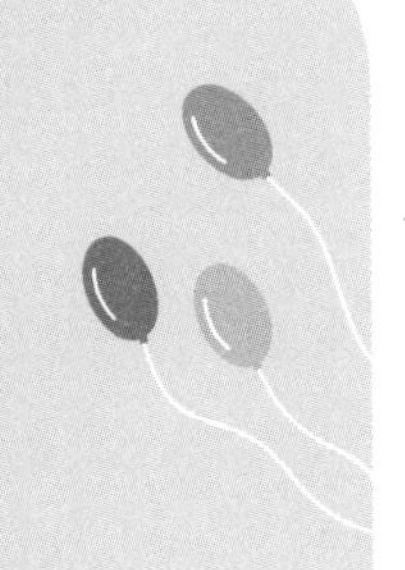

자존감이란 무엇인가?

준석이는 유치원에서 또 쫓겨나게 생겼다. 하루가 멀다 하고 민원이 발생하기 때문이다. 자기가 갖고 싶은 장난감이 있으면 누가 갖고 있든지 간에 바로 빼앗아 버린다. 안 주려고 하면 밀치거나 때려서라도 빼앗고 만다. 준석이 엄마는 아이의 이런 행동을 따끔하게 혼내거나 훈육하지 않는다. 아이가 알아들을 수 있을 때까지 계속해서 설명과 설득을 반복할 뿐이다. 하지만 아이의 행동은 좀처럼 고쳐지지 않는다. 유치원에서만 문제가 아니다. 동네 놀이터에서도 자기 맘에 안 들면 다른 아이들 것을 빼앗고 때리기 일쑤다. 집에서도 매한가지. 화가 나면 엄마나 외할머니에게 소리를 지르고 심지어 발로 차기까지 한다. 집에서의 문제 행동을 대하는 엄마의 대처도 큰 차이가 없다. 엄마의 논리는 이렇다. "혼내면 아이의 자존감이 떨어지지 않나요?"

가영이 엄마는 전형적인 과잉보호형 엄마다. 가영이는 어릴 때부터 자기 손으로 밥을 먹어 본 적이 없다. 엄마가 밥그릇을 들고 다니며 숟가락으로 떠먹여 준다. 초등학교에 입학하면서 이런 양상은 점점 가속화되었다. 엄마는 아이 숙제를 대신 해 준다. 아이는 좀처럼 자기 혼자서, 혹은 스스로 자기가 해야 할 일을 하려고 하지 않는다. 그저 엄마만 바라보며 징징거리기만 한다. 불안한 엄마는 친구 관계며 학업이며 일상의 소소한 생활 관리까지 아이와 관련된 모든 일을 대신 처리해 준다. 이유는 간단하다. "아이가 밖에서 잘 못한다고 평가받으면 자신감이 떨어지잖아요."

도연이 엄마는 몇 해 전 《칭찬은 고래도 춤추게 한다》(21세기북스 역간)를 읽은 후에 깊이 깨달은 바가 있다. 그래서 '칭찬 마니아'가 되었다. 아이가 밥을 먹어도 잘했다고 칭찬, 학교에서 돌아와도 잘했다고 칭찬한다. 숙제를 다 마쳐도 칭찬하고, 세수를 하고 나와도 잘했다고 칭찬한다. 받아쓰기 백점을 맞아 오면 말할 것도 없이 칭찬 일색이다. 그러다 보니 아이는 칭찬을 듣지 못하면 오히려 기분이 좀 나빠진다. 토라지기도 하고, 대놓고 칭찬을 요구하기도 한다. 공부할 때도 문제가 좀 어려워 풀지 못할 것 같으면, 그래서 칭찬을 못 받을 것 같으면 아예 시도도 하지 않으려 한다. 학교에서도 자신이 가장 못하는 과목인 수학은 잘 하지 않으려 한다. 그럼에도 엄마가 "Good Job!"을 남발하는 이유가 있다. "칭찬은 자존감을 높이니까요!"

"어떻게 하면 우리 아이의 자존감을 높일 수 있나요?" 나를 찾아오는 부모들이 가장 많이 묻는 질문이 아닐까 싶다. 자존감이 중요한 것은 누구나 다 아는 이야기다. 자존감의 저하는 인생의 갖가지 부정적인 현상들이 만들어 내는 최종 결과 중 하나로서 많은 심리적 어려움의 원인이 된다. 소위 말하는 '깔때기 이론'에 의하면, 모든 취약성은 결국 자존감의 저하를 가져온다. 우울, 불안, 스트레스 증상, 두통/피로/불면/소화불량과 같은 정신 신체 증상, 과도한 분노, 불신, 과도한 경쟁심, 완벽주의, 자신 혹은 남 학대, 알코올 및 약물 남용, 식이 장애, 의사소통 문제(방어적, 공격적, 비판적, 냉소적, 낮은 자기주장성), 성적 방종, 사람에 대한 의존, 비판에 대한 과도한 민감성, 사회성 문제(위축, 외로움), 학업 문제 등이 모두 낮은 자존감과 관련되어 있다고 알려져 있다.

그렇다면 자존감이란 무엇인가? 자존감은 자신에 대한 현실적인 인정 수준(realistic appreciation)을 뜻한다. '현실적'이란 정확하고 정직하고 이성적인 평가를 말하며, '인정'이란 긍정적인 호의와 느낌을 의미한다. 자기 자신에 대한 평가 능력은 지구상에 인간만이 갖고 있는 고유한 자질인데, 자존감의 문제는 이런 판단 능력이 손상되었기 때문에 생긴다. 다시 말하면, 자신을 판단하는 사고방식, 생각에 오류가 발생한 것이다. 많은 사람들이 자신의 형편이나 환경 또는 능력이 바뀌면 자존감도 오를 것이라고 기대한다. 물론 그럴 수도 있다. 하지만 환경은 그리 쉽게 바뀌지 않는다. 아니, 많은 부분은 전혀 바꿀 수 없다. 자신의 능력은 어떤가? 변화시킬 수는 있지만 시간이 아주 오래 걸리고 노력도 많이 필요하다. 그렇다면 당신의 '생각'은 어떤가? 그렇다. 생각은 얼마든지 바뀌기 마련이다.

자존감의 반대말을 생각해 보면 자존감을 이해하는 데 도움이 된다. 자존감의 반대말을 딱 꼬집어 말하기는 어렵지만, 자기 거부(self-rejection) 정도가 가장 유사할 듯싶다. 생각해 보라. 인간에게 자신의 전부 혹은 일부를 거부당하는 것만큼 고통스러운 일은 없다. 자신이 정말 형편없고, 별 볼 일 없고, 좋아할 만한 구석이 없고, 무가치한 상태라면 그것만큼 견디기 힘든 것이 또 있을까? 이런 상태를 다른 말로 자기 파괴적인 수치심 혹은 자기 비하라고 표현하기도 하는데, 바로 극도로 자존감이 낮은 상태를 말한다. 반대로 자존감이 지나치게 높은 경우도 있다. 자존감이 높으면 무조건 좋은 것 아니냐고 생각할 수 있지만, 그렇지 않다. 자존감이 지나치게 높으면 오히려 해가 된다. 심리학자들은 이를 자기 파괴적인 자부심(pride)이라고 말한다. 지나치게 거만한 나머지 다른 사람의 존재를 무시한 채 자기만 옳고 가치 있다고 생각하는 심각한 자기애적 상태를 의미한다. 건강한 자존감은 자기 파괴적인 수치심과 자기 파괴적인 자부심 사이 어딘가에 존재한다.

자신의 자존감이 어느 정도인지 알아보려면 몇 가지 질문을 스스로에게 던져 보면 된다.

"나는 가치 있는 사람인가?"

"나는 다른 사람만큼 가치가 있는가?"

"거울 속의 나를 보고 있으면 기분이 좋은가?"

"나는 나를 루저라고 생각하지 않는가?"

"나는 나여서 행복한가?"

"다른 사람이 나를 거절해도 나는 나를 좋아하는가?"

"무슨 일이 일어나도 나를 사랑할 수 있는가?"

"지금의 나에 대해 만족하는가?"

"차라리 내가 아닌 다른 사람이고 싶은가?"

만일 이 질문에 부정적인 답변이 많이 나온다면, 앞으로 전개될 '자존감'에 대한 이야기를 명심하길 바란다. 아이의 자존감은 부모 자신의 자존감과 직결되고, 부모의 자존감은 양육 방식에 지대한 영향을 미친다. 앞에서 살펴본 몇 가지 사례처럼, 자존감에 대한 오해는 잘못된 양육을 불러오고, 결국 부모의 기대와는 달리 아이의 자존감은 낮아지게 될 것이다. 자녀가 자기 스스로를 판단하는 눈을 만들어 갈 때 부모의 생각이 큰 영향을 미치기 때문이다.

거울 속의 자신을 바라보라. 두 눈을 똑바로 응시해 보라. 자신이 마음에 드는가? 혹은 만족스럽지 않은가? 꼭 기억했으면 좋겠다. 당신은 바로 그 시선으로 당신의 아이들을 매일 바라보고 있다는 사실을 말이다.

비판적인 말들을 버려라

아이의 자존감을 말하기 전에 부모 자신의 자존감에 대해 좀 더 이야기하려고 한다. 아이의 자존감에 미치는 가장 중요한 요인이 바로 부모 스스로에 대한 평가이기 때문이다.

우리 자신의 자존감이 높은지 낮은지를 가장 손쉽고 정확하게 알아내는 방법이 있다. 바로 비판을 받았을 때 어떻게 반응하는지를 보는 것이다. 자존감이 높은 사람은 남의 비판에 크게 상처받지 않는다. 상대의 말이 그럴듯하면 별로 어렵지 않게 받아들인다. 그리고 자신을 발전시키는 재료로 사용한다. 반면 상대의 의견에 동의하기 어려울 때는 그냥 무시해 버린다. 결국 남의 비판이 자신의 삶에 도움이 되면 됐지, 결코 걸림이 되지는 않는다.

자존감이 낮은 사람은 그 반대다. 비판에 대단히 예민한 반응을 보인다. 대표적인 반응이 분노다. 화는 직접적으로 표출될 수도 있지만, 혼자서 억울해하고 속상해하는 방식으로 더 많이 표현된다. 전화를 해도 받지 않는다든지, 교묘하게 상대를 깎아 내리거나 속으로 미워한다. 기회가 되면 소심한 복수를 하기도 하는데, 심하면 그 사람과의 관계 자체가 손상되기도 한다.

자존감이 낮은 사람이 비판을 받을 때 흔히 나타나는 또 다른 현상은 남이나 환경을 탓하는 것이다. 비판의 원인을 자신이 아닌 다른 곳으로 돌리는 현상, 즉 투사(投射)라는 방어기제가 작동한다. 구차한 변명을 늘어놓으며 다른 사람에게 자신을 이해시키려고 애쓰기도 한다. 통상적으로 자기 잘못을 인정하지 못하는 사람은 거의 대부분 자존감이 낮은 사람이라고 봐도 틀리지 않다. 자존감이 낮은 사람이 비판을 받으면 자기 일상에 꽤 부정적인 영향을 받는다. 하루 종일 그 얘기만 곱씹느라 자기 할 일을 못하기도 한다. 아예 두문불출(杜門不出)하는 사람도 있다.

그렇다면 당신은 어떠한가? 당신은 비판에 어떻게 반응하는가? 비판에 대한 감정 반응은 내 자존감에 대한 시금석이다.

비판은 처음에는 대부분 밖에서 비롯된다. 누군가가 나 자신에 대해 좋지 않은 평가를 내리는 것으로 시작된다. 어릴 때는 주로 부모나 선생님이 나의 행동이나 태도에 대해 못마땅한 표정과 눈치를 보낸다. 감정 조절이 어렵거나 비판적인 부모는 자녀의 사소한 잘못에 신랄한 독설을 쏟아 내기도 한다. 처음에는 주변의 비판에 동의하지 않지만, 나중에는 나도 모르는 사이에 외부의 비판이 내 것이 돼 버린다. 이렇게 주변, 특히 내게 중요하고 가까운 사람의 비판이 나를 긍정적으로 변화시키는 순기능을 하지 못하면, 도리어 나를 공격하고 부정적인 낙인을 찍는 내적인 소리로 탈바꿈한다. 그때부터 문제는 심각해진다. 나를 죽이는 병적인 비판의 주어(主語)가 바로 남이 아니라 '나'(I)가 되기 때문이다. 이후부터는 주변의 피드백과는 상관없이 내가 나를 신랄하게 공격하기 시작한다.

내가 나를 비판하면 크게 두 가지 문제가 발생한다. 첫째는, 객관적인 상황과는 무관한 비판이 된다는 것이다. 자기가 자신에게 객관성을 유지하기란 거의 불가능하다. 그러니 잘하건 못하건 객관적인 관점으로 바라볼 수 없다. 결국 검은 색안경을 쓰고 낮도 밤이라고 말하는 셈이 된다. 둘째는, 자기의 비판은 지속적이라는 것이다. 나와 늘 함께 있는 존재는 오직 나뿐이다. 그러니 밤낮없이, 자나 깨나 쉬지 않고 비판할 수 있다. 비판의 소나기를 피할 길이 없으니 이것처럼 괴롭고 힘든 일이 없다. 그러니 남의 비판이 나 자신의 비판이 되어 버리진 않았는지 살펴볼 필요가 있다.

병적인 비판은 잘못된 '목적어'(目的語)를 갖고 있다. 바로 '완벽에 대한 불가능한 기준'이다. 완벽이 비판의 최종 목표가 되면 답이 없다. 자신은 완벽해야 하기 때문에 조그만 잘못이나 실수도 용납할 수 없다. 자신이 완벽한 존재여야 한다는 망상에 사로잡혀 있으면 사소한 잘못에도 자기 자신을 흠씬 두들겨 팬다. 자신은 늘 최고여야 하니 최고나 일등이 아니면 아무것도 아니라고 생각한다. 이런 생각은 자녀에게도 그대로 적용되어, 뭐든 일등이 아니면 진심 어린 칭찬이나 인정이 나가지 않는다.

완벽주의는 자신이 인간이 아니라 신이라고 믿는 것과 한가지다. 이런 생각의 이면에는 자신의 약점을 인정하면 사람들이 자신을 무시하거나 좋아하지 않을 것 같은 불안이 공존한다. 하지만 알아야 할 것이 있다. 사람들은 완벽한 사람보다 약점을 인정하는 사람을 더 좋아하고 가깝게 느낀다는 사실이다. 서로의 강점만 공유하는 것보다 약점까지 공유할 때 깊고 진정한 관계가 태어난다. 만일 누군가에게 약점이 있다고 무시하는 사람이 있다면 그 사람에게 더 큰 문제가 있는 것이다. 그는 자기 약점은 못 보는 장님이며, 자존감이 더 낮은 사람이다. 그러니 불안해하지 말고 자신의 약점을 부끄러워하지 말라. 어느 누구도 완벽할 수 없다. 옆 사람이 조금 나아 보일 순 있지만, 실상은 다 거기서 거기, '도긴개긴'이다.

비판의 희생자들이 자주 사용하는 서술어(敍述語)는 '…해야만 한다'이다.

"난 잘해야만 한다."

"이겨야만 한다."

"성공해야만 한다."

"인정받아야만 한다."

"나를 좋아해야만 한다."

"예뻐야만 한다."

"돈을 많이 벌어야만 한다."

"유명해져야만 한다."

이런 당위들(shoulds) 속에 둘러싸여 얼마나 많은 사람들이 스스로를 옭아매고 볶아 대는가? 문제는 대부분의 당위가 어떤 고민과 검증을 통해 마음속에 자리 잡는 것은 아니라는 사실이다. 자기도 모르는 사이에 마음 깊은 곳에 똬리를 튼 것이다. 어린 시절 부모의 생각을 무비판적으로 받아들였거나 어떤 트라우마에 의해 쥐도 새도 모르게 각인되었을 수도 있다. 분명한 것은 이렇게 위험하고 강력한 확신이 아무런 검증 없이 나를 지배하고 있다는 점이다. 정신을 차리고 꼼꼼히 따져 보지 않으면 이 비판의 함정에서 허우적대느라 자신을 감싸고 용서할 여지를 잃어버리게 된다.

병적인 비판에 자주 따라오는 부사(副詞)는 '항상'과 '절대'다. 이런 부사는 가능하면 사용하지 않는 것이 좋다. '항상'과 '절대'는 인간 사회에서는 실천할 수 없는 단어다. 살면서 이런 사람을 만날 수도 없고, 나 자신 역시 이런 사람이 될 수 없다. 누구에게 기대하지도 말고, 자신에게도 바라지 말아야 한다.

말은 생각에서 비롯되지만, 동시에 생각에 영향을 미친다. 말이 생각을 바꾸고, 생각이 행동을 바꾸며, 결국에는 인생이 바뀐다. 비판의 언어를 유의하기 바란다. 먼저는 자기 자신에게 사용하지 말라. 그리고 당연히 자녀에게도 사용하지 말라. 비판이 가득한 집에서는 자존감이 자라날 수 없다.

자신의 가치 있음에 주목하라

능력 있고 얼굴도 예쁜데다가 생기발랄한 초연 씨에게는 뭇 남성들의 구애가 끊이지 않는다. 사춘기 때부터 30대에 들어선 지금까지 남친이 없었던 적이 거의 없었을 정도다. 결혼에 이를 정도로 깊은 관계도 몇 번 있었지만, 막상 결혼하려고 결심하면 이상하게도 불안한 마음이 심해져 결국 관계가 끊어지곤 했다. 결혼식 직전 파혼에 이른 적도 벌써 두 번이다. 면담실에서 본 초연 씨의 미소 뒤에는 어둠이 숨어 있었다. '나는 별 볼 일 없는 사람이야.' '아무도 나를 끝까지 사랑하지 않아.' '결국 나는 혼자 남겨질 거야.' 초연 씨 안에는 이 같은 부정적인 생각들이 마음 깊이 뿌리 박혀 있었다. 그녀는 다른 사람에게 인정받기 위해 아주 열심히 공부하고 일했으며, 늘 웃으며 사람들을 대했다. 남이 듣기 싫은 소리는 전혀 하지 않았고, 자신의 어떤 행동이 행여 남에게 비난받진 않을까 늘 조심했다. 그녀의 어머니는 초연 씨를 혼전에 임신하게 되면서

할 수 없이 살림을 차렸는데, 이후 꽤 불행한 결혼 생활이 시작됐다. 무책임한 남편으로부터 받은 모든 스트레스를 어머니는 딸인 초연 씨에게 다 풀었던 것으로 보인다. "너 때문에 내가 이런 꼴로 살고 있다." "너만 없으면 난 벌써 이 집을 떠났다." "너 때문에 죽지도 못한다." 초연 씨가 어릴 때부터 귀에 못이 박히도록 들었던 하소연들이다. 실제로 초연 씨 어머니는 몇 번의 자살 시도를 하기도 했는데, 그때마다 어린 초연 씨는 엄마가 죽고 아빠도 자기를 버리면 어쩌나 하는 극심한 불안에 떨었다. 초연 씨 어머니는 딸의 작은 실수나 성적 하락에 엄청난 비난을 들이부었는데, 그 비난 속에는 자신과 남편에 대한 한과 분노, 그리고 딸이 잘돼서 자신처럼 살지 않기를 바라는 소망이 뒤엉켜 있는 듯했다.

우리가 무언가를 평가할 때는 그 대상의 가치를 헤아려보는 과정이 필수적으로 포함된다. 자존감 역시 자신을 평가하는 시선과 직결되기에, 인간으로서 자신의 가치를 제대로 이해하지 못하면 건강한 자존감을 가질 수 없다. 먼저 이해를 돕기 위해 인간의 가치를 개인적인 능력이나 형편과는 무관한 '무조건적인 가치'와 조건에 따라 변할 수 있는 '조건적인 가치'로 나누어 보자. 이 중 조건적인 인간의 가치는 사람마다 다르고, 같은 사람에게서도 상황마다 계속 변하는 것이므로 아주 복잡하고 일관적이지 않다. 만약 우리가 계속 바뀌는 불안정한 기준을 따른다면 그 평가 역시 불안정하고 불안할 수밖에 없다. 결국 안정된 자기가치감을 소유하고 누릴 수 없다. 따라서 불안정한 조건적인 가치를 기준으로 삼는다면 답이 나오지 않는다. 반면 무조건적인 인간의 가치를 곰곰이 따져 보는 것은 상당한 도움이 된다. 실제로 건강한 자존감은 여기에 근본적인 뿌리를 내리고 있다. 인간의 무조건적인 가치는 '인간 각자는 유일무이하고 소중하며 영원하고 변하지 않는 가치와 선(善)을 지니고 있다'는 사실에서 비롯된다. 그래서 당신은 주어진 상황과 상관없이 '항상' 중요하고 가치가 있다. 다른 사람이 소중하다면 그만큼 똑같이 나 자신도 소중하다. 물론 그 반대도 마찬가지다.

하워드(Claudia A. Howard) 박사는 인간의 무조건적인 가치에 대한 몇 가지 법칙을 제시했다. 첫째, 모든 인간은 인간 자체로서 내적이고 변하지 않는 가치가 있다. 둘째, 이 가치는 모두에게 동일하다. 즉 비교나 경쟁의 산물이 아니다. 셋째, 외적인 요인은 이 가치를 더하거나 뺄 수 없다. 외적인 요인 중에는 대표적으로 돈, 외모, 수행 능력, 성취 등이 있다. 이런 것들은 인간의 사회경제적 가치와는 연관되어 있지만, 인간 본래의 가치와는 아무 상관이 없다. 앞에서도 잠깐 언급했지만, 이런 외적인 조건과 자신의 가치를 서로 분리시켜야만 한다. 만약 두 가지가 바로 연결되어 있으면 상황에 따라 자기 가치감이 올랐다 내렸다 할 수밖에 없다. 넷째, 가치는 안정적이며, 누군가가 당신을 거절한다고 해서 절대 위태해지거나 약해지지 않는다. 다섯째, 인간의 가치는 노력으로 벌어들이거나 입증할 필요가 없다. 이미 존재하는 것으로서, 단지 인식하고 수용하고 인정하기만 하면 된다.

쉬랄디(Glenn R. Schiraldi) 박사는 그의 저서 '*The Self-Esteem Workbook*'을 통해 인간이 본질적으로 얼마나 가치 있는 존재인지 구체적으로 말한다. 첫째는, 인간이 갖고 있는 타고난 유익함과 즐거운 자질 때문이다. 어린아이부터 노인에 이르기까지 누구나 스스로를 즐기거나 남을 즐겁게 해 줄 수 있는 특성을 소유하고 있다. 우리는 서로 즐거운 소통을 나눈다. 그 자질은 노력을 통해 얻은 것이 아니며, 누구나 소유하고 있다.

둘째는, 인간이 갖고 있는 능력 때문이다. 인간의 능력은 참으로 놀랍고 다양하다. 예술, 기술과 솜씨 그리고 인간의 창의성은 끝이 없을 정도다. 다채로운 감정을 느끼고 표현하는 능력, 서로 수용하고 협력하는 능력, 일하고 사랑하는 능력을 보면 감탄이 절로 나온다. 공교롭게도 이 모든 능력은 이미 우리 안에 내장되어 있다. 우리가 만든 것이 아니다. 오로지 이를 발견하고 발전시키고 사용하기만 하면 된다. 물론 종종 실수하기도 하고 실패하기도 한다. 하지만 놀랍게도 우리는 실수를 발견하고 수정할 수 있는 능력도 갖고 있다. 우리는 전혀 완전하지 않지만, 점점 향상될 수 있다. 우리는 유전자에 이 모든 능력이 담긴 채로 태어나 그것을 활용하며 살아간다.

우리가 본질적으로 가치 있는 세 번째 이유는, 우리는 적어도 한 번 이상 자신이나 남에게 실제적인 기여와 도움을 주는 존재이기 때문이다. 그 이바지가 아무리 적고 작더라도 세상에 한 줌의 보탬이 되었다면 그 삶은 결코 무가치하지 않다. 내 삶을 돌이켜보면 참 많은 사람들의 도움을 받았다. 지금의 나는 그들 없이는 절대 불가능했다. 아내, 부모님, 자녀, 선생님, 수많은 책과 글들의 저자들, 친구들, 선후배들, 환자들, 심지어 내게 해를 준 사람들까지도 어떤 식으로든 내게 도움이 됐다. 이들의 존재 없이 지금의 내가 어찌 존재할 수 있었겠는가? 그들 모두는 내게 있어서 꼭 필요한 사람들이었다.

네 번째 인간이 가치 있는 이유는 놀라운 몸, 신체 때문이다. 인간의 몸은 대단히 놀랍다. 신비로운 인체의 구조와 기능에 대해 공부하면 할수록 경탄을 금할 수 없다. 이렇게 복잡하면서도 질서 잡힌 체계가 지구상 어디에 또 있을까? 특히 뇌는 더욱더 신비롭다. 우리 몸의 능력은 과연 어디까지 가능할까? 인간이 몸으로 만들어 놓은 이 놀라운 세상을 한번 둘러보라. 이 몸을 우리 모두가 갖고 있다. 다시 한 번 강조하는데, 노력해서 얻거나 돈 주고 산 것이 아니다. 그저 우리에게 주어졌다. 아프거나 다쳐 보면 알겠지만, 자기 몸보다 더 가치 있는 것이 어디에 있는가?

인간은 참으로 놀라운 존재다. 우리가 기가 죽는 이유는 괜히 남과 비교하기 때문이다. 또한 현재 조금 부족한 것에만 주목하기 때문이다. 소유하고 있는 대단한 것들은 보지 못한다. 욕심을 너무 많이 부린다. 얻고 쌓기 위한 노력만 하지, 있는 것에 만족하고 감사하는 훈련은 하지 않는다. 잘되면 운이라고 생각하고, 안 되면 자기 탓이라고 생각한다. 그것들은 모두 왜곡된 생각이며, 잘못된 사고방식이다. 절대 그렇지 않다. 당신은 하나님의 형상(image)에 따라 창조된 유일무이한 걸작이다. 인간이 얼마나 가치 있는지, 하나님은 우리를 위해 자기 아들의 생명을 값으로 치르셨다. 자신이 어떠한 존재인지, 갖고 있는 것이 얼마나 놀라운 것인지 매일 묵상하라. 그 깊은 침잠(沈潛)에서 진정하고 흔들리지 않는 자존감이 피어난다.

온전히, 제대로 사랑하라

40세 주부 혜진 씨는 결정(決定)장애가 있다. 혼자서는 어떤 결정도 내리지 못한다. 늘 주변 사람의 눈치를 보게 되는데, 스스로도 자신감이 부족해서 그런 것 같다고 고백한다. 가령 아이가 학교에서 억울한 일을 당해도 선생님이나 다른 학부모에게 자초지종을 묻거나 따지지 못한다. 집에서도 남편의 기분이 어떤지 항상 신경이 쓰인다. '내가 잘못해서 남편이 기분 나빠하지 않을까?' '사람들이 나를 싫어하거나 미워하면 어떡하지?' 이런 걱정들이 항상 머릿속을 맴돈다. 남편은 그리 까다롭거나 비판적인 사람이 아닌 것을 잘 알고 있으면서도 염려를 지울 수가 없다. 아이가 버릇없게 굴거나 고집을 피워도 훈육하거나 금지하지를 못한다. 갈등 상황이 불편하고, 얼굴을 붉히는 분위기, 시끄럽고 긴장이 서린 집 분위기가 견디기 힘들다. '아이가 엄마를 싫어하면 어쩌지?' 늘 아이 표정을 주시한다. 혜진 씨 자신도 자신이 왜 그렇게 예민한지 알 것 같다. 어렸을 때 집안 분위기는 늘 살얼음판 같았다. 친정 엄마는 지금까지 한 번도 혜진 씨를 칭찬해 준 적이 없다. "너는 왜 그 정도밖에 못하니?" 그녀가 평생 가장 많이 들어 온 말이다. 욕심 많고 철저하고 예민한 친정 엄마는 걱정 많고 유약한 딸을 늘 못마땅하게 생각했다. 자신이 배우지 못해 무능력한 남편을 만나 고생한다고 믿었기에 딸 교육이라면 목숨을 걸었다. 키우는 내내 더 열심히 하라고 다그쳤다. 혜진 씨는 항상 엄마의 '인정과 사랑'에 목말랐고, '나는 부족하고 모자란 사람'이라는 생각에 빠져 있었다.

인본주의 심리학의 선구자인 에이브러햄 매슬로(Abraham Maslow)는 "사랑에 대한 욕구는 타고난 것이며, 충분히 수용되고 사랑받고 존중받아 보지 못하면 심리적인 건강은 불가능하다"고 말했다. 그는 타고난 다양한 필요(needs), 즉 생리적 필요, 안전과 보호의 필요, 소속과 사랑의 필요, 존중(esteem)의 필요, 마지막으로 자아실현의 필요가 순차적으로 골고루 채워져야만 결국 건강한 심리적 성장을 이룰 수 있다고 주장했다. 과연 무엇이 이렇게 다양한 개인의 필요를 채우는 원동력이 될 수 있을까? 오직 헌신적이고 지속적인 사랑뿐이다.

자존감(自尊感)은 말 그대로 '자신을 존귀하게 여기는 마음'이다. 자기를 소중하게 바라봐 주는 눈길과 곁에서 귀하게 돌봐 주는 손길 없이는 자신이 존귀한 존재라는 사실을 알 길이 없다. 그래서 사랑은 자존감의 근원이다. 그렇다면 사랑은 어디에서 비롯되는가? 일반적으로 네 가지 원천이 있다.

첫째는 부모다. 우리는 보통 가장 고귀한 형태의 사랑을 부모로부터 받는다. 이것이 얼마나 중요하고 결정적인지는 더 논의할 필요가 없을 정도다. 수많은 문제가 왜곡된 부모의 사랑에서 비롯된다. 하지만 어떤 이유로 인해 부모로부터 충분한 사랑을 받지 못했다면 어떻게 되는가? 그것으로 모든 것이 끝장나는 것인가? 결코 그렇지 않다. 우리는 부모 외의 다른 사람을 통해서도 충분히 사랑받을 수 있다. 친구, 배우자, 선생님, 멘토, 동료들과의 유익한 관계를 통해 큰 사랑을 경험할 수 있다. 이것이 두 번째 원천이다. 안정되고 지속적인 관심과 사랑을 받지 못해 힘들어하던 사람이 상담사나 멘토를 만나 문제를 극복한 예는 셀 수 없이 많다. 좋은 배우자나 선생님을 만나서 자신의 결점을 극복하고 높은 자존감을 획득하는 경우도 얼마든지 있다. 또한 사랑의 원천은 외부에만 있는 것이 아니다. 바로 자기 자신이 사랑의 원천이 될 수 있다. 이것이 세 번째 원천이다. 스스로를 사랑하도록 새로운 관점을 취하고, 자신의 긍정적인 면을 발견하는 노력과 연습을 통해 얼마든지 더 깊고 건강하게 자신을 사랑할 수 있다. 사실 주변의 누가 뭐라고 하든, "난 부족한 점이 많아! 하지만 그럼에도 불구하고 나는 나 자신을 사랑해!"라고 외칠 수 있다. 자존감은 나에 대한 자신의 평가니 결국 내 생각이 결정적이다. 우리는 자신 안에 나를 아끼고 소중히 여기는 능력을 가꿔야 한다. "만약 당신을 사랑하는 부모가 없다면, 당신 스스로가 당신을 사랑하는 부모가 되는 법을 배워야 한다."

앞서 언급한 세 가지 모두 소중한 사랑의 원천이지만, 이것들은 모두 인간관계에서 비롯된 사랑이다. 인간은 고귀한 존재지만 완전하지는 않다. 그러니 인간의 사랑 역시 많은 한계를 가지고 있다. 따라서 인간이 주는 사랑에만 의지해서는 그 깊이와 넓이가 유한할 수밖에 없다. 그래서 많은 사람들이 더 크고 영원한 사랑의 원천을 신, 곧 절대자로부터 찾는다. 이것이 네 번째 원천이다. 그리스도인인 우리는 하나님에게서 그 사랑을 찾는다. 하나님의 사랑은 다함이 없고 끝이 없으며 영원히 변하지 않는다. 위대하고 광대한 하나님의 사랑을 받는 우리는 얼마나 존귀하고 가치 있는 사람인가? 그 존재는 우리를 자신의 자녀라고 말하지 않던가? 우리는 하나님의 형상을 따라 창조된 존재들이다. 그 사실만으로도 자존감이 자동으로 빵빵해진다.

이처럼 자신과 남을 사랑하는 것은 자신과 타인의 자존감을 높이는 아주 소중한 일이다. 그렇다면 당신은 이런 귀한 일을 하기 위해 얼마나 노력하고 있는가? 더 높은 수준의 사랑을 베풀기 위해 무엇을 하고 있는가? 우리가 성공하기 위해 불철주야(不撤晝夜) 애쓰는 것과 솔직하게 비교해 보자. 마더 테레사는 "작은 사랑으로 많은 일을 하지 말고, 작은 일을 위대한 사랑으로 하라"고 말했다.

큰 사랑을 하기 위해 먼저 몇 가지 생각해 보자. 첫째, 사랑은 감정만이 아니다. 많은 사람이 사랑을 '애틋하고 그립고 가슴 벅찬' 느낌, 혹은 에로스나 로맨스 정도로만 생각한다. 물론 감정적 요소가 존재한다. 하지만 사랑은 감정보다 훨씬 더 중요하고 다양한 요소로 구성되어 있다. 오히려 감정적 요소는 아주 미미하다. 좀 이상하게 들릴지 모르겠지만, 미워도 사랑할 수 있다. 우리 같은 범인들도 손쉽게 알 수 있는데, 때론 자식이 미울 때가 있지만 자식에 대한 부모의 사랑은 그런 감정보다 훨씬 큰 것이어서 미운 감정 따위에 의해 변하지 않는다. 이것이 중요하다. 감정과 독립적인 사랑이 더 좋은 사랑이다. 기분 내킬 때만 하는 사랑은 초보적인 사랑일 뿐이다.

둘째, 사랑은 배울 수 있으며, 연습을 통해 더 크고 멋지게 가꿀 수 있다. 사랑은 유전적 성향이 아니다. 좋은 사랑을 보고 주고받는 생의 여러 경험과 자신에 대한 끝없는 성찰, 그리고 선(善)한 선택을 내리는 반복적인 노력을 통해 작고 초라한 사랑이 깊고 위대한 사랑으로 얼마든지 변화될 수 있다. 우리는 누구나 위대한 사랑을 할 수 있다. 물론 누구에게나 쉽지 않은 길이다. 생각해 보라. 세상의 가치 있는 것 중에 쉽게 얻을 수 있는 것이 무엇이 있는가? 그러니 매일 아침 하루를 시작할 때마다 이렇게 마음으로 다짐하라. '오늘은 어제보다 더 큰 사랑을 베풀겠습니다.'

셋째, 그러면 우리는 누구를 사랑할 것인가? 이렇게 시작하자. 일단 한 명의 대상을 정한다. 자주 만나는 사람일수록 좋다. 가족이면 더욱 좋다. 그 사람만은 정말 제대로 사랑해 보는 것이다. 어떤 일이 벌어지더라도 수준 높은 사랑, 변치 않는 사랑, 무조건적인 사랑을 하기로 결심하는 것이다. 만일 한 명도 제대로 사랑하지 못한다면 어떻게 여러 명을 사랑할 수 있겠는가? 가족도 사랑하지 못하는 사람이 모르는 사람을 사랑할 수는 없는 법이다. 많은 대상을 쥐꼬리 같은 사랑으로 사랑하는 것은 사랑을 훈련하는 데 그리 도움이 되지 못한다. 한 명이라도 끝까지 제대로 된 사랑을 해 보는 것이 더 좋다. 한 명을 제대로 깊게 사랑할 수 있게 된 다음에 또 다른 한 명을 똑같이 사랑해 나가는 것이다. 그러다 보면 당신은 고귀한 사랑의 화신이 될 수 있다.

어린 시절 받았던 상처와 사랑의 부재(不在)는 자신을 가치 있는 존재로 바라보지 못하게 만든다. 나에게 그럴 만한 가치가 없으니 모두 나를 사랑하지 않는다고 믿게 된다. 그래서 우리는 계속 사랑을 받아야만 하는 아이로 남아 있게 되고, 충분한 사랑을 받아 보지 않았으니 다른이에게 사랑을 베풀어 주는 성숙한 어른 또한 될 수 없다. 몸은 어른이지만 우리 안의 성인아이는 계속 사랑에 굶주려 있다. 이것을 해결하는 길은 오로지 사랑밖에 없다. 그 빈 공간을 가득 채워 주는 진정한 사랑, 고귀한 사랑, 변하지 않는 사랑만이 해결책이다.

먼저 부모가 주었던 사랑을 다시 바라보자. 어쩌면 많은 오해가 있었을 수도 있다. 부모는 많은 사랑을 주었는데 내가 몰랐을 수도 있다. 사소한 방법의 차이, 입장의 차이로 인해 그 사랑을 못 알아봤을 수도 있다. 우리는 우리가 원하는 방식으로만 구했는데, 부모는 우리가 원하는 방식이 아닌 더 좋은 방식으로 베풀어 주었을 수도 있다. 부모의 연약함을 이해하고 소소한 잘못을 용서할 수 있다면 비로소 몰랐던 사랑을 발견하게 될 것이다. 다른 사람을 찾아보는 것도 좋은 방법이다. 부모가 아니어도 배우자, 선생님, 동료, 이웃 그리고 상담사들이 있다. 우리는 그들로부터 못 받은 사랑을 채울 수 있다. 믿을 만한 사람이 없어도 끝난 것은 아니다. 우리는 언제나 하나님을 찾아갈 수 있다. 세상에서 얻지 못하는 놀라운 사랑, 완전한 사랑이 이미 오래전부터 우리를 기다리고 있기 때문이다. 마지막으로 스스로를 사랑하자. 부족한 이유와 조건이 있겠지만 '그럼에도 불구하고' 나를 사랑하기를 연습하자. 사랑은 느낌이 아니라 선택이요, 결심이며 습관이다. 그 습관이 나를 살리고 내 자존감을 높일 것이다.

부모는 자녀의 거울이다

우리는 저마다 자신의 행동이나 상태를 판단하는 기준을 갖고 있다. 이 기준이 너무 엄격하거나 경직되어 있으면 자신에 대해 지나치게 비판적인 판단을 내리게 되는데, 보통은 낮은 자존감과 연관성이 높다. 반대로 보편적인 기준보다 자신에게 너무 관대하면 자기에게 높은 점수를 매기며, 심하면 자기 우월감에 빠지기도 한다. 이것도 대부분은 낮은 자존감을 숨기기 위한 방어기제가 작동한 경우가 많아서 결국 낮은 자존감과 관련이 있다. 이렇게 본다면 높은 자존감이란 자기 평가가 현실과 발맞춰 적절히 균형 잡힌 상태라고 볼 수 있다. 그렇다면 어떤 이유로 누군가는 현실과 동떨어진 자기 평가 기준을 갖게 되는 것일까?

60세가 넘은 정화 씨는 지금도 꿈속에서 어머니의 목소리를 듣는다고 한다. 어머니는 어릴 적부터 자신을 끊임없이 혼내고 때리고 비판했는데, 90세가 다 된 지금까지도 딸을 보기만 하면 잔소리와 훈계가 끊이지 않는다. 정화 씨는 기억하는 한 초등학교 때부터 지금까지 반복적인 우울증과 불안증을 갖고 살아왔다고 한다. 자신이 '무엇인가를 할 수 있는 사람', '괜찮은 사람'이라고는 한 번도 생각해 본 적이 없었다. 지금도 누군가의 도움 없이는 스스로 아무것도 결정하지 못한다.

자신을 판단하는 기준을 가리켜 '내적 목소리'(inner voice)라는 표현을 종종 사용한다. 자신의 상태를 진단하고 피드백을 주는 내적 목소리의 진원지는 어디일까? 내적 목소리는 대부분 어릴 적의 반복적인 경험, 특히 주 양육자와의 상호작용에 뿌리를 두고 있다. 가치관이 형성되기 전인 아이들은 자신의 행동에 대한 부모의 반응을 보고 자신과 그 행동의 옳고 그름과 중요성을 조성해 나간다. 발달학자들은 그런 부모의 반응을 가리켜 거울 반응(mirroring)이라고 하는데, 부모의 반응과 태도가 아이의 모습을 거울처럼 비춰 주어 아이로 하여금 자신을 바라보도록 해 준다는 의미다. 문제는 모든 부모가 자신의 한계를 갖고 있기 때문에 거울 자체가 찌그러져 있거나 더러워져 있어서 아이의 모습을 있는 그대로 반영해 주지 못하는 데 있다. 즉 부모 자신의 문제가 아이의 상(像)을 왜곡된 모습으로 반사해 주는 것이다. 가령 이런 식으로 비춰 주는 거울을 가진 부모는 자녀가 건강한 내적 목소리를 갖는 데 도움이 되지 않는다.

"넌 뭔가 늘 부족해."

"어떤 조건들(가령 성공, 돈, 사랑, 인정 등)이 갖춰지지 않으면 절대로 행복할 수 없어."

"이런 조건들을 성취하지 못하는 사람은 무가치한 사람이야."

"네가 이런 것들을 얻을 수 있다면 친구도 많이 생기고, 네 인생도 행복해질 거야."

"네가 지금 힘든 것은 옛날에 …했기 때문이야. 그것을 돌이킬 방법은 없어."

"분명 완벽한 해결책이 있을 거야. 그것만 있으면 모든 것이 해결될 거야."

"넌 절대 그것을 할 수 없어."

"사람들이 너를 인정하지 않는다는 것은 (혹은 비판한다는 것은) 네가 열등하거나 뭔가 잘못했기 때문이야."

"네가 최선을 다하면 (혹은 더 열심히 하면) 모두가 널 좋아할 거야."

"네가 더 열심히 하면 네 미래는 행복해질 것이고 모든 고민은 사라질 거야."

"인생은 모두에게 공평해야만 해."

이런 식의 거울 반응은 자녀들의 자존감을 떨어뜨리기 쉽다. 아이의 자존감을 높이려면 이런 거울로 비춰 주는 것이 좋다.

"비록 아직은 배울 것이 많지만 너는 썩 괜찮은 사람이야."

"너는 네 약점이나 실수, 그리고 어떤 외적 조건들을 넘어선 그 이상의 존재야."

"누가 뭐라고 하면 너는 그것을 네가 발전하기 위해서만 사용해야 해."

"남의 비판이 너를 무가치한 존재로 만들지는 못해."

"네 자신의 행동에 대해서는 스스로 비판할 수 있지만, 인간으로서 갖고 있는 네 고유의 가치와는 상관이 없어."

"다른 사람의 성취와 발전을 즐거워하되 너와는 비교할 필요가 없어. 그 사람은 그 사람이고 너는 너야."

"사람들이 너를 좋아하고 존경하기를 바라는 것은 좋아. 하지만 그들이 그렇게 하지 않더라도 네 문제는 아니야."

"새로운 도전을 피할 필요는 없어. 하지만 그것이 잘 안 됐다고 해서 크게 실망할 필요 또한 없어."

"네 장점을 잘 알고 있어야 해."

"간혹 우스꽝스러운 실수나 행동을 했더라도 그저 웃어넘기면 그만이야."

"다른 사람과 똑같이 살 필요는 없어. 넌 세상에서 유일한 존재니까."

인간은 어떤 일이 생기면 그 원인을 찾으려는 오래된 관성을 갖고 있다. 특히 일이 잘 안 풀릴 땐 더욱 그렇다. 그 이유로 인해 지금 힘들게 됐기 때문에, 그것을 알아내면 해결할 수 있다는 식이다. 흔히 그 이유란 것들은 대부분 내 탓 아니면 주변 탓이다. 하지만 진실은 그렇게 간단하지 않다. 상상할 수 없을 정도로 복잡한 원인들의 상호작용으로 인해 지금 내게 어떤 일이 일어났을 가능성이 훨씬 크다. 그 모든 변인을 알 수도 없고, 이해할 수도 없다. 더 중요한 것은 모든 원인을 다 안다고 한들 이미 어찌할 수 없는 부분이 많다는 사실이다. 그래서 누구 탓인지 알아도 실제 문제를 해결하는 데는 거의 도움이 되지 않는다. 하지만 우리는 끊임없이 '…때문에'(because), '그래서…'(therefore)를 찾는다. 이런 인과론적인 접근은 자존감 형성에 좋은 영향을 미치지 못한다.

자신이나 자녀의 자존감을 높이려면 '그럼에도 불구하고'(nevertheless) 기술을 사용하는 것이 좋다. 당신은 '그럼에도 불구하고'의 거울을 갖고 자녀를 비춰 줘야 한다. 내가 추천하는 '그럼에도 불구하고' 기술은 이것이다. "넌 완벽하지 않아. 그럼에도 불구하고 앞으로 더 성장할 수 있고, 긍정적인 방향으로 변할 수 있어!" 성장과 발전의 가능성은 자존감을 지켜 주는 아주 중요한 원칙이다. 물론 성장은 힘든 것이며, 오랜 시간이 걸리는 과정이다. 그 고된 과정을 함께해 주는 것이 바로 부모가 해야 할 역할이다. 성장하는 긴 시간 동안 조금씩 변해 가는 자녀의 모습을 있는 그대로 비춰 주는 것이 부모라는 거울이 해야 할 일인 것이다.

부모는 자신의 거울을 열심히 닦고 뒤틀린 부분을 바로잡아야 한다. 자녀가 거기에 비춰진 자신을 보면서 앞으로 계속 나아갈 수 있도록 말이다.

Chapter 19

가치 있는 인생은 함께할 때 더 빛난다

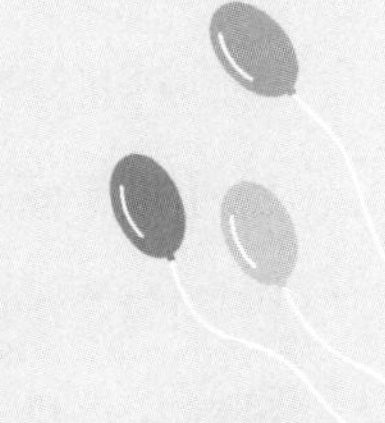

세상을 바꾸는 자발적 손해 보기

초등학교 2학년 아들을 둔 상현이 엄마는 상기된 표정으로 말을 이어 나갔다. “상현이는 좀 모자란 아이 같아요. 뭐든 양보만 해요. 속상해 미치겠어요! 친구들이 좋은 것을 다 차지했는데도 화나지 않나 봐요! 매일 손해만 보고도 뭐가 좋은지 늘 헤헤거려요.”

유치원에 다니는 수정이 아빠는 속상하고 답답한 마음을 쏟아 놓았다. “짝꿍이 매일 괴롭히고 놀리는데도 뭐가 좋다고 그 아이만 쫓아다녀요. 한 번은 얼굴이 할퀴어서 왔기에 너무 화가 나서 소리를 질렀어요. ‘아빠가 다 책임질 테니 너도 얼굴을 잔뜩 할퀴어 놔라!’ 말하면 뭐 해요. 때리지도 못할 텐데. 아이고 답답해라!”

유달리 주변 아이들에게 손해를 자주 보는 아이들이 있다. 보고 있는 부모는 미칠 노릇이다. 어디서 맞고 들어오는 것보다 때리고 오는 게 덜 속상한 것이 부모의 솔직한 마음이다. 얼마 전 방송에서 자식이 군대에 가서 선임으로부터 이유 없이 심한 욕설을 듣는 것을 우연히 알게 된 어머니가 며칠 밤을 뜬눈으로 지새웠다는 이야기를 들은 적이 있다. 요즘은 학교든 군대든, 심지어 자식의 직장까지 좇아가서 난리를 치는 부모들이 있다는 소식도 간혹 들린다. 오매불망(寤寐不忘) 금이야 옥이야 키운 아이가 남으로부터 억울한 대접 받는 것을 보기란 참으로 속상한 일이다. “난 우리 아이를 강하게 키우고 싶어요. 그 정도는 이겨 내야 하는 것 아닌가요?” 누군가에게 맞고 오거나 놀림을 당해서 울고 있는 아이를 앞에 두고 이렇게 말하는 부모도 있다. “넌 왜 맞고 들어오니? 바보야? 너는 주먹이 없어? 너도 때려!” “그렇게 심약해서 어떻게 인생을 살아갈래?” 하지만 이런 말이야말로 아이를 ‘두 번 죽이는 행위’가 아니고 무엇인가? 물론 우리는 속상해서 그렇다고 이해할 수 있다. 하지만 집에서도 또 욕먹는 이 아이는 도대체 어디에 가서 자신의 마음을 이해받을 수 있을까?

늘 당하고 오는 자녀에 대한 부모의 반응을 몇 가지로 나눠 볼 수 있다. 먼저는, 속상한 마음에 자신의 아이를 다그치는 경우가 생각보다 많다. 그중엔 아이에게 실제로 도움이 될 만한 구체적인 행동은 하지도 않으면서 모두 아이 탓으로 책임을 돌리는 부모들도 있다. ‘직무유기형’이라고 칭하고 싶다. “네가 어떻게 했기에 다른 애들이 그렇게 대하는 거야?” “넌 바보같이 뭐 했니?” “넌 입도 없고 생각도 없어?” 이런 식의 비난을 퍼붓는 경우가 이에 속한다. '아이들 일은 자기들이 알아서 해결하는 것이 옳다', '자꾸 도와주면 더 약해진다'는 논리가 기저에 깔려 있다. 모두 틀린 얘기는 아니지만, 중요한 것은 아이의 문제를 극복하기 위해 부모는 어떤 구체적인 지원을 하고 있는지에 있다. 실제적인 도움은 주지 않으면서 말만 하고 아이만 탓하는 부모는 전쟁터에 신참 부하를 총알받이로 밀어내고 자신은 뒷짐 지고 뒤에 숨어 있는 비겁한 지휘관과 같다.

둘째는, 놀라거나 화가 난 부모가 직접 뛰어드는 유형이다. 일이 생기면 당장 쫓아가서 부모가 직접 상황을 정리한다. "일단 엄마에게 다 말해. 엄마가 다 해결해 줄게!" 자신의 아이를 보호하겠다는 생각, 든든하게 지지해 줘야겠다는 강한 의욕은 참 좋다. 문제는 아이는 아무것도 하지 않고 있다는 점에 있다. 아이의 숙제를 부모가 대신 해 주는 격이다. 아이는 부모 뒤에 숨어 있을 뿐이다. '과잉보호형'이라고 표현하는 것이 적절할 듯싶다.

"애들은 다 그런 거야." "그냥 기다리면 돼. 크면 다 좋아져." 이런 말을 하면서 별다른 행동을 하지 않는 세 번째 유형인 '무한 긍정형'도 있다. 그럴 듯하지만 부모 자신이 갈등을 마주할 자신감이 없거나 무기력할 때 이런 근거 없는 낙관주의로 포장될 수 있으니 조심, 또 조심해야 한다.

이 외에도 아이가 맞고 오면 바로 태권도장에 보내는 '눈에는 눈, 이에는 이', 곧 힘을 키워서 나중에 다 갚아 줘야 한다는 '심기일전 복수형'도 있다. 어려움을 자신의 발전 기회로 삼고 분노나 억울함을 스스로를 갈고 닦는 원동력으로 재활용한다는 면에서는 긍정적이다. 그러나 힘이나 실력이 부족해서 이런 일이 생긴 것은 아니냐는 너무 단순한 인과 공식에 휘둘리는 느낌이 든다. 과연 모든 손해는 능력이 부족해서 오는 것일까? 그렇다면 능력만 있으면 손해를 안 본다는 말인데, 세상사는 그리 단순하지 않다. 꽤 능력 있는 사람이 아주 열심히 일했는데도 결국 손해를 보는 사례는 우리 주변에서 허다하게 일어난다.

손해 봤다고 울며 억울해하는 아이에게 어떤 개입을 하기 전에 몇 가지 고민해 봐야 할 것들이 있다. 먼저, '승자 논리'로 바라봐서는 안 된다. 생각보다 흔한 시선이다. 이런 관점이 있으면 '우리 아이에게 문제가 있기 때문에 손해를 봤다'고 단순히 판단하게 된다. 그러면 약자든 강자든 간에 누군가에게 손해를 끼치는 행위 자체가 가장 큰 문제고 원인이라는 사실을 놓치기 쉽다. 가해자가 더 큰 문제지, 피해자가 약한 것이 핵심은 아니다. 학교 폭력이든 데이트 폭력이든 가정 폭력이든, 피해자가 힘을 키우는 것보다 가해자를 제대로 다루는 것이 더 근본적이고 중요하다. 울며 뛰어 들어온 아이에게 한마디 하기 전에 이 사실을 꼭 기억하기 바란다. 더 나아가 '지금 손해를 보는 것'과 '이기고 지는 것'과는 그다지 관련이 없음을 기억해야 한다. 아니, 손해를 보는 것이 오히려 이익이 되는 경우가 참 많다. 특히 자주 만나는 가까운 사람과의 관계에서는 이런 역전이 더 많이 일어난다. 우리에게는 좀 더 장기적인 안목과 여유가 필요하다. 초반에 뒤쳐졌다고 해서 게임이 끝난 것은 아니다. "The last laughter is the best laughter"(마지막 웃음이 가장 좋은 웃음이다.). 인생은 마라톤이다.

많은 이들이 '비폭력의 힘'을 믿고 실천해 왔다. 그 효과는 상상을 초월할 정도로 강력하다. 역사가 그것을 증명했다. 비폭력의 힘은 손해 보는 힘이다. 자발적으로 손해를 봄으로써 다른 이를 부끄럽게 만드는 힘이다. 부끄러움을 느낀 사람은 자신의 행동을 바꾼다. 양심이 그 사람을 스스로 움직이게 만들기 때문이다. 사람이 바뀐다는 것은 기적과 다름없으며, 자기 스스로 변화하는 길 외에는 다른 방법이 없다. 그러니 사람을 바꾸는 데는 폭력보다 비폭력이 더 효과적인 셈이다. 폭력과 강압은 일시적이고 피상적인 변화만을 일으킬 뿐, 부작용은 말할 수 없을 정도로 심각하다.

자신이 자발적으로 손해를 봄으로써 다른 사람에게 긍정적인 영향을 미치는 경험이 부모와 우리 아이들에게 꼭 필요하다. 단지 손해를 봤다는 것에 집착한 나머지 분노하는 데 그쳐서는 안 된다. 오히려 적극적으로 손해 보는 실천을 가르쳐야 한다. 그것이 문제를 푸는 더 강력한 해법임을 체득하고, 그 이야기를 나누고 서로 격려해야 한다. 그러려면 부모가 먼저 가정에서 본을 보여야 한다. 과일을 먹을 때나 치킨을 먹을 때 가족 모두 앞 다투어 양보해 보자. 맨 마지막에 제일 먹기 좋은 부분이 남고, 상대가 먹기를 기대하며 서로 행복한 미소를 지어 보자. 자발적 손해, 적극적 배려로 피해의식을 극복하자. 이것이 선으로 악을 이기는 방법이다. 얻어 내고 빼앗고 차지하는 싸움으로 가득 찬 세상에서 손해의 미덕을 베푸는 아이들로 키워 내자. 우리 자녀는 감동으로 사람을 바꾸고 결국 세상을 바꾸는 작지만 위대한 삶을 살 수 있을 것이다.

아름다운 경쟁을 가르치라

삼수생 현영이는 잠을 잘 자지 못해 죽을 지경이다. '내일 시험을 망쳐서 1등을 못하면 어쩌지?' 다른 친구에게 1등을 빼앗긴 후 처음 맞는 중3 2학기 중간고사 전날에 현영이의 불면증은 시작됐다. 머릿속에는 좋지 않은 성적으로 부모님과 선생님께 꾸중을 듣지는 않을까, 학급 친구들에게 별로인 아이로 비쳐지지는 않을까 하는 걱정이 떠나지 않았다. 고등학교 들어서 불면증은 더욱 악화됐는데, 잠자리에 누우면 성적 걱정에 한 시간 넘게 뒤척였고, 자다가도 문뜩문뜩 깨곤 했다. 아침에 일어나기가 너무 힘든 것은 당연, 의도치 않은 지각으로 감점을 당하기도 했다. 밀린 피로를 풀기 위한 주말 늦잠은 일상이 되어 버렸고, 오후 2시경에 겨우 일어나면 공부할 것도 많은데 휴일 시간을 모두 날려 버렸다는 허탈감에 기분이 쑥 가라앉았다. 어릴 때부터 열심히 다녔던 주일 예배도 고등학교 들어서는 늦잠과 학원 일정으로 빠지기 일쑤였고, 그때마다 하나님에게 죄를 지었다는 생각에 마음이 더 무거워졌다. 자수성가한 명문대 출신의 아버지를 닮았는지, 현영이는 어려서부터 특히 공부에 대한 욕심이 많았고, 모범생으로 늘 주변의 칭찬을 들어 왔다. 하지만 속으로는 경쟁에 지고 성적이 떨어질까 늘 노심초사했으며, 성적이 떨어질 때마다 최선을 다하지 못했다는 죄책감에 시달렸다.

"하면 된다!" 우리에게 꽤 익숙한 슬로건이다. 나도 이런 글귀를 보며 학창 시절을 보냈다. 그간 우리나라의 외적인 발전과 성공 또한 이런 주장의 정당성을 어느 정도 강화시켜 왔다. 주변에는 자수성가 성공 스토리가 차고 넘치며, 많은 이가 이를 부러워하고 바람직한 삶의 모범으로 여긴다. 이를 본받아 부단히 노력하기도 한다. 일리가 있다. 자원은 한정되어 있는데 내가 더 많이 누리려면 경쟁 우위에 서는 길밖에 없는 것 같다. 더 노력해서 남보다 더 많이 갖고, 벌고, 쓰는 것이 최고로 멋지고 좋은 삶처럼 보인다. 우리도 모르는 사이 이런 가치관에 흠뻑 젖어 다른 생각은 꿈도 꾸지 못한다.

집에서도 학교에서도 직장에서도 '무한 경쟁 시대니 더 먼저, 더 빨리, 더 열심히 달려 남보다 먼저 땅을 차지하고 쟁취해야 한다'고 부르짖는다. 경쟁에서 지는 순간 모든 게 끝장날 것만 같다. 양보와 배려는 가진 사람, 이긴 사람에게나 해당되는 배부른 소리가 되었다. 제 것이 있어야 나누든 말든 할 것 아닌가? 그러니 일단 이기고 소유해야만 한다. "얘는 맨날 다른 애들에게 양보하고 손해만 봐요!" 배려심 많은 자녀들을 답답해하는 부모들의 푸념을 드물지 않게 듣는다. 심지어 "바보, 머저리 같다. 그렇게 행동하면 남이 우리 자녀들을 우습게 여기지 않느냐"며 반문하기도 한다. 우리와 우리 자녀들은 미덕이 흠이 되는 경쟁 사회의 한복판에 서 있다.

그렇다면 경쟁이 나쁜 것인가? 경쟁은 언제나 비인간적이고 착취적인 것인가? 나눔과 상생이라는 소중한 가치들과 상반되는 죄악인가? 그렇지 않다. 경쟁 역시 하나님이 우리에게 주신 선물이다. 경쟁에는 유익한 부분이 아주 많다. 경쟁이 있기에 우리는 더 최선을 다할 수 있다.

자신을 발전시키고 한계를 극복하기 위해 끝까지 애쓰는 과정은 경쟁 없이는 거의 불가능하다. 아무리 뛰어난 선수도 혼자 달려서는 자신의 기록을 넘기 어렵다. 라이벌과 같이 달릴 때 세계신기록이 경신되는 법이다. 경쟁은 단련과 동시에 재미와 동기를 제공한다. 훈련은 고되지만, 승리는 기쁨을 안겨 준다. 경쟁 없는 훈련은 견디기 어렵다. 승리의 간절함과 짜릿한 손맛이 힘든 훈련 과정을 견디게 하고, 그 결과 우리는 더 단단해진다. '인내'라는 소중한 열매도 경쟁 과정을 통해 담금질된다. 또한 경쟁은 목표에 더욱 집중할 수 있게 중요하지 않은 주변의 잡음과 간섭을 제거하도록 만든다. 시합을 앞둔 선수는 삶을 아주 단순하게 만들고 한 가지 목표에만 온 역량을 쏟게 마련이다. 경쟁은 소중한 것을 얻기 위해 포기할 것은 포기해야 함을 가르쳐 준다.

경쟁의 유익은 다만 개인과 단체의 발전을 촉진하는 데 그치지 않는다. 경쟁을 통해 우리는 협력을 배운다. 협력을 잘하는 팀과 개인은 남다른 경쟁력을 갖기 때문이다. 경쟁이 협동을 훈련시킨다는 역설은 참으로 흥미롭다. 다른 사람과의 팀워크를 통한 발전은 나 혼자 발전하는 것과는 차원이 다르다. 더 많이, 더 넓게 배우고, 더 크게 성장하기 때문이다. 뿐만 아니라 함께한 승리와 성취는 기쁨도 더 크고 즐겁다. 협력을 바탕으로 한 경쟁을 통해 함께하는 삶, 나눔의 삶이 주는 혜택과 유익을 배운다. 또한 경쟁과 승부는 게임의 법칙에 익숙하도록 만든다. 페어플레이를 하는 선수에게만 경쟁의 자격이 주어진다. 힘들고 어렵다고 규칙을 어기는 선수에게는 시합의 기회 자체가 박탈된다. 마찬가지로 공동체 속에서 삶을 살아가는 우리 모두는 규칙을 정직히 지키며 살아가는 방법에 익숙해져야만 한다. 경쟁은 이를 훈련하기 위한 좋은 수단이다.

하지만 아무리 뛰어난 선수가 철저히 준비를 하더라도 모든 경쟁에서 영원히 승리할 수는 없는 법이다. 모든 경쟁에는 패배와 실패의 순간이 반드시 찾아온다. 지는 시합을 통해 우리는 자신의 한계를 발견하고, 다른 사람이 나보다 우월함을 알게 된다. 자신과 남을 수용하고 인정하는 법을 배우게 되는 것이다. 경쟁자지만 이긴 자에게 박수를 보낼 수 있는 쿨함과 진 사람에게는 위로를 건네는 배려가 필요하다. 영원한 승자도 패자도 없는 경쟁의 장(場)에서 우리는 겸손과 자족을 훈련한다. 이처럼 경쟁은 인생의 축소판이기에, 그 속에서 우리와 우리 자녀들은 삶에 필요한 많은 자질들을 배우고 훈련할 수 있다.

경쟁을 통해 얻는 것이 참 많으니 당연히 경쟁을 나쁘다고 보거나 회피해서는 안 된다. 최선을 다해 경쟁하며, 승리의 성취를 위해 달음질해야 한다. 하지만 경쟁을 통한 개인의 발전과 승리, 성취의 결과물 자체가 경쟁의 최종 목적은 아니라는 사실을 잊지 말아야 한다. 많은 사람들이 성과물을 얻기 위해 경쟁을 한다. 경쟁을 위한 경쟁, 자존심을 지키기 위한 경쟁도 흔히 볼 수 있다. 그러나 돈, 명예, 지위는 경쟁을 통해 얻는 가장 낮은 수준의 결과물에 불과하다. 사실 위에 언급한 많은 유익들조차도 경쟁의 궁극적인 목적이라고 보기는 어렵다.

우리는 경쟁을 삶의 도구로 마련해 주신 하나님의 섭리에 따라 경쟁하고, 바로 그 경쟁을 통해 하나님의 뜻과 아름다움을 드러내야 한다. 경쟁 속에 허덕이며 자신만을 돌보기에 급급한 세상에서 하나님의 여유와 관대함을 닮아 삶으로 나타내야 한다. 이겨도 자고해지지 않고 져도 초라해지지 않는 존재감, 나의 성취나 소유와는 상관없이 주어진 사랑에서 파생된 견고한 자존감은 경쟁이 심한 상황일수록 더욱 빛을 발한다. 생존을 위협하는 광풍 속에서도 죄수의 몸으로 사람들을 살리며 따뜻한 모닥불을 지폈던 바울처럼 우리도 그렇게 살 수 있다.

우리 아이들은 자신이 애써 만든 노트를 기꺼이 친구들에게 빌려 줄 수 있어야 한다. 처절한 경쟁 속에서 남을 돕고 섬기는 사람은 분명 등경 위에 놓인 불빛같이 환히 빛날 것이다. 이긴 자가 모두 가져가는 세상 속에서 자신의 땀과 수고로 얻은 지식과 기술, 자질과 재물 그리고 시간을 고스란히 내어 주는 사람들이 있다면 이들은 틀림없이 자신을 우리에게 내어 주신 예수님을 본받아 살아가는 하나님의 백성일 것이다. 경쟁 사회는 우리와 우리 자녀를 더 명백하게 드러나도록 만들어 주는 최고의 환경일지 모른다. 별은 어둔 밤에 더 밝게 빛나는 법이다.

보이지 않는 선을 넘으라

지수는 새 학기가 시작될 때마다 친구 걱정에 잠을 이루지 못한다. 여러 차례 친구들에게 따돌림을 당했던 경험 때문이다. 지수가 특히 힘들었던 것은 꼭 어울리고 싶은 아이들에게 외면을 당해서였다. 솔직히 그 아이들 말고 지수와 어울리고 싶어 하는 다른 친구들도 있었다. 하지만 지수는 자기와 어울리고 싶어 하지 않는 그룹의 아이들과 친해지고 싶었다. 지수 눈에는 그 아이들이 좀 세 보였고, 어쩐지 좀 앞서 나가는 것처럼 보였다. 자기도 그런 그룹에 속하고 싶었다. 하지만 고독한 짝사랑은 늘 이루어지지 않았고, 지수는 자신감을 점점 잃어 갔다.

아이나 어른이나 끼리끼리 어울리기 마련이다. 유유상종(類類相從)은 인간 삶의 본능적이고 자연스러운 행태다. 비슷한 사람들끼리 같이 모여 있으면 왠지 마음이 편하고 안정감이 든다. 관심사가 같으면 재미도 더 커지고, 함께하는 일의 동기도 증폭된다. 비교나 차이로 인한 긴장도 줄어든다. 이런 유대감은 보다 깊은 신뢰와 친밀함으로 이어진다. 친밀함에 대한 갈구는 인간 행동을 결정하는 아주 강력한 동력 중 하나다. 친밀함을 바탕으로 한 서로에 대한 이해와 소속감은 구성원들의 자존감을 높여 준다. 집단 내에서 이해받고 수용되는 경험이 스스로를 평가할 때도 영향을 미치기 때문이다. 이 그룹 안에서는 나 자신 역시 특별하고 의미 있는 사람이 된다. 뿐만 아니라, 우리는 모임을 통해 많은 일들을 수행한다. 좋은 모임은 많은 것을 생산하고 또 다른 그룹을 이끈다. 그렇기 때문에 좋은 그룹의 멤버가 되는 것은 중요하며, 팀워크를 유지하는 능력 또한 아주 유용하다. 우리에게 실제적인 이익이 될 뿐만 아니라 다른 이에게도 좋은 영향을 미칠 수 있기 때문이다. 그래서 그런지 우리는 자연스럽게 끼리끼리 모인다.

끼리끼리 도란도란 어울리는 행동에는 이런 긍정적인 측면만 있는 것이 아니다. 반대로 인간의 뿌리 깊은 죄성(罪性)도 함께 작동한다. 엘리트 그룹에 속하고 싶은 욕망은 사람과 사람 사이에 '나는 남과 다르다'는 구분선을 긋게 만든다. '나는 주류다', '나는 인싸다', '나는 핵심 인물이다'라는 선민의식을 부추긴다. 우리 모임이, 그리고 거기에 속한 내가 다른 사람들을 리드한다고 믿게 만든다. 이 모임에 속하지 못한 타인의 관심과 주목을 즐기고, 그들의 부러운 시선에 미소 짓기도 한다.

자신이 더 특별하려면 그 경계선은 더욱 굵어져야 하며, 그 담은 더욱 견고하고 높아져야만 한다. 그래서 그룹에 속한 내부자들이 가장 신경 쓰는 일이란 항상 구분선을 강화하고 가입 기준을 높이는 데 있다. 후발 주자에게는 기존의 자신들도 감당할 수 없는 새 기준을 제시하는 집단들을 얼마든 찾아볼 수 있다. 결국 이런 구분선은 그 선 안에 있는 우리와 그 선 밖에 있는 남을 마치 다른 존재로 인식하게 만든다. 별 저항감 없이 선 밖 외부자에 대한 무시로, 더 나아가 경멸로 이어지기도 한다. 영화 〈내부자들〉에 나오는 "민중은 개, 돼지와 같아서 먹고살게만 해 주면 된다"는 대사는 소위 말하는 '내부자들'이 갖고 있는 병리적인 선민의식과 비인간성을 정확히 보여 준다. 자신의 그룹을 지키기 위한 경계선은 사실 상대와 나를 나누는 높디높은 철조망이었던 것이다. 물론 그 안에 갇힌 자들은 남이 아니라 스스로 엘리트라 자처하는 자신과 그의 동료들일 것이다. 대부분 그렇다고 자각하지는 못하겠지만 말이다.

이런 일은 특별히 잘나가는 일부 집단에서만 일어나는 것이니 나와는 상관이 없다고 생각하는 사람도 있을 것이다. '나는 절대 내부자가 아니다', '나는 한 번도 나와 남 사이에 선을 그으려 해 본 적이 없다'고 생각하는가? 하지만 이런 일은 우리와 우리 자녀들의 삶 속에서 매우 자주 반복되고 있다. 어떤 좋은 그룹의 일원이 되는 것은 그 자체로 나쁜 것도 아니고, 분명 우리 자녀에게, 그리고 때로는 다른 사람에게도 유익하고 좋은 일이다. 또한 깊은 친밀감을 누리기 원하는 것은 인간의 기본적인 욕구이고, 인정과 수용은 삶의 강력한 동인(動因)이기도 하다. 하지만 헐떡거리며 뛰어와 떠나는 열차에 겨우 올라탄 사람이 미처 탑승하지 못한 사람들을 보며 묘한 미소를 짓는 것처럼, 경계선 안에 있는 사람들은 선 밖의 사람들을 살짝 내려다보게 된다. 참으로 쉽게 우리는 그런 시선을 갖는다. 그 눈빛은 분명 '나는 너랑은 달라'라는 메시지를 머금고 있다.

나는 친구 관계와 학업에 정진해 주목을 받고자 애쓰는 아이들의 정상적이고 일반적인 생활 속에 숨죽인 채 숨어 있는 그룹핑의 교활한 면을 종종 마주한다. 열심히 일해서 남보다 높은 자리에 올라서려는 보통 사람들의 힘겨운 노력 속에서도 어렵지 않게 발견할 수 있다. 부러워하다가 부러움의 시선을 받는 자리, 무시당하다가 남을 무시할 수 있는 자리에 올라와 안도의 숨을 내쉬는 반복적인 경험 속에서 우리와 아이들은 자신도 모르는 사이에 남과 나를 구분하는 선에 익숙해져 간다. 하지만 경계하지 않으면 그러는 사이에 우리의 가장 고귀한 자산인 선한 인간성이 손상되고 말 것이다. 왕따를 당한 아이들의 상당수가 기회가 오면 또 다른 아이들을 소외시키는 이유가 무엇인가? 가해자나 피해자가 결국 하나가 되어 버린다. 그토록 증오했던 그 구분선은 더 선명해지고, 오히려 비인간성이라는 담벼락에 함께 갇혀 버리고 만다.

'끼리끼리' 어울리는 재미에 빠지게 되면 마약처럼 헤어나기 어렵다. 영화 〈굿 셰퍼드〉는 이런 엘리트 정신이 인간성과 다른 사람과의 관계를 얼마나 철저히 붕괴시키는지 잘 그려 내고 있다. 결국 가장 불행한 사람은 내부인이 되기로 결심하고 그 안에 머물러 떠나지 못했던 주인공 자신이었다. 그가 불행한 이유는 결코 이룰 수 없는 희망을 가졌기 때문이다. 다름에 대한 두려움을 극복하기 위해 다름을 흠모하고 추구하는 길을 선택했기 때문에 그 굴레를 벗어날 수 없는 것이다. 다름을 이기려면 같음을 선택해야 한다. 더 열고, 더 넓어지고, 더 받아들이고, 더 풍성해져야 한다.

좀 좋아 보이는 그룹의 일원이 되고 싶어 애쓰는 아이들과 부모들에게 질문을 하나 던지고 싶다. 그들과 한 팀이 되지 못해 상처가 된 우리, 경계선 밖에서 우리를 바라보는 시선을 은근히 즐기는 우리, 이 그룹에서 쫓겨날까 노심초사하는 우리, '인싸'(insider)들에게는 최선을 다하나 '앗싸'(outsider)들에게는 냉소적인 우리, 무엇보다도 그 자리에 안주하며 머물기에만 급급한 나머지 다른 곳으로 자신을 열고 뻗어 나가려 하지 않는 우리에게 묻는다. "특별 대우는 많은 경우에 비인간성을 강화시키는 독이 될 뿐, 나에게나 남에게나 큰 유익이 되지 못한다는 사실을 알고 있는가?" "우리는 무엇을 위해서 서로 달라져야 하는가?" "우리는 우리의 한계를 극복하기 위해 왜 서로 같아지면 안 되는가?" "왜 우리는 서로를 구분하는 것이 아니라 서로의 경계를 허무는 데 더 큰 열정과 헌신을 기울이지 못하는가?"

자신이 원하는 그룹에 속하지 못해 풀이 죽은 아이에게 이렇게 말해 보자. "인싸가 되려고 아등바등할 필요 없어. 그 안에는 또 다른 인싸가 끊임없이 있을 뿐이야. 오히려 너는 그 선들을 없애는 사람이 돼야 해!"

자녀와 함께 친히 자기 육체로 막힌 담을 허무신 주님의 그 길을 쫓아가자.

서로의 짐을 진다는 것

어스름한 저녁, 아이들이 발걸음을 재촉한다. 집으로 가는 걸까? 무거운 책가방이 작은 어깨를 짓누른다. 아이들은 오늘 하루 동안 종일 저 짐을 지고 다녔을 것이다. 짐을 진다는 것, 삶을 산다는 것은 누구에게도 예외가 없다. 누구도 넉넉하지 않다.

어렸을 때 나는 꽤 먼 길을 걸어서 학교에 다녔다. 아이들과 '가방 들어 주기' 내기를 곧잘 했는데, 가위 바위 보에서 지면 혼자 다섯 명의 가방을 져야 했다. 낑낑대는 술래를 놀리느라 나머지 아이들은 연신 낄낄거렸다. 짧지 않은 하굣길에 짐, 특히 남의 가방까지 진다는 것은 제법 힘든 일이었다. 때로 누군가 다치거나 몸이 아플 때면 친구들은 돌아가며 그의 책가방을 들어 주곤 했다. 집에서 학교까지, 학교에서 집까지, 친구가 다친 다리의 깁스를 풀고 목발이 필요 없을 때까지 그의 가방을 들어 주며 먼 등하굣길을 함께했다. 얼마 전 오랜만의 모임 중에 다리를 다쳤던 친구가 그때의 고마움을 표현했다. 그 고마움을 지금까지 간직하다니, 되레 우리가 더 고마웠다.

다른 사람의 짐을 들어 주는 것은 참 아름다운 행위다. 이런 행동은 도덕적인 미담이 되고 공동체를 살맛나게 만든다. 이런 이타적인 삶이 아주 고상하기만 하다거나 실천하기 어려워 이를 악물어야만 가능한 것만은 아니다. 부모의 헌신이나 가족과 친구의 배려, 주변의 관심과 기다림, 혹은 생면부지의 누군가가 베푼 자선은 인간의 일반적인 생존과 깊이 연관되어 있다. 그들의 도움 없이 내가 살아올 수 없었듯, 만약 우리가 서로의 짐을 져 주지 않는다면 누구도 혼자서 삶의 힘든 언덕을 넘을 수 없을 것이다. 더욱이 땀과 눈물 속에서 웃음 짓는 비법을 배우기란 절대 불가능할 것이다.

혹자는 누군가에게 자기 짐을 내어 줄 때 초라함과 유약함을 느끼고 이를 부끄러워할 수도 있다. 하지만 남과 함께 짐을 나눈 유쾌한 경험이 있다면 자기 짐을 보다 쉽게 내줄 수 있다. 이러한 경험은 힘든 자신과 쉽지 않은 세상을 원망하거나 불평하지 않도록 해 준다. 타인의 관대함을 즐기고 가슴 깊이 감사하는 법도 알게 해 준다. 이런 경험들이 나직이 스며들어 자연스레 남을 돕는 사람이 되어 간다. 남의 아픔에 무심하거나 연약한 상대를 무시하지 않는 사람이 된다. 받은 사랑의 빚을 고스란히 남에게 되돌려 주는 중개자가 된다. 다른 사람의 짐을 대신 지면서도 자고해지지 않고, 남의 시선이나 평가에 따라 베풂의 삶이 변하지 않는 사람이 된다. 자기 봇짐만 지고 혼자 앞서 올라가는 것보다 다른 이의 배낭을 나누어 지며 천천히 함께 오르는 산행이 더 즐겁다는 사실을 알고 누리는 사람, 여행에는 어디를 가느냐보다 누구와 어떻게 가느냐가 더 중요하다고 믿는 사람이 된다.

남의 짐을 들기 위해서는 먼저 자기 짐부터 잘 져야 한다. 내 짐도 버거운데 어찌 남의 짐을 질 수 있겠는가? 누굴 돕기는커녕 오히려 다른 이의 짐이 될 수 있다. 나 때문에 여럿의 갈 길이 지체될 수도 있다. 가방 무게에 지쳐 버린 나는 남보다 자주 쉬어야만 하고, 때로는 낙오될 수도 있다. 인생길에는 걷기 쉬운 평지만 있는 것이 아니다. 종종 숨이 턱까지 차오르는 '깔딱고개'를 넘어야 하고, 끝이 없는 내리막에 무릎이 시큰

거리며 발바닥에 물집이 잡히기도 한다. 솔직히 짊어진 짐이 벅차서 짐을 버리거나 아예 여정 자체를 때려치우고 싶은 유혹이 들 때도 많다.

쉽지 않은 여정 내내 자신의 짐을 잘 지려면 애초부터 짐을 잘 싸야 한다. 가볍고 단순하게, 그리고 꼭 필요한 것만 꾸려야 한다. 사실 짐을 꾸리는 과정에서 이미 많은 것들이 결정된다. 짐을 질 수 있는 보통 사람의 능력은 거의 비슷비슷하기 때문이다. 지나친 욕심이나 자기 능력에 대한 오해는 자기 가방에 너무 많은 것을 집어넣게 만든다. 편리하게 지내고 싶은 유혹 때문에 값비싸고 복잡한 물건들을 죄다 배낭에 넣어 버릴 수도 있다. 적당히 자고, 적당히 먹고, 대충 씻을 줄도 알아야 한다. 적당히 포기해야 한다는 말이다. 5성급 호텔에서 제공하는 물건을 다 지고 산길을 걸을 수는 없는 법이다. 자기 삶에 걸맞고 자기 여정에 꼭 필요한 물건만으로 간단하게 짐을 꾸릴 수 있다면 그래도 비교적 걸을 만한 여정이 될 수 있다.

우리는 자신의 짐을 지는 데 익숙해져야 한다. 내 앞에 놓여 있는 짐은 바로 내 짐이며, 오늘도 나는 이 짐을 지고 직접 내 발로 걸어가야만 한다. 매일 자기 짐을 지는 훈련을 통해 내 발과 어깨는 점점 단단해진다. 요즘 아이의 가방을 대신 들어 주는 부모들을 자주 본다. 학교나 학원, 독서실, 친구들과의 모임에 부모가 차로 데려다 주는 것이 당연하게 돼 버렸다. 빗방울이 좀 흩날리거나 날씨가 약간 추워질 때, 간혹 익숙하지 않거나 조금 먼 길을 가야 할 때는 더욱 그렇다. 부모의 마음을 왜 모르겠는가? 아이들의 시간을 절약하고 몸도 편안하게 해 줘서 공부와 같이 보다 중요해 보이는 일에 더 열심을 내기 바라서일 것이다.

부모로서는 자기 짐을 지고 가는 아이를 그저 바라만 보기란 그리 쉽지 않다. 잽싸게 달려가 들어 주고만 싶다. 하지만 그 순간만큼은 부모의 자연스런 본능을 누르는 이성적인 사랑과 아이 스스로 할 수 있다는 믿음이 더 요긴하다. 나도 수년 전 학교에서 돌아온 아이의 가방을 들어 보고는 놀란 적이 있다. 생각보다 무거웠기 때문이다. 아이들도 우리처럼 무거운 삶의 가방을 짊어지고 매일을 살아가고 있다. 안쓰럽다고 해서 아이가 질 수 있고 또 마땅히 져야만 하는 짐을 부모가 대신 져 줘서는 곤란하다. 모든 아이들은 자기 짐을 지는 데 익숙해져야 한다. 자기 일은 자신이 해야 하고, 자기 삶은 자신이 살아 나가야 하며, 자기에게 맞는 짐을 스스로 꾸리고 짊어져야 함을 배우고 받아들여야 한다. 그런 아이들이 결국 자기 짐을 잘 지는 사람이 된다. 그리고 이는 남을 돕는 과정의 첫걸음이다. 지친 누군가의 짐을 기꺼이 나누어 지는 멋지고 여유롭고 명예로운 아이의 미래가 바로 여기에서 출발한다.

무엇보다 천천히 가야 한다. 무거운 짐을 지고 스프린터처럼 달릴 순 없다. 자주 쉬고, 물과 열량을 자주 그리고 정기적으로 공급해야만 한다. 갈증과 허기가 반복되면 체력이 떨어지게 되어 있다. 충분히 먹고 충분히 쉬면서 자신의 길을 걸어 나가야 한다. 충동적인 레이스를 조절하기 위한 꼼꼼한 계획이 필요하다. 그러면 누구나 자신의 짐을 지고 자신의 여정을 끝마칠 수 있다. 물론 남의 짐을 지는 여유와 기회도 생긴다.

인생은 누군가와 함께 걷는 여정이다. 그러려면 다른 사람의 속도에 보조를 맞춰야 한다. 다른 사람과 간격이 벌어졌다면 피곤하더라도 자신의 발걸음을 재촉해야 한다. 동행자들이 쉴 때는 같이 쉬고, 그들이 걸을 때는 같이 걸어야 한다. 때로는 오래 기다려야 할 때도 있다. 그들과 한참 떨어져서는 그들의 짐을 져 주거나 나의 짐을 맡길 수가 없는 법이다. 함께 담소를 나누는 즐거움도 누릴 수 없다. 같이 굶고, 같이 먹고, 놀라운 풍광에 같이 감탄하며 힘든 고개를 같이 넘고, 눈과 비를 함께 맞고, 열기와 한기를 함께 견디고, 시원한 냇물에 지친 발을 함께 씻으며 모두가 함박 웃는 추억의 사진 한 장을 남기는 아름답고 경이로운 삶의 경험은 오로지 누군가와 함께 걸을 때만 누릴 수 있는 선물이다. 우리와 우리 자녀들은 함께 짐을 지고 걸어가는 삶이 내려 주는 귀한 축복을 꼭 경험해 봐야 한다.

어깨를 내리 누르는 무거운 짐은 우리의 수준을 차갑게 일깨워 준다. 내가 생각하는 내가 실제의 나는 아니라는 사실을 직면하게 해 준다. 남을 돕고 싶어도 돕지 못하는 나, 내 짐조차도 버거운 나, 나의 이상과는 멀리 떨어진 오늘의 나, 남에게 뒤쳐져 안달복달하는 나, 짬만 나면 쉬려고만 하는 나, 목마를 때 내 물을 남에게 건네지 못하는 나, 자기 연민에 사로잡힌 나, 더위와 추위와 목마름과 배고픔에 쉽게 불평하는 나, 남의 도움과 배려 없이는 살아갈 수 없는 나, 대접받기는 기뻐하고 남을 섬기는 데는 젬병인 나, 쓸데없는 물건으로 가방을 가득 채운 나, 삶에 진정 뭐가 필요한지도 몰랐던 나를 발견한다. 이 모든 깨달음은 무거운 짐이, 그리고 그 짐을 지고 걸어가고 있는 끝없이 이어진 길이 우리와 우리 자녀들에게 선사해 주는 고귀한 가르침이다.

자기 짐을 지라. 그리고 서로의 짐을 지라. 그렇게 우리 함께 멋진 삶의 길을 걷자.

Chapter 20

반복된 일상이 주는 굳건한 삶을 선물하라

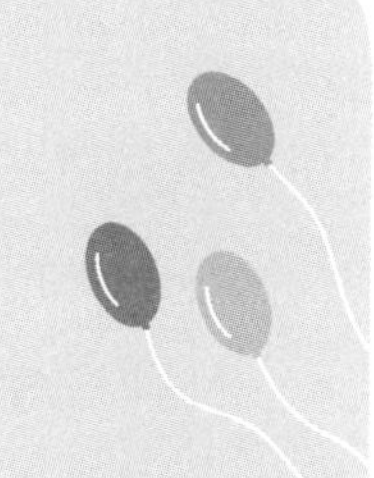

가족에게 인정받기

초등학교 5학년인 준규는 집을 나서면 거의 말이 없다. 남에게 자기가 하고 싶은 말을 거의 하지 못한다. 학교 친구들이 자기 물건을 빼앗거나 망가뜨려도 면전에서 하지 말라고 말하지 못한다. 하지만 집에서는 완전 딴판이다. 만만한(?) 엄마나 여동생에게는 마치 헐크처럼 군다. 무서운 아빠만 없으면 모든 게 자기 마음대로다. '두 얼굴의 사나이'가 따로 없다. 사소한 일에도 버럭 화를 내고, 조금도 양보할 줄 모른다. 분이 나면 동생은 물론이고 엄마를 때리기까지 한다. 처음에는 엄마도 아이를 나무랐으나, 얼마 전부터는 '밖에서 받은 스트레스를 이렇게라도 풀어야지' 하는 마음에 그냥 받아 주기로 했다. 엄마는 아이가 소심해 친구에게 늘 당하고 오니 속상하고, 자신에게 함부로 대하는 행동 때문에 또 마음이 아프다.

대기업 부장인 준규 아빠는 실력도 좋고 사회성도 좋아 여러모로 인정받는 사람이다. 주변 사람들도 잘 챙기고 직장이나 교회에서도 적극적으로 솔선수범하는 스타일이다. 밖에서는 남들이 다 그를 좋아하지만 집안 식구들은 그렇지 않다. 집에만 들어오면 행동이 180도 바뀌는데, 일단 말수가 확연히 줄고 무뚝뚝해진다. 밖에서는 매너남, 집에서는 완전 자기 마음대로다. TV 채널도 자기 위주, 외식도 자기 위주, 주말 시간도 자기 위주다. 준규 엄마에 대해서도 매사에 명령조이며 하대하는 듯이 말한다. 조금만 마음에 들지 않으면 바로 소리를 버럭 지르고 화를 낸다. 준규 엄마는 의아해한다. "연애할 때는 그렇게 잘해 주더니 결혼 후에는 완전히 딴 사람이 됐어요. 밖에서는 젠틀맨이 왜 집에서는 폭군처럼 굴죠?" 표리부동(表裏不同), 안팎이 다른 남편의 모습에 고개를 절레절레 흔든다.

"바깥 인심은 좋지만 안 인심은 좋지 않다"는 말이 있다. 집 밖에서는 남을 잘 배려하고 오히려 자기희생적인(혹자는 오지랖이라고 빗댈 수도 있다) 사람이 집에 들어와서는 자기중심적으로 행동하는 경우를 일컫는 표현이다. 체면과 남의 이목을 중요시 여기는 외향적인 성격 유형과 관련이 있고, 좀 극단적인 예를 들면, 밖에서 다른 사람이 무거운 물건을 들고 가면 냉큼 들어 주면서도 아내의 시장바구니는 들어 주지 않는 경우라 할 수 있다. 이 정도까지는 아니더라도 남들에게는 상냥했던 말투가 식구들에게는 퉁명스럽게 변하거나, 학교나 직장에서는 잘 참던 사람이 집에서는 조금만 기분이 상해도 쉽게 화를 내는 경우도 여기에 해당된다.

이렇게 행동하는 어른도 적지 않지만, 아이들도 꽤 많다. 학교에서는 모범생, 집에서는 망나니인 아이로 인해 고민하는 부모들이 종종 찾아와 어떻게 키워야 하는지를 묻는다. 이런 유형의 아이들은 자기를 받아 주지 않거나 엄격하게 대하는 사람은 어려워하며 비위를 맞추려고 하지만, 자기를 잘 받아 주는 사람은 쉽게 대하는 경향이 있다. 잘못을 지적하고 혼내거나 책임을 지우는 사람에게는 긴장을 늦추지 않고 조심하지만, 잘못을 못 본 척하거나 허물을 덮어 주는 사람은 쉽게 생각한다. 징계는 두려워하나 용서에는 감동하지 않는다. 그래서 부모도 점점 엄하게 대하게 된다. 대부분 누가 볼 때는 잘하고 혼자 있을 때는 성실하지 않은 경우가 많다. 아이의 삶을 움직이는 것은 외부에 있지, 아이 안에 있지 않다. 이들은 내적인 통제력과 양심의 힘이 약해 외적 규율과 관리 없이는 스스로의 생활을 유지하기 어렵다.

남은 어려워하지만 가깝고 소중한 사람은 소홀히 여기는 행동 양식만큼 자신에게 손해가 되는 것도 없지 않을까 싶다. 처음에는 잘해 주던 가족이나 지인들도 이런 행태를 몇 번 경험하면 거리를 두게 되면서 더 이상 선의를 베풀지 않게 된다. 관대하게 대하던 사람들이 점점 엄격하고 단호하게 변한다. 그러다 보면 결국 주변에는 자기를 편하게 해 주고 배려해 주는 사람은 점점 줄어들고 관계가 어려운 사람들만 남게 된다. 이처럼 가까운 사람들에게 함부로 행동했다가 소중한 가족과 친구들이 떠나간 후 홀로 남겨져 후회하는 사람들을 만나기란 그리 어렵지 않다. '바깥 인심' 얻느라 더 값진 '안 인심'을 모두 탕진해 버린 탓이다.

누가 보지 않아도 한결같이 자신을 지켜 내기란 어려운 일이다. 주변의 피드백과 상관없이 제 길을 꾸준히 걸어가기도 역시 만만찮다. 이런 삶을 살기 위해 평소에 좀 더 쉽게 훈련할 수 있는 방법이 하나 있다. 가장 가깝고 편한, 그리고 자신을 있는 그대로 알고 받아 주는 사람에게 바로 그곳에서 최선을 다하는 연습을 하는 것이다. 많은 경우에 그곳은 자신의 가정일 것이다. 대인관계라면 아내나 남편, 자녀와 부모일 것이다. 일부는 가장 가깝고 편한 친구나 선후배가 될 수도 있다. 자신을 평가하지 않으며 내가 열심으로 대하지 않아도 나에 대한 호의가 변하지 않을 바로 그 사람에게 가장 큰 사랑과 헌신을 베풀자. 가까울수록 더 예의를 지키고, 더 자신의 것을 나누고 양보해 보자. 아이들에게도 이것을 강조하고 지속적으로 가르쳐야 한다. 치킨 한 마리를 시키면 가장 먹음직스러운 닭다리를 자기 엄마에게 건넬 수 있는 아이들로 키워야 한다. 결국 내 주위에는 누가 남을 것인가? 하나님이 내게 보내고 맡긴 사람은 과연 누구인가? 지금 내 옆에 있는 사람들이 아닌가?

가장 편한 곳에서 온전하게 행동하는 사람이라면 그렇지 않은 곳에서는 얼마나 더 탁월하게 살아가겠는가? 가족에게 인정받는 사람이 진정 위대한 사람이다.

변화는 일상의 작은 선택에서 비롯된다

5학년 철호는 떼쟁이 동생 때문에 짜증날 때가 한두 번이 아니다. 동생은 자기밖에 모르는 욕심꾸러기, 고집쟁이다. 참다 참다가 간혹 버럭 화를 내기도 하고 장난감을 안 주기도 하지만, 동생에게 양보할 때가 더 많다. “나는 오빠라서 부모님의 사랑을 더 많이 받았어요. 왜냐하면 동생이 태어나기 전 4년 동안은 엄마 아빠와 나만 있었으니까요. 나도 어렸을 때는 동생처럼 나밖에 몰랐대요. 동생도 크면 나처럼 양보할 수 있을 거예요.” 해맑은 미소보다 더 멋진 건 철호의 가슴이다.

여든이 넘으신 성환 할머니는 나지막한 목소리로 자신의 이야기를 들려주었다. 젊은 날 술꾼 아버지에게 반항하는 심정으로 집을 뛰쳐나와 부모가 반대하는 사람과 결혼을 했다. 하지만 남편은 난봉꾼이었다. 그 후 모진 세월을 살아왔다. 자식을 키우기 위해 안 해 본 일이 없었다. 죄송한 마음에 부모에게는 연락조차 할 수 없었다. 집을 나간 남편은 몹쓸 병에 걸려 몸을 가누지 못할 정도가 되자 구급차에 실려 집으로 돌아왔다. 당시 남편에 대한 원망과 분노로 치가 떨렸지만, 왠지 불쌍한 마음이 더 컸다. 이후 3년간 남편의 병시중을 들었다. 임종을 못 지킨 부모님께 사죄하는 심정으로 최선을 다했다. 2년 전 남편은 저세상으로 갔다. 이후 할머니는 양로원 봉사를 하며 살고 있다.

현수 씨는 오늘도 친정 엄마에게 가야 한다. 친정 엄마는 하루가 멀다 하고 시집 간 딸에게 전화를 해 댄다. 작년 겨울 뇌졸중을 겪은 이후 친정 엄마의 호출은 더욱 잦아졌다. 몸도 마음도 약해졌기 때문일 것이다. 친정 엄마는 홀로 현수 씨를 키웠다. 둘은 한 몸처럼 살았다. 친정 엄마는 젊었을 때부터 우울증을 앓아 왔다. 기분의 변화가 심했고, 작은 일에도 어린 딸에게 불같이 화를 내며 때리곤 했다. 초등학교 때부터 엄마의 신세한탄을 듣느라 날밤을 샜던 날이 하루 이틀이 아니었다. 딸에 대한 기대가 너무 컸던지, 현수 씨가 아무리 잘해도 칭찬을 들어 본 일이 없었다. 성적표를 받는 날에는 엄마의 훈계와 체벌이 무서워 밤늦게까지 집에 들어가지 못했다. 사춘기 시절에는 반항도 많이 했고, 엄마의 존재가 부담스러워 가출한 적도 많았다. 속으로 엄마가 없는 게 더 나을 거라고 생각하기도 했다. 도망치다시피 한 결혼 이후에는 엄마의 전화를 피한 적이 참 많았다. 휴대폰에 엄마의 이름이 나오면 짜증부터 밀려왔다. 하지만 친정 엄마가 사경을 헤매던 작년 겨울 어느 날 이후, 현수 씨의 생각이 조금 바뀌었다. '지금 내가 좋은 직장에 다니며 남들이 부러워하는 남편과 살고 있는 것이 어쩌면 극성스런 엄마 덕분일 수도 있어.' 난생 처음 든 생각이었다. 이상한 일이었다. 그날 엄마를 보살펴야겠다고 결심했다.

정수 씨는 친정 부모도 인정하는 변덕쟁이다. 얼마나 까칠한지 신경질이 한 번 나면 요즘 말로 정말 '노답'이다. 조금이라도 마음에 들지 않으면 화를 내서 주변 사람들이 견디기가 힘들다. 어떻게 결혼 생활을 유지할까 싶었다. 하지만 정수 씨 남편을 만난 후 모든 의문이 풀렸다. 남편만은 정수 씨의 유별난 변덕을 다 받아 준다. 변덕이라는 게 늘 그렇듯이, 10분만 지나면 눈 녹듯이 사라지게 마련이다. 정수 씨 남편은 그 사실을 제대로 알고 있었다. "처음에는 많이 싸웠습니다. 하지만 안 되더군요. 그래서 포기하기로 결심했죠. 내가 가장인데 내가 참아야지요."

이에 정수 씨는 이렇게 말했다. "남편 아니면 제가 누구랑 살 수 있겠어요. 저도 나이도 있고 앞으로는 더 조심해야죠." 진심 어린 말이었다.

초등학교 3학년 창수의 눈에 눈물이 그득하다. 엄마가 준비물을 미리 챙겨 주지 않아 선생님께 꾸중을 들은 모양이다. 창수 엄마는 원래 계획성이 부족하고 꼼꼼하지 못한 편인데, 요즘은 허리 통증까지 겹쳐서 사정이 더 안 좋아졌다. 집안일은 늘 밀려 있고, 아이들 또한 세심하게 돌보지 못하고 있다. "아이에 대해 늘 미안해요." 미안함은 죄책감으로 이어져 엄마를 더욱 우울하게 만들고 있는 것 같았다. 엄마가 나간 후 잔뜩 주눅이 들어 있는 창수에게 위로의 말을 건넸다. 그러자 창수는 이렇게 말했다. "괜찮아요, 선생님. 제 준비물은 제가 챙겼어야죠. 엄마는 할 일이 너무 많거든요." 의외로 쿨한 반응이다.

미국 하버드대학의 저명한 정신과 의사이자 인류학자인 아서 클라인만(Arthur Kleinman)은 그의 저서 《당신의 삶을 결정하는 것들》(북로그컴퍼니 역간)을 통해 세상을 바꾸는 결정적인 요인들에 대해 이야기한다. 그는 '영웅주의'(heroism)를 반대한다. 실제 영웅은 세상을 변화시키기 힘들고, 오히려 많은 사람을 희생시키기 쉽다는 것이다. 큰 인기를 누렸던 마블사의 〈캡틴 아메리카: 시빌 워〉에서도 영웅적인 존재들로 인해 오히려 고통 받는 사람들에 대한 이야기와 갈등이 묘사되어 있다. 그렇다. 만일 영웅만이 할 수 있는 도약과 비상(飛上)만이 세상을 바꾸는 의미 있는 행위라면 우리 같은 범인들은 위대한 삶을 꿈조차 꿀 수 없을 것이다.

하지만 진정 우리의 삶을 변화시키고 살맛나게 만드는 것은 무엇인지 깊이 생각해 봐야 한다. 나는 매일 사람들의 삶에 대한 이야기를 들으면서 평범한 사람들의 평범한 일상에서 정말로 위대한 선택이 반복되고 있음을 보았다. 앞에서 살펴본 짧은 사례들에서도 많은 이들이 매일의 삶 속에서 작아 보이지만 쉽지 않은 선택들을 하고 있음을 볼 수 있다. 철부지 동생을 배려하기로 결심한 오빠, 자신을 버린 남편을 뒷바라지하기로 선택했던 아내, 학대했던 엄마를 돌보기로 다짐하는 딸, 변덕스런 아내를 받아 주기로 결심한 남편, 부족한 부모를 덮어 주기로 마음먹은 아이 등, 이들은 평범하지만 결코 쉽거나 작지 않은 선한 선택들을 했다. 그 선택들은 이들과 주변 사람들과의 관계 속에서 반복되면서 힘있게 영향력을 행사하고 있었다. 분명 자신과 다른 사람들의 삶을 변화시키고, 우리가 살고 있는 세상을 바꾸고 있었다.

더 많이 일하고 더 많이 취하라고 부추기는 요즘 사회에서는 마블의 영웅처럼 되려고 애쓰기 쉽다. 우리 아이들도 그렇게 살기를 바라기 쉽다. 정신을 바짝 차리지 않으면 아이들이 영웅들의 겉멋만 복사(複寫)하려 들 수 있다. 마술같이 화려하고 기적 같은 초능력에 눈길을 빼앗긴 채 일상의 의미 있고 실천 가능한 선택들은 소홀히 여기는 사람이 될까 걱정스럽다. 멋진 구변(口辯)으로 자기 목소리를 높이고 남을 구워삶는 일에 현혹되어 끝까지 '네'라고 인정하지 않는 뚝심을 배우지 못할까 두렵다. 침묵으로 저항하는 삶의 가치를 모르고 자란다면 인류가 만들어낸 놀라운 저항과 불굴의 역사를 이해할 수도 없고 좇아갈 수도 없을 것이다. 극복하기 어려운 과제는 일찌감치 포기한 채 감 떨어지기만을 기다리며 입만 벌리고 앉아 있는 무력한 아이가 될 수도 있다.

버티고 견디는 결정이 얼마나 위대하고 강한 힘인지를 꼭 배우도록 해야 한다. 다수의 의견에 휩쓸려 소신을 저버리고 서명(署名)해 버린 수많은 사람들이 세상을 얼마나 망쳐 놓았는지 가르쳐야 한다. 대단한 것처럼 보이는 영웅적 삶은 남을 앞질러 가는 데 집착한다. 자기 자리에 가만히 서서 오랫동안 기다리는 삶을 하찮게 여긴다. 하지만 우리는 믿어야 한다. 기다림과 인내를 선택하는 삶이 더 위대하고 정말로 세상을 바꾸는 힘이 있다는 사실을 말이다. 그런 선한 선택을 하도록 부지런히 가르치며 우리 자신과 자녀들을 훈련시켜야 할 것이다.

평범하지만 의미 있는 선한 결정들로 하나하나 우리 삶을 채워 나가자. 삶의 수레바퀴가 세상에 묵직하고 깊은 궤적을 남길 것이다.

새로운 마음과 시각을 가지라

"선생님."

"응?"

"하루가 너무 지겨워요. 맨날 똑같은 일만 하고."

"그래?"

"맨날 학교 가고, 학원 가고, 맛없는 급식 먹고, 야자 하고."

"그렇구나. 매일이 똑같구나. 뭐 다른 일하는 건 없어?"

"없어요. 집에 오면 숙제하고, 수행하고, 좀 있으면 기말고사 준비해야 하고…. 맨날 지겨워 죽겠어요."

"뭔가 새로운 것을 찾고 있나 보구나?"

"네! 뭐 짱 신나는 거 없을까요?"

고등학교 1학년 아이의 푸념을 듣고 있자니 참 힘들고 지겹겠구나 하는 생각이 든다. 아이들이 틈만 나면 스마트 폰을 들여다보는 것도 조금은 이해가 된다. 매일 똑같은 생활을 반복하다 보니 뭔가 신나고 새로운 것이 필요할 텐데, 온라인 세상만큼 쉽게 자극을 받을 수 있는 게 없기 때문일 것이다. 비단 아이들에게 국한된 이야기는 아니다. 우리도 매일 같은 차를 타고 같은 길로 같은 직장에 나가 똑같은 사람들과 함께 똑같은 일을 하고, 아까 왔던 그 길을 따라 어제 머물렀던 그곳으로 돌아가서 똑같이 하루를 마무리하고 똑같은 잠자리에 든다. 전업 주부들의 하소연은 강도가 더 높다. 도통 새롭거나 신나는 일이 없다. 매일 비슷한 반찬을 준비하느라 머리를 짜내는 것도 지쳤다. 도대체 뭐 색다른 것이 하나도 없는 하루다. 내일도 모레도 오늘과 비슷한 일상이 반복될 것을 생각하면 가슴이 좀 답답해진다.

사람은 누구나 특별한 것을 좋아한다. 남다른 주목과 인정, 뭔가 다른 대접을 받고 싶어 한다. 그저 평범하게 살고 싶지는 않다. 개성 있고 싶다. 수백만 명 중에 섞여 누가 누군지 잘 구별되지 않는 그저 그런 한 명이 되기보다 어떤 흥미진진한 이야기의 주인공이고 싶다. 멀리서도 반짝반짝 눈에 띄는 스타가 되고 싶다. 세상에서 중요한 사람이 되고 싶은 욕망은 삶에 동기를 부여하고 힘든 과정을 견디게 도와준다. 지금보다, 그리고 남보다 더 나은 사람이 되도록 자극한다. 하지만 시기나 질투, 외형의 비대와 내면의 빈곤, 인정에 대한 채워지지 않는 갈증, 타인의 시선에 대한 지나친 의식, 주변의 반응에 부화뇌동하는 불안정한 자아, 낮은 자존감, 우울, 중독과 같은 심각한 부작용을 일으키기도 한다.

아마 날마다 새로운 일을 하고 새로운 곳에서 새로운 사람을 만난다면 그 피로감도 만만치 않을 것이다. 우리 대부분은 얼마 못 가 다 지쳐 떨어져 나갈지 모른다. 사실 새로운 환경에 적응하는 것보다 힘들고 긴장되는 일도 없다. 일터를 옮기고 이사를 가고 전학하는 일은 평생 몇 번이면 족하다. 새롭다고 늘 좋은 것은 아니다. 생각해 보면 익숙한 것이 더 좋은 법이다.

우리의 하루는 마음 깊은 곳에서 끊임없이 솟아오르는 특별함에 대한 욕구와는 전혀 상관없어 보인다. 삶은 그냥 반복된다. 해가 뜨고 지는 자연의 주기는 말 그대로 너무나 자연스럽고 평범하다. 지루하게 반복되는 매일이 바로 나의 삶의 터전이고 무대라는 사실을 부인하고 싶다. 하지만 우리는 잘 알고 있다. 나의 하루를 가장 많이 차지하고 있는 일, 나의 시간이 가장 많이 소요되고 있는 업무가 바로 내게 가장 중요한 일이라는 사실을 말이다. 나는 바로 그 일을 하는 사람이다. 자기 정체성이 대부분의 시간을 보내는 그 지루한 일상에서부터 해리되어 있거나 그래야만 한다고 생각할 때 우리는 설 자리를 잃어버리고 만다. 매일의 현실에서 붕 떠 있는 사람, 세상이 세상 같지 않고 내가 나 같지 않은 사람이 된다. 이때 찾아오는 공허함은 참으로 견디기 어렵다.

새로운 것이 없어 삶이 너무 지루하다면 뭔가 변화가 필요하다. 이것은 생존의 문제이므로 꼭 변화해야 한다. 지루한 일상이 어떻게 새로워질 수 있을까? 생각해 보니, 늘 반복되지만 절대로 반복되지 않는 것이 있다. 장소도, 하는 일도, 만나는 사람도 모두 같을 수 있다. 하지만 시간은 절대 같지 않다. 시간은 계속 흐르고 있다. 그러면서 모든 것을 바꾼다. 시간이 지나면 나도 바뀌고 마주하는 사람도 변한다. 내 컴퓨터와 자동차도 어제와 같지 않다. 날씨도, 계절도, 공기도 어제의 것이 아니다. 책상도, 의자도, 에어컨도 어제보다 딱 하루만큼 노후됐다. 그렇다. 흐르는 강물의 어느 곳에도 똑같은 물이 멈춰 있을 수 없듯이, 우리의 삶도 똑같이 머물러 있지 않다. 실은 매 순간이 새로운 찰나다. 그동안 우리가 몰라서 무시했던 것뿐이다. 우리의 눈과 귀가 둔감해서 그 차이를 감지하지 못하고 있었던 것이다. 진실로 매 순간은 다 다르고 유일하며 독특하다. 지루하게 반복되는 것이 아니었다.

공부하는 학생들도 늘 다른 조건에서 하루를 살아간다. 매일 공부하는 내용이 바뀐다. 솔직히 그래서 공부가 어렵고 힘든 것이다. 어제 습득한 지식은 기존의 지식 체계 속에 녹아 들어가 새로운 지식을 흡수할 준비를 한다. 어제는 몰랐던 것이 오늘 깨달아진다. 걱정 말아라. 오늘 이해되지 않았던 것은 내일 정리가 될 것이다. 단조로운 아이들의 재생테이프 같은 일상도 매일 똑같이 반복되는 것은 결코 아니다. 아이들은 그 속에서 쉬지 않고 상호작용하며 자라고 성장한다. 실은 아이들의 배움보다 더 다채롭고 역동적인 것도 없다. 진실로 아이들은 우리보다 매일 더 크게 변한다.

전문가란 늘 비슷한 일을 하는 사람이다. 애당초 전문가가 되려면 늘 비슷한 일을 반복해야만 한다. 그래야 일을 더 능숙하게 할 수 있고, 깊이가 더해진다. 비슷하지만 조금씩 다른 다양한 상황들을 반복적으로 경험하면서 특정 분야의 숙달된 기술자가 된다. 얼마나 많이 반복해야 하는지, 그 과정이 얼마나 지루하고 힘든지 모른다. 분야와 상관없이 이런 수련의 과정을 통과하지 않은 달인은 없다. 지루한 반복은 미숙함을 제련하고 관록을 만든다. 이들에게 반복은 무의미한 리플레이가 아닌 도전이며, 시간 내에 완수해야만 하는 경주와 같은 것이다.

지루한 하루를 늘 새롭게 맞이하려면 자신의 마음과 시각을 새롭게 하는 훈련을 해야 한다. 우리에게 일어나는 일들을 우리가 통제할 수는 없다. 우리에게 그런 능력은 주어지지 않았다. 쉽지는 않지만 우리는 우리 자신의 생각과 반응을 어느 정도 조절할 수 있다. 매일 먹는 김치도 날마다 다른 맛을 내며, 공기를 만난 포도주도 시간이 지나면 향과 맛이 변한다. 우리도 그 차이를 맛볼 수 있다. 숙성의 차이를 알아차릴 수 있는 예민한 미각만 있다면 말이다. 매일의 차이점을 발견하는 감각은 훈련을 통해 얼마든지 강화될 수 있다.

기대해도 좋다. 삶은 매일 다르며, 예측할 수 없고 예비할 수 없는 변수로 가득 차 있다. 그래서 불안하지만, 그래서 흥미진진하다. 솔직히 지루할 틈이 없다. 삶이 지루하다는 생각은 선입견이며, 둔마(鈍痲)된 감각이요, 잘못된 지각이다. 새로움은 환경이 아니라 자기 마음에 의해 좌우된다. 아침마다 마음을 새롭게 하고 하루를 맞이하자. 지금, 여기에 집중하자. 주어진 순간을 온몸으로 느끼고 받아들인 후 마음 가득히 채우자. 신나는 하루가 우리를 기다리고 있다.

Chapter 21

실패는 조화로운 인생의 감춰진 묘수다

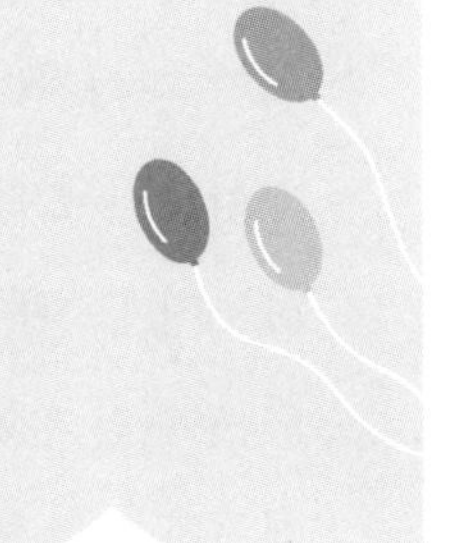

초등학교 3학년 미영이는 마음이 약한 아이다. 혼이 나거나 친구들에게 놀림을 당하면 얼굴이 금세 빨개지고 어쩔 줄 몰라 한다. 아무렇지 않은 농담에도 금방 눈가가 붉어진다. 이런 일이 있으면 친구 만나기가 부담스러워 학교를 안 간 적도 있다. 엄마가 한마디 지적을 해도 마찬가지다. 금방 의기소침해지고 안색이 변한다. "나는 왜 아무것도 못해?" 미영이의 반복적인 한탄이다. 자신의 욕심에 비해 자신감이 부족한 미영이는 새롭거나 어려운 것은 아예 시작조차 안 한다. "난 못 해!" "안 할래!" 진작 포기해 버린다. 미영이 엄마는 아이가 어디서 상처를 받을까 봐, 그래서 더 자신감이 없어질까 봐 걱정이다. 언제부턴가 어디서 들은 조언을 따라 칭찬을 많이 해 주기 시작했다. "잘했다! 잘했어!" 밥을 먹어도, 숙제를 해도 칭찬이다. 엄마의 칭찬이 좀 지나친 듯하다. "엄마, 나 잘했지?" 아이는 하루에 열두 번도 더 묻고 확인한다. 아이가 못할 만한 것은 엄마가 먼저 알아서 제친다. 조금 어려운 학교 과제는 대부분 엄마 차지다. 얼마 전부터는 아예 아이가 스스로 하려고 하지도 않는다. 엄마가 없으면 아무것도 못하는 아이가 걱정도 되고 짜증스럽기도 하지만 엄마는 과도한 도움의 손길을 멈추지 못한다. 머릿속에 끊임없이 맴도는 걱정 때문이다. '아이가 친구 사이에서 주눅이 들면 어떡하지? 선생님께 칭찬을 못 받아 실망하고 자신감을 잃으면 어떡하지?'

성공과 실패의 패러독스

성공의 경험은 짜릿하다. 커다란 만족감을 가져다주는 성공은 그 자체가 아주 강력한 강화물이다. 잘하면 주변의 긍정적인 피드백, 즉 사회적인 인정과 구체적 보상이 뒤따라온다. 이런 외부적 강화물은 아이들로 하여금 강한 동기를 유발한다. 성공의 맛에 길들여진 아이들은 그 맛을 잊지 못해 시키지 않아도 스스로 움직이기 시작한다. 이처럼 반복적인 성공의 경험은 도전의식을 심어 주고, 아이들은 도전을 통해 더 발전하며, 결국 자신감이 넘치고 자율적이고 독립적인 사람이 되게 도와준다. 그래서 누구나 성공을 원한다. 이것이 우리가 기대하고 있는 성공 신화다. 하지만 실제 우리의 삶에서 얼마나 가능한 이야기일까?

성공에 대한 이런 핑크빛 인식에는 적잖은 함정이 있다. 첫째, 성공하기란 아주 어렵다는 사실이다. 성공은 결코 쉬운 일도, 자주 일어나는 일도 아니다. 사실 실제 삶에서는 성공의 경험보다 실패의 경험이 더 많다. 시합이나 경연에서도 결국 마지막에 이기는 사람은 한 명뿐이고, 높은 시험 점수도 극히 일부만의 차지다. 즉, 도전하고 시도하는 수많은 사람들 중 극소수만 성공한다는 이야기다. 또한 대부분의 성공은 자신의 한계를 극복해야만 얻어지는데, 자신의 한계를 넘어선다는 것 자체가 아주 힘들고 고된 일이다. 뼈를 깎는 노력과 절제, 그리고 인내를 통해서만 도달할 수 있다. 우리 마음속에 뿌리 박혀 있는 유교적인 가치관은 시종일관(始終一貫) '극기'(克己)가 최고라고 부르짖지만, '자기를 이기기란 성(城)을 정복하기보다 힘든 법'이다.

둘째, 성공에는 끝이 없다. 올라도, 올라도 더 높은 정상은 언제나 남아 있다. 한두 번 성공했다고 해도 멈출 수가 없다. 현대의 경쟁 사회에서 영원한 챔피언은 없다. 금방 후발주자들이 치고 올라온다. 달리기를 멈추면 지금의 위치에서 뒤로 밀려나고 만다. 누군가에게 자신의 자리를 내줘야만 한다. 지금 이겼다고 해서 다음에 또 이기리라는 보장이 없다. 아니, 분명히 언젠가는 질 것이다. 실패할 것이다. 지지 않으려면 쉬지 않고 계속해서 더 달릴 수밖에 없다. 이것이 성공의 늪에 빠진 사람의 운명이다. 인간의 경쟁심과 욕심은 한이 없다.

사람들은 하나를 얻으려면 다른 것들은 잃을 수밖에 없다는 평범한 진실을 쉽게 외면한다. 하나를 성공하기 위해서 돌아보지 않은 다른 많은 부분들은 어떤 면에서 보면 실패한 것이나 다름없다. 무언가를 선택한다는 것은 다른 무엇을 포기함을 의미하기 때문이다. 한 손에는 오직 하나만 꽉 움켜쥘 수 있다. 우리의 능력은 제한적이며, 우리는 시간과 공간의 한계 속에서 살아간다. 어떤 분야에 성공한 사람은 그 반대편에는 젬병이다. 자기 분야에 아무리 박사라도 다른 분야에는 무식하기 마련이다. 부를 얻으면 관계를 잃기 쉽고, 유명해지면 진정한 벗을 만들기 어렵다. 높은 권력 주변에는 충신보다는 간신이 넘쳐나는 법이다. 나는 이런 사람들과 그 가족들을 수도 없이 만났고, 한 가지 성공에 치우친 삶이 주는 손해와 실패와 불행을 생생하게 목격해 왔다.

성공 지상주의는 우리 사회를 아프게 만드는 고질병임에도 불구하고 아직도 많은 사람들이 여기서 벗어나지 못하고 있다. 그 고통은 우리 아이들에게 고스란히 넘어온다. 앞의 사례와 같이 잘해야만 자신감이 생긴다고 믿는 순진한(?) 부모들은 대부분 자녀들의 생활에 과도하게 개입한다. 부모에게 자녀들은 늘 부족하다. 부모의 눈에는 어떻게 해야 주변의 아이들보다 더 잘하고 경쟁에서 성공할 수 있을지 뻔히 보인다. 그래서 훈수를 둔다. 걱정이 지나치거나 마음이 급한 부모들은 드물지 않게 자녀의 일을 대신 해 주기도 한다. 숙제도 대신 해 주고, 모르는 것은 일일이 풀어 하나부터 열까지 다 설명해 준다. 시험 전날 같이 밤샘하는 부모들도 적지 않다. 친구 사이에 문제가 생기면 부모가 앞서 나선다. 자식이 잘못하면 기가 죽을까 봐 변호사가 되고 총알받이가 되기도 한다.

부모는 이렇게 해야 아이가 성공해서 결국 잘되고 자신감도 생길 거라고 생각한다. 하지만 이것은 착각이다. 자신감은 스스로 도전해서 성공할 때만 얻어지기 때문이다. 누가 도와줘서 성공한 경험은 아무런 도움이 되지 못한다. 오히려 다음번에도 누군가의 도움이 필요하기 때문에 더 불안해진다. 매번 누군가를 의지해야 하는 사람의 불안을 아는가? 매 순간 누군가의 도움을 기대하며 눈치를 살펴야 하는, 그래서 누군가에게 종속되어야만 하는 인간의 답답한 심정과 분노를 아는가? 의존적인 아이는 의존의 대상인 부모를 떠나지 못하면서도 원망하고 탓하는 이중적인 감정에 휩싸인다. '사필귀정'(事必歸正)이다. 둘의 관계는 대부분 비극으로 치닫는다. 독립이 화두인 청소년기를 건강하게 넘기기 힘들다. 아이의 마음은 불안과 분노, 의존으로 가득 차고, 자신감은 오히려 바닥으로 떨어진다.

늘 도와줘야 하는 부모도 금방 지치고 화가 난다. 요구만 하며 입만 벌리고 있는 자녀를 보면 복장이 터진다. 하지만 스스로 움직일 줄 모르는 아이가 하루아침에 변할 리 만무하다. 보통은 아이가 미워진다. 부모도 아이를 탓한다. 부모 자신이 수동적인 아이로 키웠다는 사실은 까맣게 잊는다. 우연한 기회에, 혹은 상담 중에 자신의 문제점을 깨달아도 변화를 주기란 쉽지가 않다. 이쯤 되면 부모도 우울감에 휩싸인다.

어떻게 해야 할까? 먼저, 성공 신화를 믿지 말아야 한다. 간혹 아이들이 상담실에 들고 오는 책들을 보면 성공과 관련된 책이 참 많다. 열이면 열, 부모가 사 줬다고 한다. 사회적으로 성공한 사람들의 이야기를 듣고 그대로 살면 우리 아이들도 그렇게 될 것이라고 믿는가? 너무 순진한 생각이다. 내가 접해 본 거의 대부분의 성공 신화는 그저 운이 좋았거나 다른 사람들의 노력과 희생을 무대로 이뤄진 이야기들이다. 현대사회는 스타플레이어 혼자만의 개인기나 노력으로는 사회적 성공을 이룰 수 없는 구조를 갖고 있다. 함께 일하고 함께 만들어 가는 사회다. 하지만 대부분의 성공 신화에는 자신의 미담만 적혀 있을 뿐, 다른 어두운 부분이나 다른 사람의 희생과 노력은 적혀 있지 않다. 이런 이야기만 탐

닉하면 아이들은 균형적인 시선을 잃어버리게 된다. 열심만 있으면 무조건 된다는 단순한 사고를 갖게 되어 나중에 오히려 크게 실망할 수 있다. 혹은 복권 당첨과 같은 행운만 기대하며 감나무 아래서 입만 벌리고 있거나, 내게만 그런 행운이 오지 않는다고 신세를 한탄하며 억울해하는 사람이 될 수도 있다.

둘째, 성공이 아닌 실패에서 배우도록 해야 한다. 그 어떤 상황이라도 우리는 배울 수 있고, 그래서 조금씩 나아갈 수 있다. 학습이란 모르는 것, 새로운 것을 배우고 익히는 과정이다. 쉽게 이룰 수 있는 것은 학습할 필요가 없다. 특히 진정한 배움은 성공이 아닌 실패를 통과한 후에 얻어지는 경우가 많다. 못하는 것을 할 수 있을 때까지 반복 숙달하려면 수십 번, 수백 번 실패해야만 한다. 그래서 실패를 두려워하는 사람은 제대로 배울 수 없다. 아예 배우려고 도전하지도, 시도하지도 않는다.

우리 아이들은 쉽게 이룰 수 없는 현실에 익숙해지고 강해져야 한다. 자신의 무력함과 부족함에 직면하도록 해야 한다. 자신이 부족해서 느끼는 무력함은 전혀 문제가 되지 않는다. 실패는 나쁜 것이고 누구의 잘못 때문이라고 귀인시키는 사고가 문제인 것이다. 실패는 우리 삶 속에서 흔히 일어나는 일상적인 현상이며, 궁극적 결과가 아니라 과정이다.

거듭 강조하지만, 성공은 드물고 실패는 잦다. 실패를 통해 배우는 아이는 절대 쓰러지지 않는다. 실패할 때마다 더 배우고 더 자라기 때문이다. 그뿐인가? 자신의 부족함을 인식하지 않으면 절대 배울 수 없는 사실, 즉 세상에서 가장 배우기 어렵다는 겸손을 덤으로 배울 수 있다. 뿐만 아니다. 자신처럼 부족하고 실패하는 다른 이들을 진정으로 품고 이해할 수 있는 공감 능력을 키울 수 있다. 정말 신비롭다. 실패의 보너스가 원래 의도했던 성공의 열매보다 훨씬 더 크고 값지다. 아이가 실패에 직면할 때마다 이 사실을 기억하고 공유하며, 이것이 아이의 삶의 일부분이 될 수 있도록 기다리고 지원하고 기도하라.

"그렇다고 어찌 실패만 하고 살 수 있는가?"라고 물을 수 있다. 맞는 말이다. 성공도 필요하다. 하지만 여기에 아주 중요한 전제가 하나 있다. 바로 '작은' 성공이 필요하다. 인생에서 크고 대단한 성공은 사실상 거의 불가능하다. 하지만 작은 성공은 보다 자주 일어날 수 있고, 덜 힘들며, 가능성이 꽤 높다. 작은 성공이란 생활의 작은 습관이나 일과를 조금씩 변화시키는 성공을 말한다. 물론 이것도 쉽지 않다. 사실 삶의 아주 사소한 변화는 결코 작은 것이 아니다. 이것은 혁명과도 같은 것이다. 아니, 그 이상, 기적이라고 생각한다. 작은 변화, 그것을 값지게 여겨야 한다.

삶은 조금씩 변하는 것이며, 작은 변화의 반복이 결국 거대한 변화로 이어진다. 한 번에 큰 성공을 이룰 수는 없지만, 작게 여러 번 평생을 거친다면 결국 적잖은 발전을 이룰 수 있다. 실패를 통해 늘 배우고 조금씩 삶을 변화시킨다면 우리 자신과 우리의 자녀들도 결국은 꽤 괜찮은 삶을 살아갈 수 있으리라 믿는다. 선한 어떤 방향을 향해 자신의 삶을 조금이라도 확장시켰다면 그것이 진정한 성공이 아니겠는가?

그렇다면 우리는 어떻게 실패를 극복할 수 있을까?

놀이, 그 위대한 원천

사람은 어떻게든 살게 되어 있다. 생존에 필요한 필수적인 힘과 기술은 대부분 우리 몸에 기본 사양으로 내장된 채 태어난다. 조물주의 선물이다. 의과대학에서 가르치는 온갖 복잡한 내용들이 이런 빌트인 시스템에 대한 것들인데, 알면 알수록 신묘하다. 어디 그뿐인가? 살아가는데 꼭 필요하지만 우리가 만들어 낼 수 없는 기본적인 환경 요건들도 거의 마련되어 있다. 신선한 공기와 물, 땅과 태양, 온갖 동식물들 그리고 가족들이 그것이다. 사람마다 차이는 있겠지만, 아무튼 자기 혼자 노력해서 이 모든 것들을 획득했다고는 아무도 말하지 못할 것이다.

하지만 이것만으로는 충분치 않다. 누구든 삶에 몇 번의 위기가 찾아오기 마련이다. 위기로 인해 자신의 삶이 끝날 수도 있고, 배우자와 자식을 잃을 수도 있으며, 자기 몸과 정신의 일부가 손상될 수도 있다. 사업에 실패하고 배신당하는 일은 흔하다. 세상 일이 마음먹은 대로, 내 계획대로 되는 법은 없다. 삶의 위기는 누구에게나 일어날 수 있으며, 불행히도 이는 현실이고 사실이다. 이때는 참으로 견디기 어렵다.

하버드 대학 정신의학과 교수인 조지 베일런트 박사는 그의 오랜 연구를 통해, 노년기의 행복을 결정하는 가장 중요한 요인은 '고통에 대응하는 성숙한 방어기제'라고 주장했다. 일을 수행하는 능력, 건강, 사회성, 배경과 경제적 수준은 고통을 견디는 힘에 비해 상대적으로 의미가 적은 요인들이었다. 결국 생의 마지막 순간에 웃을 수 있는 사람은 위기를 넘어선 사람들뿐이다. 이런 '도전과 응전'의 반복으로 인간의 역사가 씌어져 온 것이다.

위기의 순간을 잘 넘기려면 무엇이 필요할까? 우리 아이들은 힘든 순간을 넘길 수 있는 힘을 어디서 얻을 수 있을까? 인간은 고단한 삶이 주는 끝없는 긴장과 부담을 어떻게 이겨 왔을까? 아픔과 고통을 잊기 위해 경쟁과 생존의 부담을 떠나 인류가 자주 사용했던 삶의 방식은 바로 놀이다.

놀이에 대해 이야기를 나눌 때마다 이 친구를 잊을 수 없다.

깨질 듯한 두통으로 입원까지 했던 상규는 헌신적이고 모범적인 어머니를 그대로 빼닮았다. 상규는 가부장적이고 엄격한 아버지 밑에서 좋은 아들이 되기 위해 그동안 모든 욕동(慾動, drive)을 억압한 채 어머니와 함께 순응하며 살아왔다. 마음으로 깊이 존경하던 아버지의 위선을 발견한 어느 날, 오랜 시간 억압되어 온 분노는 극심한 두통으로 분출되기 시작했다. 사실 두통은 순종적인 어머니를 평생 괴롭혀 온 증상이었다. "아이고 머리야!" 어머니가 늘 입에 달고 살던 말이다. 상고머리를 한 반듯한 아이 상규는 어린이처럼 보이지 않았다. 걷는 모습도 중년 아저씨처럼 뒷짐을 지고 다녔으며, 주변의 아이들에게도 늘 훈계조로 말했다. 같이 신나게 뛰어 노는 법이 없었다. 시간이 날 때면 독서를 하고 공부를 했다. 누가 봐도 모범적인 아이지만, 그것이 오히려 큰 문제였다. 놀이가 없는 '애어른'에게 위기가 찾아오자 모든 것이 한순간에 무너져 버렸다. 놀랍게도 상규는 두통이 거의 사라진 상태에서 퇴원했다. 내가 해 준 것은 단 한 가지, 상규와 재미있게 놀아 준 것뿐이었다. 상규는 놀이를 통해 힐링되었다.

놀이의 가장 큰 특징은 즐거움이다. 위키백과에서는 "놀이는 즐거움을 얻기 위해 하는 활동"이라고 정의한다. 삶이 주는 긴장, 슬픔, 불안, 좌절과 같은 부정적 감정을 몰아내기 위해서는 아주 강력하고 긍정적인 카운터펀치가 필요한데, 여기에는 놀이만 한 것이 없다. 놀이는 우리에게 쾌락, 환희, 기쁨을 경험하게 해 준다. 일은 피곤한 것이며 의무적이고 매우 자주 강제적인 것이지만, 놀이는 자발적이고 자기만족적이며 해방감과 자유를 선사해 준다.

제대로 즐거워하는 사람들, 신나게 놀고 있는 아이들을 바라보면 공통적으로 관찰되는 것이 있다. 바로 '웃음'이다. 반대로 삶에 지친 사람들, 위기에 처한 사람들은 가장 먼저 웃음을 잃어버린다. 바쁜 일정에 쫓겨 자신을 돌보지 못한 사람들 역시 웃을 수 없다. 해맑은 웃음은 모름지기 아이들의 트레이드마크다. 그럼에도 불구하고 요즘 아이들은 점점 웃음을 잃어 가고 있다. 아스팔트로 대체된 사라져 버린 놀이 공간, 학습으로 채워진 한가하고 자유로운 여가 시간 그리고 함께 뛰어놀 친구들의 부재(不在)가 빚어 낸 결과다. 놀이의 박탈, 웃음의 소실은 아이들에게는 가장 큰 비극이며 학대다.

놀이를 뜻하는 'Play'라는 말에는 '연극, 재생, 연주'라는 의미가 있다. 아이의 놀이 중 백미는 역할 놀이다. 소꿉놀이로 대표되는 역할 놀이에는 어른이 행해야 하는 다양한 역할을 놀이를 통해 재연하고 연습하는 기능이 있다. 건강한 아이는 역할 놀이를 즐기며, 여러 아이들과 다양한 역할 놀이를 하면서 미래를 준비한다. 나중에 어른이 됐을 때 자연스럽게 주어진 역할을 담당할 힘과 기술이 길러진다. 대표적인 것이 부모 역할이다. 부모는 인류에 있어서 가장 중요하면서도 힘든 역할임에도 불구하고 보통은 따로 배우지 않는다. 발달에 문제가 없고 놀이 기회만 충분히 주어진다면 누구나 자연스럽게 습득할 수 있기 때문이다. 결국 아이들은 놀이를 통해 부모가 되며, 더 나아가 또 다른 역할을 하는 어른이 되는 것이다. 이런 반복적인 놀이 과정을 통해 삶은 연습되고 재생된다. 같은 곡이라도 연주할 때마다 비슷하지만 다르게 표현되는 것처럼, 삶 역시 저마다 독창적으로 펼쳐진다. 연극배우는 시연될 때마다 같은 내용으로 다른 극을 연출해 낸다. 비슷하지만 모두 독특한 우리의 일상과 똑같다. 놀이는 바로 삶이며 전승이며 예술이고 창조다.

놀이가 사라지면 인간의 삶도 사라진다. 생의 위기를 극복하는 힘과 삶을 살아가는 가장 위대한 원천이 고갈된다. 만만찮은 인생을 준비하는 아이들에게는 충분히 놀 수 있는 시간이 필요하다. 가장 큰 적은 바쁜 일정으로, 할 일 없는 하루는 아이들만의 특권이다. 그리고 넓은 공간도 필요하다. 산과 언덕, 들판에 견줄 수 있는 놀이터는 없다. 흙, 돌, 물보다 훌륭한 장난감 또한 없다. 아이들에게서 자연(自然)을 빼앗지 말아야 한다. 잘 가꾸고 보존해 줘야 한다. 자연을 즐기는 법을 가르쳐야 한다. 마지막으로 실컷 놀 자유가 필요하다. 특별한 준비는 필요 없다. 그냥 놔두면 된다. 개입하지 말고, 가르치려 하지 말고, 도와주려 하지 말라. 어른의 지나친 관심이 때로는 구속이 될 수 있고, 자유로운 놀이를 방해할 수 있다. 가만히 내버려 두면 아이들은 가장 즐겁고 온전하게 놀 수 있다. 기억하자. 이런 놀이를 허락하고 보장하는 것은 아이와 미래를 위한 가장 확실하며 소중한 투자다. 하나님 앞에서 다윗처럼 뛰놀

줄 아는 아이는 실패를 통과하며 삶을 배우고 가꿀 수 있다.

모험은 성장의 발판

운동하려고 반바지를 입는데 무릎 위 시퍼런 반점을 보았다. 아마 그제 산행을 하다가 나무나 바위에 살짝 부딪혔던 모양이다. 산행을 하다 보면 아무리 조심한다고 해도 가끔 다리에 멍이 든다. 넘어져 손이 까지기도 하고, 나뭇가지에 긁혀 피부에 생채기가 나기도 한다. 산행이 주는 즐거움이 크니 이 정도 작은 상처들은 크게 개의치 않기 마련이다. 나의 왼쪽 팔꿈치에는 커다란 두 개의 흉터가 남아 있고, 움직임도 꽤 불편하다. 자전거를 타다가 다쳐서 큰 수술을 두 번이나 받은 탓이다. 팔꿈치의 운동 제한을 보상하느라 왼쪽 어깨도 늘 아프고 결린다. 왼손 손가락 힘도 약해져 즐겼던 기타도 예전만큼 칠 수가 없다. 요즘은 아내의 잔소리에 원거리 자전거는 잘 타지 않게 되었지만, 여행을 가면 종종 아내 몰래 자전거를 탄다. 여기까지 와서 좋은 자전거 길을 그냥 지나칠 수는 없지 않은가? 너무 조심하느라 세상에서 내가 할 수 있고 즐길 수 있는 일들을 점점 못 하게 되고 싶지는 않다.

얼마 전 쉬는 시간이나 점심시간에 학교 운동장 사용이 금지된 학교가 많다는 뉴스를 보았다. 다름 아닌 학부모들의 민원 때문이란다. 학교에서 놀다가 아이가 다치는 경우에 일부 부모들이 학교가 책임지라는 민원을 제기한다는 것이다. 관리 책임이 있으니 학교에서도 할 말은 없고, 그렇다고 쉬는 시간마다 모든 학생을 일일이 돌볼 수도 없으니 운동장 사용을 금지시키는 것이 가장 쉬운 방책일 것이다. 이해가 안 되는 것은 아니다. 하지만 친구들과 넓은 운동장에서 뛰어 노는 즐거움이 없는 학교생활은 좀처럼 상상이 되지 않는다. 운동량은 부족하고 학습량은 더 많은 요즘 학생들에게 여러모로 더 곤란한 일이 아닐까 싶다. 운동이, 그리고 놀이가 아이들에게 얼마나 중요한 것인지는 두말할 필요도 없을 것이다. 민원을 제기하는 학부모도, 그렇다고 운동장 사용을 금지시키는 학교도 왠지 걱정스럽다. 사실 문제를 안 만드는 가장 쉽고 확실한 방법은 아무것도 하지 않는 것이다. 하지만 한 번뿐인 인생을 그렇게 살 수는 없지 않은가? 더구나 아이들을 결단코 그렇게 키울 수는 없다. 해 본 것이 없는 아이는 경험도, 지식도, 기술도, 재미도, 정말 아무것도 배울 수 없기 때문이다.

사실 아이들은 어른들의 쓸모없는 걱정이나 제한에 전혀 아랑곳하지 않는다. 아니, 숙명적으로 그럴 수 없다. 모든 아이들은 모험을 통해 발달하고 배우도록 설계되어 있기 때문이다. 위험을 무릅쓰지 않으면 성장할 수 없으니 금지된 선을 넘어갈 수밖에 없는 것이다. 어머니의 자궁에서 바깥으로 나오는 그때부터 모든 순간이 낯선 것들에 대한 도전의 연속이다. 연약한 젖은 피부가 맨 처음 느낀 세상의 감각은 매서운 추위요, 가녀린 눈이 처음 본 것은 뜰 수 없을 정도로 따가운 빛이며, 막 펼쳐진 폐포로 처음 맞이한 것은 차디찬 바깥공기다. 젖을 빠는 것도, 누군가에게 안기는 것도 아이들에게는 모두 새로운 경험이요, 모험이다. 들어도, 보아도, 느껴도 알 수 없는 것들 천지뿐인 세상에 나와서 아이들은 단 하나도 회피하지 않은 채 기꺼이 받아들이고 헤쳐 나간다. 세상은 그렇게 배우는 것이다. 모호함과 두려움은 아이들의 피할 수 없는 일상이다. 걷기를 시작하는 아이들을 보면 넘어지거나 다치는 것을 전혀 두려워하지 않고 오히려 즐기고 있다는 것을 알 수 있다. 이들이 결국 얻어 내고 마는 것은 먼 세상까지 탐색할 수 있는 이동 능력, 높은 곳에서 내려다볼 수 있는 시야 그리고 무엇이든 만들 수 있는 자유로운 두 손이다. 매끈한 다리와 깨끗한 무릎과는 견줄 수 없는 값진 열매들이다.

무릎이 깨지면서 아이들은 많은 것을 배운다. 첫째, 위험한 것을 알게 된다. 위험한 것은 두려운 것과 다르다. 두려움은 상상의 산물이요, 위험은 경험의 산물이다. 두려움은 허상이요, 위험은 실제다. 두려움은 주저하고 회피하게 만들지만, 위험은 준비하고 기다리게 만든다. 두려움은 다가올 미래에 대해 아무것도 가르쳐 주지 않지만, 위험은 실제적이고 유용한 정보를 알려 준다. 두려움이 갈 길을 더 모호하고 어둡게 만든다면, 위험은 오히려 가야 할 방향과 요령을 배우게 해 준다. 이 과정을 통해 무엇보다 두려움과 위험을 식별하는 안목이 생긴다. 넘어지지 않으려 발걸음을 떼지 못하는 자들은 종종 상상과 현실을 혼동한다. 두려운 상상이 실제를 지배해서 옴짝달싹 못하게 만든다. 두려움이란 원래 그런 것이다. 이 두려움의 안개를 걷어 내는 유일한 길은 안개 속으로 나아가는 것뿐이다. 안개 속에 무엇이 있는지 직접 두 눈으로 보아 허상과 실상을 확인하고 구별해야만 한다. 그 속으로 들어가는 자에게만 허락된 깨우침이다.

도전하는 아이들이 배우게 되는 것은 세상과 환경이 주는 정보만이 아니다. 자신에 대해서도 배우게 된다. 자신의 실제와 한계를 마주하게 되는 것이다. 애석하지만 우리 모두는 제한적인 존재다. 부모의 비호 아래 아무것도 시도하지 않거나 성공할 수 있는 것만 시도하는 아이들은 세상이 어떤지도 모르지만, 자기 자신의 형편도 깨닫지 못한다. 어떤 부모들은 실패가 아이들의 자신감을 꺾는다고 걱정한다. 이 말이야말로 두려움이 만든 대표적인 허상이다. 아이들의 자신감을 꺾는 것은 실패가 아니라 비난과 무지다. 그것도 부모와 같이 가장 가까운 사람의 비난! 실패해도 소중한 사람들이 괜찮다고 보듬어 주면 인간은 잘 쓰러지지 않는다. 만약 쓰러진다고 해도 함께 일어날 수 있다. 오히려 드물지 않게 더 성장하기도 한다. 하지만 '눈 가리고 아웅'하다가 나이가 들어도 세상이 어떤지, 자신이 무엇을 할 수 있고 할 수 없는지 모르는 사람은 자신감도 유능감도 가질 수 없는 법이다. 도전은 자신이 무엇을 좋아하고 무엇을 할 수 있는 사람인지 더 명료하게 보게 만든다.

넘어지고 부딪혀 본 아이들은 다시 넘어지지 않는 법을 스스로 터득한다. 소위 조절 능력을 배우는 것이다. 몸을 조절하는 법, 감정을 조절하는 법, 말을 통제하는 법, 밀고 당기는 법, 참는 법 그리고 기다리는 법 말이다. 다음번에는 똑같이 넘어지지 않으려고 자신의 능력을 향상시키고 개발한다. 넘어졌던 고통과 부끄러움이 기꺼이 동기가 된다. 더 잘하고 싶은 욕심과 오기가 발동되기도 한다. 누구와의 경쟁심이 동력이 될 때도 있다. 아무려면 어떤가? 결국 남는 것은 실력이요, 발달이고 발전이다. "실패는 성공의 어머니!" 두말할 필요가 없는 진리다.

세상을 알게 된 후 자신을 깨닫고 실력이 향상되면 저절로 즐기게 된다. 새로운 시도와 모험처럼 즐겁고 기대되는 일은 없다. 가슴이 두근거리는 이유는 두려워서가 아니라 흥분되기 때문이다. 신기하고 놀라운 일들이 인생의 길 위해 펼쳐져 있음을 알게 된다. 힘든 언덕을 넘으면 예전에 보지 못했던 놀라운 광경이 펼쳐진다. 오르고 내리는 과정에서 몇 번 넘어지고 미끄러질 수도 있지만 별것 아니다. 더 높은 곳에서의 더 놀라운 경험을 기대하기에, 그리고 그것이 가장 즐겁고 행복하기에 스스로 더 힘을 낸다. 기민하게 훈련된 현실 감각이 어둠과 안개 속에서 좋은 결정을 내리게 할 것이다. 위험을 알고 자신의 한계를 배워 알기에 무리하거나 조급해하지 않는다. 천천히 가야 할 때와 멈춰야 할 때, 때론 한참을 쉬어야 할 때를 판단하게 된다. 이번에 실패해도 괜찮다는 사실 또한 잘 알고 있다. 가장 최악의 경우에도 더 배우고 성장할 수 있음을 믿기 때문이다.

두려움에 맞서는 것은 아이의 숙명이요, 인생을 살아가고 성장하는 방식이다. 우리가 그걸 막아서야 되겠는가? 하루아침에 배우고 깨달아지는 것이 아니니 더 이상 미루지 말고 당장 시작해야 한다. 자녀가 넘어져도, 무릎이 까지고 곳곳에 멍이 들어도 괜찮다. 무슨 걱정인가? 넘어져도 툭 털고 일어서면 그만인 것을.

시험은 결과가 아닌 과정이다

2018년도는 유사 없는 '불수능'으로 온통 난리가 났다. "학업 수행 능력을 평가한 것이 아니라 '유리 멘탈' 여부를 가늠하는 시험이었다." "그동안 이렇게 시험을 준비하라고 강조해 온 가이드라인과는 거리가 먼 문제들이 다수 출제되었다." "지나치게 길고 복잡한 지문들은 짧은 시간 내에 문제 푸는 요령만 부추길 것이다." "상위 15위권 대학과 사교육계 외의 그 누구에게도 아무 이익이 되지 않는 답 없는 입시 제도다." 연일 비판이 거세다. "올해는 시험을 마친 수험생들이 휴대폰을 바꾸러 오지 않아요. 수험생 특가 할인 서비스에도 불구하고 전화기 한 대밖에 못 팔았어요." 집 앞 휴대폰 매장 주인아저씨도 울상이다.

시험을 망친 아이들과 부모들은 이내 울음을 터뜨렸다. 마치 죄인처럼 풀이 죽은 수험생들을 곁에서 바라보고 있자니 마음이 아프다. 아이들의 낙심이 얼마나 크겠는가? 이들은 오랫동안 많은 시간과 노력 그리고 돈을 바쳤지만 결국은 실패했다. 결승점을 통과한 자들이 마땅히 누려야 할 환희와 보람, 박수는 기대할 수도 없다. 아니, 앞으로 어떻게 해야 할지 정신을 차릴 수 없을 지경이다. 부모님에게도 선생님에게도 온통 미안한 마음뿐이다. 시험이 원망스럽고 세상이 원망스럽고 자신도 원망스럽다. 이들뿐이 아니다. 앞으로 수능을 봐야 하는 아이들도 더불어 더 불안해졌다. 이들의 온갖 노력과 투자들은 과연 무엇을 보장해 주는가? 왜 이들은 이토록 애쓰면서도 이토록 좌절하고 불안해해야만 하는가? 매년 수십만 명의 아이들과 부모들은 이 길을 지나치며 과연 무엇을 얻게 되는가?

우리의 삶은 불확실하다. 아무도 미래를 알 수 없다. 우리의 노력과 지식과 정보는 슬프게도 내일을 보장해 주지 못한다. 선생님들과 입시 전문가들을 포함한 그 누구도 하루 전날에 수능이 이렇게 어렵게 출제될 줄 알지 못했다. 수험생들이 기대었던 조언들은 일부 과거 경험과 자료에 근거한 어설픈 예측이었거나 단지 이들을 위로하고 격려하기 위해 건넨 말에 불과했다. 어쩌면 일부는 누군가의 이익을 위한 상술이었을지도 모른다.

분명한 사실은 아무도 내일을 알 수 없다는 것이다. 시험을 보기 전에는 어떤 문제가 나올지, 내가 그 문제를 제대로 풀 수 있을지 도무지 알 도리가 없다. 그래서 사람들은 예로부터 점을 보고 하늘의 별자리를 탐구해 왔으며, 지금도 누군가에게 자기가 잘 대비하고 있는지를 끊임없이 묻고 있는 것이다. 시험을 그르친 그대여! 다른 것은 몰라도 이 사실 하나만은 꼭 배우길 바란다. 지금 당장은 동의하기 어려울 수도 있지만, 이것 하나만 확실히 깨닫는다면 비록 이번 시험은 망쳤어도 아주 크게 잃은 것은 아니라고 믿는다. 실로 우리는 오늘의 수고로 내일을 보장받을 수 없는 불확실한 인생을 살아가고 있다.

시험을 못 봤다고 해서 반드시 공부를 못하는 것은 아니다. 2018년 수능시험만 봐도 알 수 있지 않은가? 누군가 실패하는 이유는 단지 게으르거나 실력이 없거나 못났기 때문만은 아니다. 이런 단순한 인과론은 근거도 없고 설득력도 부족하다. 우리가 예측하거나 통제할 수 없는 수많은 요인들이 우리의 삶에 깊게 작동한다. 그러니 좀 잘됐다고 교만해질 이유도, 못됐다고 기죽을 이유도 없다. 우리 중 그 누구도 자신의 삶을 모조리 자신이 통제했다고 말할 수 없기 때문이다. 간혹 그렇게 믿고 있는 사람을 만나기는 하지만 자기 착각이요, 기만일 뿐이다. 별로 한 일 없이 잘된 사람, 엄청 노력했는데도 잘 안 된 사람이 수두룩하다. 그러니 누군가가 당신의 미래에 대해 이렇다 저렇다 말한다면 순진하게 믿지 말라. 솔직히 그들도 모르고 하는 얘기다. "이번 시험 넌 꼭 잘 볼 거야!" "이렇게만 하면 100퍼센트 성공이야!" "그런 방식에는 답이 없어!" 이런 말들은 격려와 위로 혹은 경고가 될지는 몰라도 믿고 따라갈 근거가 되지는 못한다.

그러면 노력할 필요가 뭐가 있냐고? 당연히 제기되는 질문이다. 혹자는 이런 인생의 불확실함을 '운'이라 말하기도 하고, 누군가는 '섭리'라고 표현하기도 한다. 일단 우리가 어쩔 수 없는 부분들이라고 해 두자. 어쩔 수 있든 없든 간에 아무튼 매일을 살아가야만 한다. 누가? 바로 내가 말이다. 내 인생은 내가 걷는 길이고, 모조리 내 몫이다. 나는 매 순간 어떤 선택을 하고 어떤 행동을 하면서 내게 주어진 시간을 채워 나가야만 한다. 시험을 봐 본 사람이라면 알 것이다. 시험 시간에는 오로지 나 스스로가 내게 주어진 문제를 풀어내야만 한다는 사실을 말이다. 선생님도 부모도, 그 누구도 내 문제를 해결해 줄 수는 없다. 그게 바로 인생이다. 가장 힘들고 고독한 시간, 삶의 문제 앞에 홀로 서 있는 그 순간에 당신을 대신할 사람은 없다. 이것이 시험을 망친 아이들이 꼭 배워야 하는 두 번째 교훈이며, 우리가 노력해야 하는 이유, 좋은 선택을 내려야 하는 이유 그리고 살아가는 실력을 쌓기 위해 배우고 훈련해야 하는 이유다. 나의 삶은 나 아니면 아무도 완수해 낼 수 없기 때문이다. 돌아갈 곳도 피할 곳도, 어디 맡길 데도 없다.

그렇다면 우리가 선택해서 살아가는 인생의 부분과 우리가 통제할 수 없는 인생의 또 다른 부분을 무엇으로 연결할 수 있을까? 우리는 비로소 실패가 던져 주는 세 번째 질문에 마주하게 된다. 이 깊고 신비로운 고민은 신앙과 철학의 영역이기도 하다. 세상과 우주는 눈에 보이는 것, 설명할 수 있는 것, 인간이 깨달을 수 있는 것보다 훨씬 크고 넓은 미지의 공간이다. 그렇다면 우리의 삶은 결국 어디로 가는 것이며, 우리는 어떻게 살아야만 하는가? 그동안 잊고 회피하며 살아왔던 이 까다로운 질문 앞으로 우리를 이끌었다면, 그리고 살아가면서 이 질문을 계속 고민하고 반응하도록 만들어 준다면, 오늘의 실패는 진정 성공한 인생으로 이끄는 신의 한 수가 될 수 있다.

단 음식만 먹으며 살 수 없는 것처럼, 우리 삶에 성공만 있을 수는 없다. 편안하고 즐거운 삶만으로는 인생의 맛을 다 즐길 수 없다. 제대로 살기 위해서는 때로 쓴 약도 먹어야 하고, 넘어졌다가 일어서고, 다쳤다가 회복되기도 해야 한다. 당장의 결과가 어떠하든 각자의 인생은 아름다우며 온갖 의미로 충만하다. 그 사이에 슬픔, 한계, 눈물, 실패, 실수, 좌절이 촘촘히 버무려져 있다. 언젠가 알게 될 것이다. 실패와 좌절이 무슨 의미였는지, 그리고 삶의 한계가 우리에게 어떤 유익이 되었는지를 말이다. 달달한 마카롱은 쓴 커피와 먹을 때 가장 맛있고 잘 어울리는 법이다.

Chapter 22

일으켜 세우지 말고 일어서는 법을 알게 하라

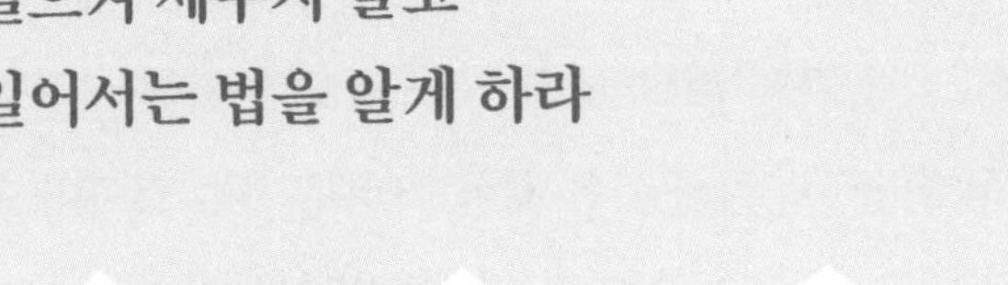

자녀의 상처에 개입하지 마라

"요즘 힘든 거 없니?"라고 물으면 만 세 살짜리 아이도 자신의 고민을 털어놓는다. "애들이 무슨 고민이 있어?"라고 쉽게 말하는 어른들의 생각과는 사뭇 다르다. 애들도 상처를 많이 받으며 산다. 무심코 던진 부모나 선생님의 핀잔, 무관심과 편애, 친구의 사소한 말 한마디, 맘대로 되지 않는 일상적인 좌절들이 아이의 마음에 크고 작은 생채기를 낸다. 소중한 사람과의 이별, 학대와 폭력, 학교나 학원에서의 왕따, 예상치 못했던 환경의 변화, 믿었던 친구의 배신과 같은 경험들은 보다 깊은 심리적 상처, 곧 트라우마를 남기는데, 이는 개인이 가진 방어 및 해결 능력을 넘어서는 심각한 위협으로 인해 실제적 혹은 감정적으로 겪게 되는 경험을 의미한다.

모든 상처 받은 어린 영혼들은 자연스럽게 스트레스 반응을 경험한다. 이후 쉽지 않은 고통의 시간이 지나가면 대부분은 회복의 문에 이른다. 때로 일부 아이들은 긴 터널을 통과하는 중간에 주저앉아 버리기도 한다. 비 온 뒤에 땅이 굳는다고, 누구는 트라우마 후 오히려 더 성장하기도 한다. 이처럼 상처는 불쑥 찾아와 다짜고짜 아이들의 삶 한복판으로 침입해 허락도 없이 똬리를 틀고 들어앉아 오랜 시간을 아이와 함께 살다가 결국 어떤 모양으로든 자녀의 삶에 크고 작은 영향을 미친다. 생의 마지막 날까지 기생하기도 하고, 때로는 자국만 남기고 배설되기도 한다. 이 모든 과정은 오롯이 상처 받은 아이의 몫이 된다.

하지만 트라우마와 관련된 연구 결과들은 한결같이 상처가 처리되는 과정에서 공동체, 특히 가족의 역할이 지대함을 주장한다. 아이들에게는 부모가 어떤 역할을 했는지가 더없이 중요하다. 그러나 불행히도 대부분의 부모들은 아이가 상처를 받았을 때 잘 대처하기 어렵다. 트라우마는 대부분 예상하지 못하고 준비되지 않은 상태에서 밀어닥치기 마련이며, 부모들 역시 아이들과 함께 트라우마에 휘말린 희생자가 되기 때문이다.

잘하든 못하든 부모들은 상처 받은 자녀들을 돕기 위해 안간힘을 쓴다. 그것은 본능적인 반응이다. 어서 빨리 아이에게 도움이 되는 무엇인가를 해 줘야 한다는 강박에 사로잡힌다. 마음이 급하다. 물론 부모가 꼭 적극적으로 제공해 줘야 하는 것들이 있다. 하지만 아쉽게도 해 줄 수 없는 것이 더 많다. 부모는 모든 자원이나 능력을 소유하고 있는 존재도 아니고, 그래야만 하는 것도 결코 아니다. 필요한 것을 차근차근 배워야 하는 경우도 있지만, 어떤 자질이나 역할을 그냥 맘먹는다고 획득하거나 잘 수행하게 되지는 않는 법이다. 오히려 과도한 의무감과 책임감, 그리고 급한 마음이 문제를 더 복잡하게 만들기도 한다. 이처럼 '해야 할 것'(Do)을 잘 실천하기란 결코 쉽지 않다. 하지만 '하지 말아야 할 것'(Don't)을 하지 않기는 그래도 해볼 만하다.

먼저, 자녀에게 왜 이런 힘든 일이 일어났는지에 대해 단순한 설명으로 자녀를 위로하거나 안정시키려 해서는 안 된다. 우리는 납득되지 않는 일이 일어났을 때 마음이 아주 어려워진다. 그래서 끊임없이 설명하고 이해하려고 한다. 이성적으로 납득이 되면 마음이 좀 풀릴 것 같기 때문이다. 하지만 대부분의 트라우마의 원인은 그리 간단하지가 않다. 짧은 탐색이나 추측으로는 알기 어렵다. 최근 일어난 몇 가지 사건만으로는 잘 설명되지 않는다. 일반적으로 한 사건은 여러 다양한 원인들이 꽤 오랜 기간 상호작용한 결과로 일어나기 마련이다. 개인적 원인, 가족 구성원의 영향, 무관해 보였던 사소한 결정이나 우연들, 사회 시스템의 고질적 문제 그리고 경제적, 문화적 이유들이 복잡하게 얽혀 있다. 설명하고 싶은 유혹에 사로잡혀 너무 단순하게 규정해 버린 문제의 원인들이 잠시 이성적 갈증을 충족시켜 줄 순 있다. 하지만 이런 가짜 원인들은 부적절한 투사와 원망, 죄책, 분노, 자기 연민과 합리화, 부정(否定)의 근거로 사용되기 쉽다. 모두 상처를 회복하는 데 방해가 될 뿐 아니라 오히려 상처를 더 덧나게 만드는 요인들이다. 이런 식으로는 외상 후 성장(posttraumatic growth)을 기대할 수 없다.

이해가 돼야 속이 시원한 이성의 쾌락에 이미 중독되었고 익숙해져 버린 우리는 어떤 일이 생기면 자동으로 모든 것을 설명하려 한다. 자신이 알지 못하는 것도 알아야만 직성이 풀린다. 심지어 정말 아는 것이 아니라 안다고 착각하는 자기기만이어도 말이다. 지식과 경험이 아주 미약한 자신의 지적 한계를 쉽게 인정하려 하지 않는다. 모르면 모른다고 인정하고 모르는 채로 두는 것을 불안해하고 불편해한다. 알아야만 한다는 집착은 몇 가지 희미한 정보를 막 끼워 맞추게 만든다. 그 결과 엉성한 가설이 탄생하고, 복잡한 상황은 단순화된다.

인간 이성의 무한한 능력을 밑도 끝도 없이 신뢰한 합리주의의 뿌리 깊은 못된 관성은 트라우마 때마다 우리를 자기기만으로 안내하기 쉽다. 많은 트라우마 희생자들이 이런 불합리한 설명의 늪에서 빠져 나오지 못하고 있다. 하루 종일 방에 갇혀 골똘히 생각하고 끝없이 설명하려 하지만 그것은 진실과는 거리가 멀다. 무엇보다 그 설명이 그 누구에게도 아무 위로나 힘이 되지 못한다. 모르는 것은 있는 그대로 그냥 내버려 두어야 한다. 설명하려 버둥거리지 말자. 납득할 수 없는 아픈 경험과 기억의 편린들을 그냥 내버려 두고 선불리 엮어 내려 하지 말자. 부모도 아이도 복잡한 과거와 모호한 미래, 그리고 이해할 수 없는 지금의 아픔을 있는 그대로 받아들여야 한다.

둘째, 아이의 상처는 누구 혼자서 해결할 수 있는 일이 아니다. 한 사람이 상처로부터 회복되는 과정에는 정말 많은 사람들과 주변의 도움이 필요하다. 그러니 부모니까 반드시 해결해 주어야 한다는 생각은 가당치 않다. 물론 부모의 적극적 지원과 보살핌은 참 중요하다. 하지만 친구와 선생님들의 위로, 책에서 읽은 글귀, 문득 떠오르는 과거의 기억, 목사님의 말씀, 행복했던 공동체 경험, 영적인 깨달음과 체험, 예상하지 못했던 의외의 사건들, 이름도 모르는 누군가로부터 흘러나온 한마디, 상담사나 의사 선생님과 나눈 이야기들, 노래 한 소절, 때로는 창밖에 펼쳐져 있는 멋진 풍경과 산들바람이 상처 입은 아이들을 치유하기도 한다. 부모는 그저 어떤 한 부분을 담당하고 있을 뿐이다. 모든 것을 책임지려 해서도, 통제하려 해서도 안 된다. 상처가 불쑥 찾아온 것처럼 치유의 힘도 어디에서 비롯될지 모른다. 분명한 것은, 시간이 오래 걸리고 많은 이의 도움이 필요하다는 점이다. 부모 혼자의 몫이 아니다.

셋째, 섣부른 해법 제시나 교정은 안 된다. 특히 어려움이 발생한 지 얼마 되지 않았을 때는 더더욱 절대 금물이다. 앞에서도 언급했듯이, 트라우마의 원인은 매우 복잡해서 솔직히 대부분의 부모는 구체적인 해결 방법을 알기 어렵다. 그런데도 많은 부모들이 너무 쉽게 뻔한 해법을 제시한다. "이렇게 해. 그러면 괜찮아질 거야!"라고 충고한다. 도와주고 싶은 마음에 그렇게 말해 준다는 것은 잘 안다. 하지만 부모가 알고 있는 정도는 아이들도 대부분 알고 있다. 이미 여러 번 들은 이야기고, 매우 상식적인 내용이기 때문이다. 또한 보통은 실제적인 조언이라기보다는 추상적인 금언 같은 해법이 많다. "속 좁게 생각하지 마라", "매사에 긍정적, 적극적으로 생각해라", "고생 끝에 낙이 온다"는 식의 일반적인 조언은 맞는 얘기지만, 상처 입은 아이들에게는 지금 아무런 도움이 되지 못한다. 고난 중에 돕겠다고 찾아와 다 아는 뻔한 얘기만 해 댄 욥의 친구들은 욥에게 아무런 위로와 도움을 주지 못했고, 오히려 상처만 남겨 주었다.

섣부른 조언의 또 다른 큰 문제는, 지금의 자녀에게는 그것을 실천할 힘이 전혀 없다는 데 있다. 겁이 많은 아이에게 용기를 가지라고 말한다고 용기가 생기는가? 걷지도 못하는 아이에게 뛰라고 명령하는 것이 무슨 의미가 있는가? 이런 교정은 도움은커녕 오히려 짐이 된다. 다리에 힘이 빠져 서 있기도 힘든 아이의 어깨에 봇짐을 하나 더 얹는 셈이다. "네가 부족하고 약한 것이 문제니 네가 더 열심히 잘하면 모든 것이 해결될거야!" 이러한 경우 아이는 오히려 또 하나의 상처를 받는다. 자신의 고통과 입장은 받아들여지지 않았으며, 부모는 자신을 전혀 이해해 주지 못한다고 믿게 된다. 한마디 던진 추상적인 격언처럼 실제 삶은 그리 간단하지가 않다. 부모가 그렇게 말했다 해서 자녀의 삶이 바로 바뀌던가? 세상에 그런 법은 없다. 그 어떤 작은 변화라도 누구 말을 듣는다고 생기는 것은 아니다. 오히려 꽤 오래 갈고 닦아야만 만들어지는 법이다. 그런데도 많은 부모들이 위기에 처한 아이들을 돕겠다고 지금 실천할 수도 없는 모호한 권고들을 반복 재생하고 있다. 또 하나의 상처와 부담이 될 수 있음을 기억하기 바란다.

상처 받은 아이의 부모는 본능적으로 행동하기 쉽다. 자꾸 무엇인가를 해 줘야만 한다는 압박에 시달린다. 정신을 바짝 차리지 않으면 하지 말아야 할 행동을 하게 된다. 간단한 설명으로 아이를 안심시키려 한다든지, 부모 자신이 모든 문제를 해결해야만 하고 그럴 수 있다고 행동하거나 주장하기도 한다. 아무 도움도 되지 않는 교과서적인 잔소리를 늘어놓기도 하고, 그것으로 아이를 채근하기도 한다. 이 모든 행동은 상처를 치유하고 일어서는 데는 전혀 도움이 되지 않는다. 본능적인 반사(reflex)를 멈추고 하지 말아야 할 행동에 유의하자. 그것만으로도 상처 받은 자녀에게 적잖은 도움이 될 것이다.

자녀의 상처를 붙들고 끝까지 함께하라

수현은 지금도 그 순간이 떠오르면 몸서리를 친다. 명절 때면 친척들과 한 방에서 며칠 밤을 보내곤 했다. 자다가 기분이 이상해 눈을 떴는데 누군가 어린 수현의 몸을 더듬고 있었다. 수현은 너무 무서워 아무 소리도 지르지 못한 채 꼼짝 않고 자는 척할 수밖에 없었다. 끝날 것 같지 않은 시간이 지나는 동안 숨조차 쉴 수 없었다. 다음 날 엄마에게 이 일을 이야기하려고 했지만 맏며느리 역할에 지쳐 있는 엄마 얼굴을 보고는 입이 떨어지지 않았다. 괜히 말 한마디 잘못했다가 엄마의 온갖 짜증이 자기에게 쏟아질 것 같았다. "엄마는 예민할 때는 안 건드리는 것이 최고야." 수현은 그렇게 하기로 했다. 이후부터 중3이 될 때까지 거의 모든 명절마다 사촌오빠의 만행은 계속됐다. 수치심과 두려움에 수현은 점점 내성적이 되었고, 우울증도 찾아왔다. 고등학생이 되자 사촌오빠가 군대를 갔고, 고3 때는 공부 핑계로 봉변을 피할 수 있었다. 하지만 트라우마는 수현에게 깊은 흔적을 남겼다. 때마다 찾아오는 우울감 때문에 우수했던 성적도 떨어지고 친구 관계도 쉽지 않았다. 학교 상담소를 찾아가 상담을 받던 중 치료자의 권유로 수현은 처음으로 부모님께 이 사실을 알리기로 결심했다. 하지만 부모의 반응은 수현의 기대와 달랐다. "지나간 일을 갖고 이제 와서 어떻게 하라는 거야?" "왜 그때 말하지 않았어?" 이런 부모의 반응에 수현의 참았던 울분이 폭발했다. 자신이 이런 일을 겪고 이런 처지에 놓이게 된 것은 모두 무관심하고 일방적인 부모 때문이라고 생각됐다. 그 후 수현은 부모를 볼 때마다 그간 쌓였던 온갖 화와 원망을 쏟아 냈다. 부모는 깜짝 놀란 나머지 사과도 하고 위로도 했고, 급기야 결혼한 사촌오빠까지 찾아와 잘못을 빌었지만 수현의 분노는 좀처럼 가라앉지 않았다. 그동안 자신이 받은 고통에 비해 사촌오빠의 사과와 부모의 반응은 너무 쉽고 간단해 보였다. "사과의 말 한마디로 소진된 지난 세월을 어찌 보상받을 수 있단 말인가?" 대학 생활도 그만두고 방에 틀어박혀 지내기 시작했다. 겨우 중매를 통해 만난 남자와 결혼하고 아이까지 낳은 지금도 수현의 시간은 아직 5세에 머물러 있었다. 하루에도 몇 번 분노와 우울감이 엄습해 왔다. 수현도 주변 사람들도 모두 지쳐 버렸다.

자신의 아이가 감당하기 힘든 일을 경험하면 부모는 참으로 당황스럽다. 원래 예민하고 걱정이 많은 부모들은 본인이 더 놀라기도 한다. 적잖은 부모가 아이와 똑같이, 간혹은 아이보다 더 심한 스트레스 반응을 보이기도 한다. 작은 일에도 가슴이 철렁 내려앉고, 지나치게 주변을 경계한다. 잠도 안 오고 감정 조절도 힘들다. 아이 걱정에 아이의 삶을 너무 제한하거나 지나치게 감싸고돌기도 한다. 시간이 흐르면서 아이는 상처를 잊어 가는데 오히려 부모가 잊지 못하는 경우도 흔하다. 아이는 불안정한 부모를 볼 때마다 어느 정도 잊었던 과거의 상처가 다시 떠오른다. 트라우마에서 아이를 지키겠다는 부모의 과도한 반응이 오히려 트라우마를 재경험시키고 지속시키는 꼴이 되었다. 이쯤 되면 부모에게도 꼭 치료가 필요하다.

아이의 트라우마 경험과 이후의 반응을 좀 무심히 대하는 부모도 있다. 이런 식이다. "그 정도는 살면서 흔히 경험할 수 있는 일이야." "그 정도도 극복할 수 없으면 인생 살기 어렵다." 아이의 고통에 반응하기는 하지만 이런 생각이 가득 차 있기 때문에 진정으로 공감하기 어렵다. 아이도 쉽게 알아챈다. 부모가 자신의 마음을 몰라준다고 생각하니 실망한 아이는 부모로부터 또 상처를 받는다. 자신도 모르는 사이에 증상이 더 과도하게 나타나기도 하고, 할 수 있던 일을 쉽게 포기해 버리기도 한다. 또한 이런 부모들은 아이의 어려움이 지속되면 좀 더 쉽게 지친다. "아무것도 아닌 일에 호들갑을 떨거나 엄살을 떤다." 아이의 고통에 꽤 냉소적이다. 아이를 훈계하거나 다그치기도 하고, 때로는 공격하기도 한다. "다 네가 약해서 그런 거야!" 혹은 조금 바꿔서 이렇게 말하기도 한다. "너는 이런 것쯤은 쉽게 극복할 수 있는 강한 아이야!" 그럴싸해 보이지만 다 같은 말이다. 트라우마에 눌린 아이에게는 전혀 도움이 되지 않을 뿐더러 또 다른 상처가 될 뿐이다.

고통에 빠진 아이들은 지금의 내 고통을 아무도 이해하지 못할 것이라고 생각한다. 자기가 겪는 극심한 불안을 다른 사람들은 느낄 수 없다고 여긴다. 이런 생각은 그들을 더욱 외롭게 만들고 고립시킨다. 그렇다. 솔직히 사실이다. 우리는 아이들과 똑같은 상황에서 똑같은 경험을 하지 못했고, 게다가 우리는 당사자가 아닌 남이기에 똑같은 불안과 고통을 느낄 수는 없을 것이다. 그래서 상처 받은 아이들을 도울 때마다 늘 '나는 그들의 고통을 잘 알지 못한다'고 생각해야 한다. '안다'고 생각하는 순간 섣부른 판단이나 조언이 따라오게 되기 때문이다. 그들이 겪은 주관적인 고통은 우리가 이해하기 어렵다. 얼마나 힘들고 외로운지 경험하지 못한 우리, 남인 우리는 정확히 알 수 없다. 그래서 그들의 말을 귀담아 들을 수밖에 없다. 더 잘 이해하고 공감하려고 더 노력할 수밖에 없다. 호기심을 가질 수밖에 없다. 귀는 열고 입은 닫을 수밖에 없다. 알 수 없는 상황을 마주할 때 우리는 겸손해질 수밖에 없는 것이다.

아이들이 상처를 이기기 위해 흔히 사용하는 방법은 누군가 탓할 대상을 찾는 것이다. 물론 건강한 방법은 아니지만, 죄책감과 분노를 잠시 덜기에는 이 길이 가장 손쉽다. 트라우마의 이유는 여전히 이해되지 않고 억울함은 좀처럼 가시지 않기에 누구에게 원망하지 않고는 아이도 견딜 수 없다. 이때 가장 흔한 타깃의 대상은 바로 부모다. 많은 아이들이 상처를 완전히 극복하기 전까지는 반복적으로 자신의 부모를 원망하고 탓하고 공격한다. 아이의 원망은 부모는 물론 기성사회, 온 세상, 심지어 신에게까지 이른다. 부모들도 측은지심에 아이들의 원망을 어느 정도까지는 견딘다. 하지만 상처가 회복되기까지는 보통 상당히 오랜 시간이 소요되기 때문에 부모도 이내 한계에 다다른다.

상처 입은 아이를 도우려면 아이 곁에 끝까지 함께 있어 주어야 하기에 그들의 비난도 견뎌야 한다. 말도 안 되고 밑도 끝도 없는 원망을 계속 들어야만 한다. 이것은 참으로 고통스러운 작업이다. 특정 지식 또는 어떤 기술이나 재주도 도움이 되지 않는다. 단지 부모 자신이 지치지 않도록 자신을 살펴야 할 뿐이다. 장거리 달리기의 기본은 좋은 호흡과 페

이스 조절이다. 단걸음에 끝나지 않기에 결코 흥분하거나 무리하지 않아야 한다. 아이가 부모를 탓한다고 해서 정말 부모 자신의 문제라고 여긴다면 레이스 초반에 지쳐 떨어져 나갈 것이다. 그건 상처 받은 순진한 아이의 비명일 뿐이다. 인생에서 고통의 문제는 풀기 어려운 미스터리다. 아이가 그 원인을 알 리가 없다. 어떤 부모는 아이가 부모를 원망하고 세상을 탓하면 부모 자신을 공격하는 것이라고 여긴다. 그렇지 않다. 그것은 나르시스적 오해일 뿐이다. 부모는 세상의 온갖 질문과 숙제에 관해 모든 정답을 제시하고 해결해 줄 수 있는 존재가 아니다. 아이들도 그 정도는 알고 있다. 그저 자기가 지금 너무 힘들다고 호소하는 것이다. 정말 끝까지 자기편이 되어 줄 수 있는지 묻고 도전하는 것이다.

끝까지 가려면 주변의 리소스를 잘 활용해야 한다. 핵가족만으로는 부족하다. 친구, 전문가, 선생님, 친척, 자조 그룹, 종교 단체 등의 도움은 한 개인이 트라우마를 극복하는 과정에서 큰 역할을 수행한다. 특히 전문가와 늘 함께하라. 그들의 경험과 지식은 아이와 부모 자신을 돌보는 일에 큰 도움이 될 것이다. 주변의 건강한 공동체를 적극 이용하라. 그들은 당신 혼자서는 할 수 없는 실제적인 위로와 도움을 제공해 줄 것이다. 상처를 주는 사람도 있지만, 상처를 감싸 주는 좋은 사람들도 있음을 경험하게 될 것이다. 좋은 공동체는 부모가 견뎌 낼 수 있도록 부모 또한 돕는다. 도움을 청하고 도움을 받을 때 그만큼 치유의 힘은 배가된다.

상처 입은 아이와 끝까지 함께하는 것이 부모가 꼭 해야 할 일의 핵심이자 전부다. 하지만 이를 위해 체력을 단련하거나 참을성을 키우는 자기 수련만으로는 답이 나오지 않는다. 상당수의 부모도 이미 상처를 받았고, 아이의 고통을 옆에서 계속 지켜보는 것 자체가 트라우마가 되기 때문이다. 끝도 없이 오랫동안 부모와 세상을 탓하는 아이를 계속 지지하기란 쉽지 않다. 후회와 죄책감, 억울함과 무망감(無望感)은 부모도 똑같이 극복해야 하는 숙제로 남아 있다. 종종 이렇게까지 힘들어하는 아이를 이해할 수 없을 때도 있다. 아이의 어려움을 알고자 하는 끝없는 호기심과 열린 마음이 필요하다. 지구력을 유지하기 위해 호흡을 규칙적으로 내뱉고 자신의 페이스를 유지해야 한다. 급한 마음은 금물이다. 조금은 더 뻔뻔해져도 괜찮으나, 힘들면 언제나 남에게 도움을 청하라. 아이만 보지 말고 부모 자신을 더 살피라. 감당할 수 없는 일은 맡지 말고, 힘들 땐 잠시 멈추어 "지금은 못 한다"고 말하라. 평지에서 숨을 고르지 않으면 길고 험한 언덕을 끝까지 오를 수 없는 법이다. 그리고 기억하라. 말할 수 없는 탄식으로 우리를 위해 친히 기도하고 있는 분이 계심을 말이다.

고통으로부터 배우다

대학병원에 근무할 때 거의 매일 암병동에 갔다. 암 투병 중인 아이들에게 우울증이나 불안, 외상 후 스트레스 반응이 동반되는 일은 꽤 흔하고, 암세포나 항암 치료제, 방사선 치료가 뇌기능에 영향을 주어 다양한 정신 증상이 나타나는 경우가 종종 있기 때문이었다. 거기서 만난 부모들은 아이들과 힘든 과정을 함께하느라 자신의 마음을 지키기가 쉽지 않았다. 아이들보다 더 큰 트라우마를 받기도 하고, 우울증에 빠지기도 했다. 소아암 병동에서 소아정신과 의사와의 협업이 꼭 필요한 이유다. 나는 고통 속, 생사의 기로에 서 있는 아이들과 부모를 마주할 때마다 늘 복잡한 생각에 사로잡혔다. 기쁠 때도 있었지만, 마음이 무거울 때가 더 많았다. "왜 해맑은 아이들이 이런 고통을 당해야 하는 것일까?"

트라우마를 경험한 아이들은 오늘도 이런 질문을 수없이 던지고 묻는다. "왜 내게 이런 고통스런 일이 일어났나요?" "내가 무슨 커다란 잘못을 했나요?" 보통 우리는 고통이 시작되기 전에는 이런 물음들을 거의 꺼내지 않는다. 고통은 우리 인생의 일상적이고 핵심적인 경험 중 하나다. 그래서 불교에서는 인간의 삶을 고해(苦海)라 일컫고 생로병사, 즉 사고(四苦)를 피할 수 없다고 하지 않았던가? 하지만 대부분의 사람들은 트라우마를 경험하기 전에는 고통을 외면하고 살아간다. 그러다가 갑자기 트라우마가 찾아와 핑크빛 세상이 돌연 잿빛으로 변해 버린다. 느닷없이 찾아온 고통 속에서 우리는 묻어 놓았던 질문에 비로소 직면한다. 하지만 해답을 얻기란 쉽지 않다. 가슴이 터질 것 같은 답답함으로 수많은 밤을 보낸다.

트라우마를 겪은 아이들은 무력감에 빠진다. 아이들은 자신이 얼마나 연약한지, 고통을 해결하기 위해 자신이 할 수 있는 것이 이토록 없는지를 깊게 체험한다. 때문에 고통이 길어지면 대부분 우울해진다. 고통은 자신의 부족함과 한계를 철저히 깨닫게 만든다. 평소 갖고 있었던 생각이나 믿음 역시 도전을 받는다. 아이와 청소년의 트레이드마크인 낙관성, 가능성, 희망에 대한 확신이 약해진다. 자신과 남, 그리고 세상에 대한 기대들도 옅어진다. 신에 대한 믿음, 가까운 사람을 포함한 인간에 대한 신뢰도 바래진다. 그동안 품고 있던 막연하고 모호했던 삶에 대한 밝은 예상들이 모조리 도전받는다. 많이 부족하다. 앞으로 이렇게 살 수는 없다. 무엇인가 설명이 더 필요하다.

고통 속에 있는 사람은 오로지 자신만을 생각하게 된다. 남을 배려할 여력이 없다. 자신에게 사랑이나 관용, 자비의 자리가 그리 넉넉하지 않았음을 금방 깨닫게 된다. 고통이 우리를 가득 채운 채 넘쳐 끓어오르고 있는 한 남을 위한 여지는 남아나지 않는다. 대신 원망과 분노, 미움과 후회, 억울함을 발견한다. 사랑과 베풂, 희생과 나눔, 배려와 용서는 '먼 나라 이야기'일 뿐이다. 그렇다. 우리는 이기적인 존재다. 내 문제가 해결되고 내 고통이 사라지기 전에는 누군가를 먼저 배려하거나 품기 어렵다. 고통은 이 사실을 냉정하게 깨닫게 해 준다. 고통 속에서 우리는 자신의 한계와 민낯을 한 번 더 확실히 자각한다. 그리고 자신에게 실망한다. "그동안 순진하게 생각하고 있었구나!" "마음먹고 노력하면 그렇게 될 줄 알았는데." 세상에는 예측할 수 없는 일, 이해할 수 없는 일 그리고 불합리하고 불공평한 일이 많이 일어나고 있음을 철저히 배우게 된다. 트라우마는 그런 것이다. 이해가 된다면 트라우마가 아니다. 웬만한 고통도 감내할 수 있다. 하지만 이론과 실제는 다르고, 생각과 삶은 동(東)과 서(西)처럼 멀다. 마음먹은 대로, 계획한 대로 삶은 전개되지 않는다. 통제할 수 없고 알 수 없는 무수한 변수들이 삶을 온통 뒤집어 놓는다. '우연', '재수', '운' 혹은 '섭리'라고도 일컫는다. 뭐라고 하든 간에 예측할 수 없고 이해할 수 없는 불확실한 인생이라는 것을 고통 속에서 뼛속 깊이 알게 된다.

무언가 답을 찾아야만 한다. 그렇지 못하면 고통은 그저 거침돌일 뿐, 디딤돌이 되지는 못할 것만 같다. 그러나 고통이 던지는 이런 질문들은 쉽게 답할 수 있는 게 아니다. 이런 만만찮은 질문에 대한 고민들을 담아 낸 고금의 훌륭한 저작들을 참고하면 어느 정도 도움이 될 수는 있다. 하지만 우리는 각자가 처한 고통 속에서 각자의 답을 찾아야만 한다. 트라우마는 집요하게 질문할 것이다. 고통은 철저한 대답을 요구할 것이다. 피할 수 없는 그 자리에 우리가 서 있다. 혹 지금이 아니더라도 언젠가는 마주하게 될 것이다. 고통을 피할 수 있는 인생은 없다.

선부른 몇 가지 의견을 소개하려 한다. 결코 대답은 될 수 없으나, 작은 도움은 될 수 있으리라 기대한다. 첫째, 고통의 의미와 이유가 무엇이든, 이제까지 믿었던 개인의 생각과 확신이 옳았든 틀렸든, 자신과 세상에 대한 기대가 어땠든지 간에, 분명한 것은 '나는 지금 잘 모른다'는 사실이다. 고통은 지금 내가 잘 모르고 있다는 사실을 깨닫게 해 준다. 그래서 무력할 수도, 억울할 수도, 우울할 수도 있다. 하지만 분명히 얻을 수 있는 것이 있다. 바로 '겸손'과 '열린 마음'이다. 이제 우리는 조금은 더 제대로 배울 수 있다. 다시 쌓아 갈 수 있도록 마음의 지평을 좀 더 편평하게 다질 수 있다. 고통은 기존의 생각을 몰아내고 세상을 좀 더 객관적이고 폭넓게 볼 수 있게 한다. 충격 이후 선입견과 왜곡된 시선이 약간 더 영점 조절되었다. 이제까지 갖고 있었던 시각이 무너졌을 때 전에는 못 봤던 것을 볼 수 있다. 어쩌면 고통으로 얻어 낸 겸손과 열린 마음이 남은 생이 던지는 복잡한 질문들을 풀어 가는 열쇠가 될지도 모른다. 꼭 그렇게 되기를 기원한다.

둘째, 혼자서는 살 수 없다. 누군가의 도움이나 위로가 필요하다. 함께 걸어갈 동행자가 필요하다. 고통은 우리로 하여금 남에게 손을 내밀게 만든다. 우리는 단 하루도 혼자서는 살아갈 수 없다. 우리에게는 가족과 공동체가 필요하다. 많은 이들이 고통 속에서 공동체의 필요성을 절감했다고 고백한다. 아주 많은 사람들이 고난 중에 하나님을 만났다고 간증한다. 고통은 다른 사람과 다른 존재에게 다가가도록 한다. 고난이 극심한 전쟁과 같은 상황에서 전우애가 빛을 발하는 것과 마찬가지다. 고통이 없었다면 우리는 주변의 아름다운 존재들이 이토록 소중했는지를 발견할 수 없었을 것이다. '샘'이 없었다면 '프로도'는 '반지 원정'을 끝낼 수 없었을 것이다. 고통의 여정은 '절대반지'보다 더 '프레셔스'(precious)한 동료들과 추억을 남겼다. 함께 고통의 바다를 건넌 공동체는 평생토록 견고하다. 소중한 기억과 견고한 공동체는 고통을 견디도록 끝까지 실제적인 도움을 준다.

마지막으로, 우리와 우리 아이들은 받아들이는 법을 배워야 한다. 이해하라거나 극복하라는 말이 아니다. 세상에는 이해할 수 없고 이겨낼 수 없는 일들이 가득하다. 다 알아 내고 극복하는 일은 우리의 미션이 아니다. 우리에게 주어진 임무는 삶을 살아가는 것이다. 부족한 대로, 모르는 대로, 연약한 대로 살아 내는 것, 그것이 우리에게 주어진 인생이다. '수용'은 '극복'보다 작거나 쉬운 것이 아니다. '용서'가 '복수'보다 더 강하고 위대한 것처럼, '있는 그대로 받아들이는 것'이 '뛰어넘으려 발버둥치는 것'보다 더 어렵고 고될 때도 많다. 용서가 필요하다. 고통을 안겨 준 남과 세상을 용서하지 않으면 고통이 남겨진 삶을 수용할 수 없다. 이 길은 쉬운 길이 아니다. 평생이 걸릴지도 모른다. 그래서 감히 생각한다. 그럴 수 없는 세상을 용서하고 그럴 수 없는 삶을 수용하라고 고통이 우리를 찾아오는 것이 아닐까? 더 넓고 깊은 미래에 걸맞은 더 크고 깊은 우리, 부르심에 걸맞은 사람이 되게 하려고 말이다.

우리와 우리 자녀들은 트라우마와 그 뒤에 이어진 긴 아픔을 지나는 길에서 고통이 남긴 소중한 교훈들을 꼭 배워야 할 것이다.

아픈 기억과 마주하라

대학교 3학년인 성근 씨는 요즘도 거리에서 청소년 남자 아이들 무리를 만나면 가슴이 철렁 내려앉는다. 저만치 아이들이 서로 어울리며 낄낄거리는 소리가 들려오면 자신도 모르게 몸이 굳어 버린다. 길을 걸을 때마다 늘 저쪽에서 누가 오는지 살펴보게 된다. 멀리 남학생들의 그림자라도 보이면 피해 돌아갈 다른 길을 찾는다. 여의치 않으면 주변 건물이나 가게 안으로 피한 후 학생들이 지나가기를 기다리기도 한다. 성근 씨의 두려움은 분명 학창 시절 수없이 겪었던 학교 폭력 때문이다. 지금은 누가, 언제 그랬는지도 잘 기억이 나지 않는다. 그런데도 덩치가 크고 말투가 거친 남자 애들 무리를 마주할 때면 성근 씨의 몸은 여지없이 반응한다. 동시에 공포와 수치심이 밀려온다. 이런 날이면 집에 돌아와 어머니에게 화를 쏟아 내곤 한다. 기억조차 가물가물한 과거의 기억이 오늘도 성근 씨의 하루를 점유하고 있다.

기억이란 강한 감정이 동반될 때 훨씬 잘 기억되는 법이다. 이런 기억들은 별다른 노력이나 반복 없이도 쉽게 장기 기억으로 저장되어 오래 살아남는다. 일반적으로 행복하고 즐거운 감정을 불러일으키는 추억들은 사건의 전체 내용이 모두 기억에 남는 경향이 있다. 즐거운 경험은 이후에도 자꾸 떠올리게 되는데, 그때마다 과거 행복했던 순간의 감정이 다시 찾아와 지금 나의 기분을 좋게 만든다. 꽤 오래된 사진을 보거나 추억이 담긴 선물을 바라보며 미소 짓는 이유가 바로 여기에 있다. 좋은 경험은 현재의 삶을 부드럽게 돌아가게 하는 윤활유가 된다.

고통스런 기억은 좀 다르다. 고통과 두려움도 마찬가지로 아주 강력한 감정이기에 쉽게 장기 기억으로 남는다. 하지만 이런 기억은 당사자에게 사건을 경험한 당시에 느꼈던 엄청난 강도의 부정적인 감정을 되살리기 때문에, 사람들은 가능하면 그 기억을 꺼내려 하지 않는다. 우리 마음은 자동적으로 고통스런 기억을 해체시키고, 일부는 억누르고 일부는 강화시킨다. 즉 기억의 왜곡이 일어나는 것이다. 그래야만 고통스러운 기억과 동반된 감정을 피할 수 있기 때문이다. 사건을 경험한 직후에는 이런 방어기제가 꽤 도움이 된다. 극한 슬픔과 고통을 어느 정도 가라앉히고 현실에 적응할 수 있도록 만들어 준다. 그러나 그다음이 문제다. 처리되지 않은 조각난 기억들이 남아 있기 때문이다. 이런 기억들은 현실 속에서 반복적으로 부활한다. 특히 트라우마와 관련된 기억의 방아쇠(reminder)들을 만나면 같이 경험했던 고통스런 감정까지 폭풍처럼 밀어닥친다. 아이들의 낄낄대는 목소리(학교 폭력), 자동차(교통사고), 물(익사 사고), 골목길(강간이나 강도), 불 냄새(화재) 등이 대표적인 리마인더들이다.

억눌린 기억이 처리되지 않으면 왜곡된 기억의 파편 속에 트라우마 당시의 엄청난 감정적 부하가 장착된다. 뇌 구조적으로 기억의 관문인 해마(hippocampus)와 감정 중추인 편도(amygdala)는 딱 붙어 있는 조직으로서, 둘 사이는 견고하고 조밀한 신경섬유로 연결되어 있다. 해마와 편도의 강력한 연결성으로 인해 강한 감정을 불러일으키는 사건은 쉽게 기억에 남고, 영어 단어와 같이 지루한 정보들은 기억되기 어려운 것이다. 극도의 두려움, 분노, 수치심 등과 커플링 된 처리되지 못한 기억들은 오늘 만난 갖가지 리마인더에 의해 되살아나 극심한 고통을 불러일으킨다. 뿐만 아니라 고통스런 감정을 일으키는 상황과 일을 회피하게 만들어 현재의 삶을 살아가는 것을 가로막는다. 만나야 할 사람을 만나지 못하게 하고, 가야 할 장소에 나서지 못하게 만드는 것이다. 회피는 트라우마의 재경험을 막아 당장은 고통스런 경험을 하지 않게 만들지만, 결국은 트라우마에 노출되지 못하게 해서 왜곡된 기억이 해결될 기회까지 빼앗는다. 회피로 인해 고통의 기억을 마주하지 않게 되면 시간이 지날수록 기억은 점점 가물가물해지고 사건의 전후는 온통 뒤섞이게 된다. 뭐가 사실이고 뭐가 상상인지 가늠할 수 없는 지경에 다다르기도 한다.

처리되지 않은 기억의 큰 특징은 비합리적이라는 것이다. 정보가 분절되고 왜곡되어 있으므로 합리성, 즉 인과관계를 연결 지을 수가 없다. 예를 들어, 안경 쓴 남자에게 강간의 위협을 겪은 여성이 안경만 보면 공포를 느끼는 경우가 있다. 실제 안경은 유용한 것이며 공포와는 전혀 합리적 연결성이 없는데도 말이다. 이런 여성은 안경까지 회피하는 비합리적인 행동을 하게 된다. 자동차, 강가, 골목길 등도 그 자체로는 공포의 대상이 아니지만, 비이성적인 수준의 부정적 감정들이 부과되어 있기 때문에 엄청난 두려움이 생기고 결국 회피하게 된다. 이처럼 합리적 연결성이 사라진 분절된 기억에는 이성이 작용할 틈이 없다. 따라서 기억의 회복으로 인해 앞뒤가 연결된 어떤 이야기로 그려질 수 있게 되면 과도한 두려움이 현실적이고 실제적인 두려움으로 변화될 수 있다. 피할 수밖에 없던 강한 고통이 마주할 수 있는 수준의 아픔으로 바뀌는 것이다. 트라우마 사건에 대한 재조명이 각각의 기억과 감정이 원래의 자리를 찾아가게 해 준다. 기억이 온전한 모양을 가질수록 두려움 속에 숨어 있던 우리의 이성이 점점 더 살아난다. 이제야 비로소 다른 길과 대안이 보이기 시작한다. 우리가 고통의 기억을 마주해야 하는 이유다.

트라우마를 마주하지 못하는 가장 큰 이유는 그 과정에서 엄청난 고통이 수반되기 때문이다. 하지만 아무나, 아무 때나 고통의 기억을 떠올리거나 마주할 수 있는 것은 아니다. 준비가 필요하다(전문가들은 그 과정을 '안정화'라고 표현한다.). 주변 사람들의 섣부른 조언도 꽤 큰 몫을 한다. "아픈 기억은 잊는 게 최고야." "들춘다고 과거가 바뀌는 것은 아니야. 어서 정리해." "어느 정도 잊고 이제 겨우 살 만한데 왜 아픈 상처를 다시 들쑤셔!" 언뜻 들으면 꽤 그럴 듯해 보이지만 트라우마를 극복하는 데 도움은커녕 아주 해로운 권고들이다. 트라우마는 결코 잊히지 않는다. 그냥 변형되어 감춰져 있을 뿐이다. 처리되지 않은 트라우마의 기억은 어느 누군가의 마음에 심각한 질병으로 자리 잡아 현재와 미래의 삶에 큰 영향을 미친다.

단순히 용기를 내라는 말이 아니다. 길이 있다는 사실을 알려 주는 것이다. 트라우마는 극복할 수 있고 꼭 그래야만 한다. 희망이 있다. 고난이 거침돌이 아니라 디딤돌이라는 말은 강자와 승자들이 만들어 낸 가벼운 구호가 아니다. 삶의 진수가 녹아 있는 간증이다. 이제 한 걸음 더 트라우마라는 태풍의 눈 속으로 함께 걸어 들어가 보자.

트라우마를 극복하는 두 가지 방법

트라우마를 극복하도록 돕는 방법에는 크게 두 가지가 있다. 하나는 트라우마를 일으킨 기억에 다시 노출시킴으로써 현재 극도의 공포를 일으키는 왜곡되고 분절된 기억들을 견딜 수 있는 과거의 기억들 중 하나로 처리시키는 방법이다. 가장 전통적이고 효과적이며 치료 효과에 대한 과학적 근거가 강력한 방식으로는 지속노출법이나 안구운동 민감 소실 재처리 요법(EMDR)을 포함한 다양한 기법들이 있다. 나머지 하나는 고통스런 기억을 다시 떠올리거나 재경험시키지 않는 방식이다. 노출하지 않으면서 인지적인 왜곡을 교정하거나 현실적인 삶의 의미를 찾거나 이해하는 식인데, 인지처리기법이나 수용전념치료 등이 여기에 속한다. 물론 적절한 약물 치료도 도움이 된다. 트라우마의 유형, 피해자의 전체적인 마음 상태나 기타 여건에 따라 적절한 도움을 받을 수 있는데, 물론 트라우마 전문가와 긴밀히 상의해야 한다.

나만의 안전지대를 만들라

어린 시절 살던 집 앞마당에는 평상이 하나 놓여 있었다. 할 일 없는 주말이나 여름 방학이면 그 위에서 하루를 보내다시피 했다. 책도 읽고 간식도 먹고 낮잠도 자고 장기도 두고 이야기도 나누며 쉬었던 곳, 어른이 된 지금도 이따금 그곳이 떠오른다. 한가한 오후에는 그 위에 대자로 누워 파란 하늘에 떠 있는 구름이 시시각각 모양을 바꾸며 흘러가는 것을 하염없이 바라보곤 했다. 시원한 바람과 따뜻한 햇살이 몸을 간질이고, 가끔 정적을 흔드는 고양이의 방울소리는 귀를 즐겁게 했다. 옥수수 삶는 냄새를 맡으며 같이 놀자고 부르는 동무들의 목소리를 기다리는 오후의 평상 위는 내 삶에서 가장 편안하고 안전한 곳이 되었다. 요즘도 간혹 상상의 날개를 펴 그 공간 속으로 날아가곤 한다. 그러면 그때 느꼈던 한가로움과 평화로움이 밀려온다. 여전히 나의 안전지대에는 푸른 하늘과 뭉게구름, 따뜻한 햇살과 시원한 바람, 고요함과 생명의 소란스러움이 만드는 오묘한 조화가 나를 기다리고 있다. 나는 그곳에서 초등학교 시절의 아무 근심 없고 할 일 없는 아이가 되곤 한다.

극심한 공포에 떨게 했던 지난날의 트라우마 사건은 본능적으로 내재되어 있던 자녀의 경계 시스템을 과각성시킨다. 그 결과 일상의 사소한 기억 유발 자극(reminder)에 의해서도 이미 커플링 된 트라우마 당시의 강력한 공포 반응이 유발된다. 그 두려움은 생존의 위협을 느끼는 수준의 강력한 것으로서 홀로 견디기 어렵다. 아이들은 또다시 거친 폭풍 속의 길 잃은 돛단배처럼 무기력하고 아슬아슬한 감정 상태에 빠진다.

어떻게 이 지독한 두려움을 견뎌 낼 수 있을까? 풍랑에 흔들리는 작은 배 안에서 엄마 품속에 곤히 잠들어 있는 갓난아이를 떠올려 보자. 엄마 품속이라면 극한의 상황 아래 있더라도 아이들은 미소를 잃지 않는 법이다. 한겨울에도 온기로 채워진 집 안에 있다면 겉옷을 벗고도 추위 걱정 없이 생활할 수 있는 것처럼 말이다. '안전지대'로 옮겨 가면 커다란 두려움도 힘들기는 하나 견뎌 낼 수 있을 정도가 될 수 있다. 몇 가지 기법을 훈련함으로써 꽤 쓸 만한 안전지대를 가질 수 있다.

모든 인간에게는 상상하는 능력이 있다. 이 능력을 활용해 저마다의 안전지대를 창조할 수 있다. 눈 가리고 아웅이라고? 결코 그렇지 않다. 알다시피 과거의 기억은 지금의 실제 현실과는 동떨어져 있는 것이다. 그럼에도 불구하고 과거의 트라우마가 현재까지 강력한 영향을 미치는 이유는 조각나고 왜곡된 트라우마 기억이 극도의 불안과 강력하게 연결되어 있기 때문이다. 즉 기억의 오작동이 과거의 경험을 현재 자녀의 삶까지 끌어당겨 온 것이다. '안전지대'란 그간 자녀를 속이고 괴롭히던 잘못되고 비현실적인 기억으로부터 벗어나 현재의 삶을 살아가도록 도와주는 새 기억이다. 또한 안전지대를 활용하는 것은 잘못된 기억이 만들어 낸 병리(病理)를 교정하는 치유 과정이며, 과거를 과거에 머물게 하는 훈련이다.

자, 이제 자신 혹은 자녀들이 경험한 혹은 상상할 수 있는 가장 편안하고 안전한 곳을 만들어 보자. 앞으로는 불안이 엄습해 올 때마다 타임머신을 타고 그곳으로 떠날 것이다. 아주 구체적인 장소가 필요하기 때문에, 우리가 갖고 있는 오감(五感)을 충분히 사용하는 것이 좋다. 당신의 안전지대는 어디인가? 무엇이 보이고 무슨 소리가 들리는가? 어떤 좋은 냄새가 풍기며 피부로는 무엇이 느껴지는가? 상상해 보자. 그곳에서 당신은 무엇을 하고 있는가? 옆에는 누가 있는가? 당신이 가장 신뢰하고 좋아하는 사람이나 존재를 안전지대로 초청해 보자. 아이들에게는 '아이언맨' 같은 캐릭터나 연예인, 심지어는 동물이 될 수도 있다. 그곳에는 그 존재가 항상 우리를 기다리고 있고, 언제나 변함없이 두려움에 지친 우리를 위로하고 도와준다. 그 존재는 우리의 영웅이요, 가장 가까운 친구다. 안전지대에 오면 위로자와 함께 가장 행복한 활동을 즐긴다. 생각을 정리하기 위해 안전지대의 구체적인 모습을 글로 적어 놓으면 좋다. 아이들에게는 그림으로 표현하게 하는 방법이 더 쉽고 효과적일 때도 많다. 물론 안전지대는 여러 곳이 있어도 되며, 계속 업그레이드되면 더욱 좋다.

인간의 상상하는 능력이 아무리 강력하다 해도 엄습해 오는 불안 속에서 곧바로 안전지대로 날아가기란 쉽지 않다. 적잖은 연습이 필요하다. 불안이 너무 강할 때는 상상력을 사용하는 방식보다 행동 조절 방식이 더 요긴하다. 가장 편리하면서도 효과적인 방법은 바로 호흡법이다. 가슴을 사용하는 흉식 호흡은 교감신경을 활성화시켜 심신의 긴장을 높이지만, 반대로 횡격막을 사용하는 복식 호흡은 부교감신경을 활성화시켜 우리의 몸과 마음을 이완시킨다. 복식 호흡은 배에 힘을 주고 날숨을 끝까지 길게 내뿜는 것이 가장 중요하다. 그러면 자연스럽게 들숨이 들어온다. 이때 공기를 가슴이 아닌 배를 불룩하게 부풀리면서 천천히 채운 후, 다시 천천히 그리고 끝까지 내쉬면 된다. 초보자는 배꼽 부위에 손을 올려놓고 연습하면 더 수월하다. 손이 올라갔다 내려갔다 하는 것을 느끼면서 호흡하면 횡격막을 이용한 호흡이 훨씬 잘된다. 입으로 숨을 들이쉬고 코로 내쉬면 더 좋다. 또한 공기가 코를 통해 기관지와 폐, 배까지 들어갔다가 다시 기관지와 코를 통해 밖으로 나가는 감각에 정신을 집중하면 더 좋다. 이런 간단한 복식 호흡을 10회만 해도 불안이 점차 줄어드는 것을 경험할 수 있다.

복식 호흡과 더불어 손쉽게 사용할 수 있는 방법은 나비 포옹법이다. 이 방법은 불안이 엄습해 올 때 스스로를 진정시키는 방법이다. 먼저 눈을 감고 두 손을 엄지와 검지 사이를 교차시켜 가슴 위에 어긋나게 위치시킨다. 그리고 마치 나비가 날갯짓하듯 교대로 가슴을 손바닥으로 토닥거린다. 동시에 자신에게 괜찮다는 위로를 건네기도 하고, "불안이 곧 지나갈 거야!"라고 말해 주기도 한다. 10-15초간 나비 포옹법을 실시하면서 떠오르는 불안한 생각은 일반적으로 억지로 억누르지 않는다. 그냥 먼 하늘에 지나가는 구름을 쳐다보듯 대하는 것이 좋다. 이렇게 몇 차례 좌우를 번갈아 토닥거리다 보면 불안이 한결 가라앉는 것을 경험할 수 있다. 이미 수많은 연구들을 통해 좌우를 번갈아 자극하는 방식에 트라우마를 재처리하는 기능이 있음이 밝혀졌다. 이러한 방법들은 특히 트라우마를 입은 아동과 청소년들을 안정화하는 데 탁월한 효과가 있다고 알려져 있다.

아픈 과거의 조각난 기억들이 마치 날카로운 유리 조각처럼 상처 입은 자녀들을 오늘도 찌르고 괴롭힌다면, 주저 없이 상상의 날개를 펼쳐 안전지대로 날아가도록 도우라. 불안과 공포에 머리카락 한 올 한 올이

쭈뼛해질 때는 깊은 숨을 느긋하게 내쉬도록 격려하라. 혼자 갑작스런 두려움을 마주해야만 할 때는 스스로 자신을 토닥거리며 진정시킬 수 있도록 가르치라. 과거는 그저 과거일 뿐이고, 기억의 주인은 다름 아닌 바로 자신임을 상기시키라. 우리는 언제나 우리 자신의 기억을 다스릴 수 있다.

분노 다스리기

서준이 엄마가 급히 달려왔다. 아이 담임선생님에게 전화를 받고 학교에 다녀오는 길, 놀란 가슴을 쓸어내린다. 친구와의 사소한 말다툼 이후 화해를 시키려는 선생님에게 갑자기 억울하다고 고래고래 소리를 지르며 대들었다고 한다. 아이는 자기 잘못이 없는데 무조건 화해하라는 선생님의 지시가 너무 억울해서 그랬다고 한다. 교실에서도 한 시간이 넘게 울음을 그치지 않았던 서준이는 반나절이 지난 지금까지도 그 분기가 좀처럼 가라앉질 않는다. 서준이는 작년에 친구들 사이에서 어려움을 겪었는데, 당시 가까웠던 친구 한 명이 왕따를 주도한 것에 큰 상처를 받았다. 설상가상으로 담임선생님까지 자기 말은 듣지도 않은 채 친구 말만 듣고서 자신을 나무랐었고, 서준이의 부모님도 선생님의 말만 듣고 오히려 아이를 닦달했었다고 한다. 그 사건으로 서준이는 선생님과 부모님에 대해 크게 실망했고, 작은 일에도 억울해하고 분을 참지 못하기 시작했다.

트라우마와 분노는 동전의 앞뒷면이다. 트라우마를 경험한 거의 모든 사람이 화를 낸다. 즉, 분노는 트라우마의 정상 반응이다. 자신을 힘들게 만든 가해자에게는 말할 것도 없고, 자신이 어려울 때 외면했거나 적극적으로 돕지 않았던 주변 사람들에게도 서운하고 화가 난다. 어려움을 극복해 내지 못하는 연약한 자신, 사고를 예견하지 못하고 제대로 대처하지 못한 무능한 자신에게도 화가 치민다. 부조리와 불합리로 가득한 세상, 비효율적인 사회 시스템에도 화가 올라온다. 이런 말도 안 되는 일이 내게 일어나도록 내버려두고, 여전히 고통 속에 있는 나의 신원(伸寃)에 아무 답이 없는 신에게도 분노의 화살을 겨눈다.

모든 분노에는 불만족, 즉 충족되지 못한 욕구가 숨어 있다. 트라우마는 깊은 슬픔을 동반하니 기쁨과 행복이라는 정서적 욕구를 채울 수 없다. 상처는 남을 믿지 못하게 하며, 우리를 고독 속으로 밀어 넣는다. 때문에 관계를 통해 충족되어야 하는 애정과 관심의 욕구가 해결되지 않는다. 무엇보다도 트라우마는 자신을 돌보지 못하게 하므로, 내가 갖고 있는 일상적이고 기본적인 필요들이 채워지기 어렵다. 이런 온갖 불만족들이 분노의 불구덩이에 풀무질을 해 대기에 분노의 화기는 사그라지지 않고 더욱 뜨거워진다.

분노가 트라우마에 뒤따르는 정상적인 반응이라고 하지만, 어떤 분노의 대가는 꽤 비싸다. 누구나 화 한번 잘못 냈다가 만만찮은 비용을 지불한 경험이 있을 것이다. 분노의 질(質)이 나쁘기 때문인데, 전문가들은 이런 분노를 '파괴적 분노'라고 지칭한다. 나쁜 분노의 특성은 이렇다. 첫째, 흔히 위험한 행동이나 거친 말로 표현된다. '화가 나는가?'

와 '화가 어떻게 표현되는가?'는 사뭇 다른 것이다. 화나는 것이야 어쩔 수 없는 반응이지만, 어떤 식으로 화를 표출하는지는 선택의 이슈가 된다. 아무튼 거친 언행으로 표현되는 분노는 자주 자신이나 남을 공격하는 형태를 취하기 때문에 치명적이다. 다른 사람, 그중에서도 주로 가까운 가족이나 편안한 대상에게 터져 나오는 폭력과 폭언도 비싼 값을 지불하게 만들지만, 자해와 자살과 같은 자신을 향한 파괴적 분노도 트라우마에 동반되는 심각한 문제다.

둘째, 자신이 화가 났다는 사실을 모르는 상태에서 내는 분노 또한 매우 파괴적이다. 정신역동적으로 억압된(repressed) 분노, 부정된(denied) 분노라고 볼 수 있다. 예를 들어, 끔찍한 일을 당한 후 종교적인 이유나 과도한 자의식, 혹은 기타 사회적인 압력 등으로 인해 적절한 분노의 표현이 제한됐던 경우에 종종 더 깊고 만성적인 외상 후 스트레스 증상을 겪는다. 이런 분노는 엉뚱한 곳에서 아주 과격한 수준으로 소위 폭발하는데, 말할 것도 없이 지극히 파괴적이다. 당사자들은 "뭔가 이 상황이 굉장히 기분 나쁘고 부아가 치미는데 그 이유를 잘 알 수가 없다"고 표현한다. 흔히 우울증으로 연결되며, '중독'의 겉옷을 입기도 한다. 왕따를 당한 아이가 온라인 게임에 지나치게 몰입하는 경우, 끔찍한 경험을 잊으려 술에 의지하는 경우, 가까운 사람에게 배신을 당한 후 건강하지 않은 성(性)적 행동에 빠져 헤어나지 못하는 경우 등이 여기에 해당된다.

셋째, 너무 자주 화가 나는 경우, 화난 상태가 지속되는 경우, 사소하거나 중립적인 일에도 화가 나는 경우 또한 질이 좋지 않은 분노로 봐야 한다. 일반적으로 우리 마음은 안 좋은 감정이 발생해도 어느 정도 시간이 지나면 긍정적인 상태로 돌아가는 경향이 있다. 자연치유력, 회복탄력성(resilience)이라고 불러도 좋다. 좋든 나쁘든 과거의 기억은 잊히게 마련이다. 하지만 좋은 기분이 거의 찾아오지 않거나 너무 쉽게 사라져 버린다면 이 자정(自淨) 과정이 어딘가 손상된 것이다. 그러니 상처와 분노가 해결되기 어렵다.

그렇다면 상처를 입은 후 나쁜 분노, 파괴적 분노에 허우적대는 자녀를 위해 어떤 도움을 줄 수 있을까? 자신을 파괴하는 분노니 무조건 참으라고 할 것인가? 아니면 마구 표현하도록 할 것인가? 화를 안 내면 마음속에 쌓여 결국 더 큰 병이 된다고 생각하는 사람도 있었다. 하지만 전문가들은 분노를 직접적으로 배출하는 것은 결코 좋지 않다고 입을 모은다. 단기적으로는 잠깐 시원한 마음이 생길 수 있지만, 분노는 조건화로 인해 더 강해지는 경우가 많다. 이렇게 강화가 일어나면 주변과의 갈등이 심화되고, 결국 부정적인 상호 반응이 사슬처럼 연쇄적으로 촉발된다. 결국 분노는 더욱 축적되고 악화되어 소위 말하는 악순환의 고리에 빠져들게 된다.

결국 '나쁜 분노'가 '좋은 분노', '생산적이고 건설적인 분노'로 바뀌도록 도와야 한다. 가장 먼저, 분노에는 '좋은 분노'라는 것이 있음을 알려야 한다. 좋은 분노라는 것이 어디에 있느냐며 반문할 수 있다. 물론 있다. 좋은 분노는 개인과 세상을 긍정적인 방향으로 바꾸는 원동력이 된다. 악에 대한 분노, 불의와 부조리에 대한 분노가 대표적인 예들이다. 자신의 실수나 연약함에 대한 분노도 종종 좋은 분노로 작동한다. 자신이 누군가에게 화가 났다는 사실을 느끼면 자신의 대인관계에 문제가 있음을 인식해 고쳐 나가는 계기로 삼을 수 있다. 어떤 환경에서 화가 자주 난다는 것을 자각함으로써 자신에게 더 잘 맞는 취향과 진로를 찾을 수도 있다.

이런 생산적인 분노는 내가 화가 났다는 사실을 인지할 때, 즉 분노를 의식할 때 시작될 수 있다. 의식한 이후에만 분노가 건강한 방식으로 표현되도록 통제할 수 있기 때문이다. 앞에서도 언급했듯이, 분노 자체는 문제가 없다. 언제나 표현 방식이 문제인 것이다. 그러니 화를 어떻게 표현하는지를 조절하기 위해 먼저 자신의 분노 상태를 자각해야 한다. 각자의 '분노 온도계'를 사용해 볼 것을 추천한다. 화가 났을 때 잠깐 멈춰 지금 자신의 분노가 몇 도인지를 평가하는 것이다. 1도는 화가 전혀 나지 않은 상태, 반대로 100도는 완전히 통제할 수 없을 정도, 소위 말하는 '꼭지가 돌아 버린 상태'다. 그리고 50도는 우리가 겨우 통제할 수 있는 상태다. 만일 분노가 50도를 넘어가는 수준이라면 바로 자신에게 정지(Stop) 명령을 내려야 한다.

연구자들은 대부분의 폭발적 분노는 아무리 길어야 30분을 넘지 않는다고 말한다. 따라서 30분의 시간을 벌어야 한다. 자리를 피하고 나가서 산책을 하거나 음악을 들어도 좋다. 앞에서 말했던 안정화기법들을 사용하면 큰 도움이 된다. 물론 일부에게는 적절한 약물 치료가 도움이 될 수도 있다. 많은 사람들이 30분 이후에는 훨씬 더 이성적이고 생산적인 결정을 내릴 수 있게 되었다고 고백한다. 부모는 자녀들이 충분한 시간 동안 정해진 공간 안에서 편안하게 자신의 분노를 달래도록 허락해야 한다. 감정적으로 맞대응하거나 자꾸 좇아 들어가 섣불리 달래

주거나 질문을 퍼붓는 행동은 금물이다. 혈기왕성한 아이들에게는 방안에 들어가 신문지를 말아 쿠션이나 베개를 두드리게 하는 것도 나쁘지 않은 방법이다. 핵심은 30분을 보장하고 기다리는 데에 있다.

30분을 확보했다면, 다음 단계는 생각보다 더 쉽다. 자신과 남에게 피해가 되지 않는 방향으로 분노를 표현하는 것이다. 이쯤 되면 적절한 언어 표현이 가능하다. 대화가 되면 길을 찾을 수 있다. 왜 그토록 화가 났는지 탐색할 수 있다. 상담과 성찰을 통해 생각의 전환도 가능해진다. 보통은 이런 선입견들이 분노의 원인이 된다. "내가 옳다." "다른 사람은 틀렸다." "내 말에 동의하지 않는 것은 나를 무시하는 것이다." "강하게 하지 않으면 대우받지 못한다." "좋게 얘기하면 못 알아듣는다." "가만히 있으면 나를 우습게 본다." "나는 피해자다. 억울하다. 그러니 내 말을 다 들어 줘야 한다." "손해를 많이 봤으니 난 화낼 정당한 이유가 있다." "내가 공격하지 않으면 도리어 당한다."

트라우마를 겪은 아이들은 현재의 힘든 상황이 바뀌지 않을 것이라고 생각하는 경향이 있다. 하지만 많은 사람들이 트라우마를 극복하고 성장한다. 특히 나쁜 분노, 병적이고 파괴적인 분노는 훈련과 연습을 통해 좋은 분노, 괜찮은 분노, 생산적인 분노로 탈바꿈될 수 있다. 자녀로 하여금 먼저 화를 인지하고 분노의 온도를 측정한 후 조용한 곳을 찾아가 멈추고 기다리도록 돕고 격려하라. 노하기를 더디 하는 온유한 마음이 한 뼘씩 자라날 것이다.

역경을 딛고 일어서는 회복탄력성

심각한 정서적 문제로 고통 받고 있는 어른들을 돕다 보면 자주 어린 시절의 힘겨웠던 이야기들이 쏟아져 나온다. 가난, 부모의 학대나 무관심, 부모의 알코올 문제, 적절한 교육의 부재, 가족의 불화 등이 주로 손꼽히는 문제들이다. 이처럼 고통을 겪고 있는 성인들을 대상으로 후향적으로 접근한 연구들 덕에 상당 기간 동안 전문가들은 어린 시절의 트라우마가 성인기의 정서 행동 문제의 돌이킬 수 없는 원인이 되는 것으로 이해해 왔다. 그러다 20세기에 들어서야 아동기에 역경을 겪었던 사람 중 일부만이 심각한 성인기 정신 건강의 문제로 이어지며, 상당수는 회복되고, 오히려 예전보다 더 긍정적인 상태가 된다는 사실을 알게 되었다.

이런 사실을 밝힌 연구들 중 대표적인 것이 미국 하와이 카우아이 섬에서 시행된 종단 연구다. 연구자들은 1955년에 태어난 698명의 아이들을 40세까지 추적 관찰하면서 생물학적 요인은 물론 삶의 다양한 사건들을 포함한 심리사회적 요인이 정서와 행동에 미치는 영향을 조사했다. 그 결과, 2세에 가난, 주산기 합병증, 만성적인 가정 문제, 부모의 정신병리 등과 같은 위험 인자 중 네 개 이상이 관찰된 아이들의 3분의 2에서 10세에 학습 및 행동 문제가 관찰되었고, 18세에는 비행과 정신 건강의 문제가 관찰되었다. 하지만 3분의 1은 정서적 건강이나 사회적 적응에 아무 문제가 없는 유능한 성인으로 성장했고, 40세에 이르러서는 오히려 이혼 혹은 사망하거나 만성 질환에 걸리는 경우가 더 적은 것으로 나타났다. 이 연구 결과가 발표된 이후로 사람들은 비로소 회복탄력성 혹은 회복력(resilience)에 과학적 관심을 갖게 되었다. 회복탄력성은 삶의 역경을 극복하고 트라우마 이전의 적응 수준으로 회복하게 하는 힘을 말하며, 외상 후 성장은 외상 사건 이전의 기능 수준이 아닌 더 높은 수준으로 성장한 경우를 지칭한다. 과연 피해자가 트라우마를 극복할 뿐만 아니라 오히려 더 성장하게 만드는 요인은 무엇인가?

세월호 사건 이후에 발족한 대한신경정신의학회 산하 재난정신건강위원회에서 편찬한 《재난 및 정신의학》에는 회복탄력성에 미치는 개인의 내적 요인과 외부 요인에 대한 내용이 잘 정리되어 있다.

첫째는, 자기 조절 능력, 즉 어려운 상황에 닥쳤을 때 자신의 사고, 감정, 행동을 통제하는 능력이다. 자기 조절 능력이 높은 사람은 역경에 처했을 때 발생하는 부정적인 감정과 생각을 보다 잘 억제하고, 이를 극복하려는 긍정적인 행동에 적극적으로 도전하는 경향이 높다.

둘째는, 문제 해결 능력이다. 자신이 처한 상황을 인과론적으로 사고하고 이에 근거한 합리적인 대안을 융통성 있게 마련하는 인지 능력을 가리킨다. 문제 해결 능력이 높은 사람은 필요하다면 기꺼이 다른 사람이나 사회 시스템에 도움을 요청한다.

셋째는, 대인 관계 능력이다. 남의 마음과 생각을 깊이 이해하고 공감하며, 원만한 관계를 유지하기 위해 의사소통하는 능력을 말한다. 특히 어떤 사건에 대해 비판적인 경향이 있는 사람보다는 수용적으로 소통하는 사람이 회복탄력성이 높다.

넷째는, 낙관성이다. 자신의 인생과 세상이 지금보다는 더 나은 방향으로 변화될 것이라는 전반적인 기대 수준을 의미한다. 하지만 단지 기대만 하는 것으로는 충분치 않다. 스스로 삶을 통제함으로써 목표를 이룰 수 있다는 자발적인 의지가 포함되어야 한다. 낙관적인 사람은 어려움이 와도 실망하지 않고 부정적인 면보다는 긍정적인 면을 보기 때문에, 지금은 힘들지만 언젠가는 극복할 수 있을 것이라고 믿는다. 그 믿음은 현재의 상황에 대해 감사하며 수용하려는 동기를 부여한다.

다섯째는, 삶의 목적과 가치의 추구이다. 자신의 삶에는 중요한 목표가 있으며, 인생은 그것을 추구하고 성취해 가는 과정이라고 믿는 경우에 회복탄력성이 높다. 이들은 각자의 가치관에 따라 역경을 해석하고 이해하며 수용하려고 한다. 궁극적인 목표가 있으니 현재의 어려움은 지나가는 과정이라고 바라보게 된다.

마지막 여섯째 내적 요인은, 영성이다. 신과의 관계 속에서 세상에서 일어나는 일들을 바라보고 이해하며 신의 섭리를 수용하는 자세를 말한다. 영성은 역경 속에서도 심리적 안정감과 삶의 의미를 제공해서 트라우마를 재해석하고 수용할 수 있도록 돕는다. 더불어 대부분의 종교 생활은 실제적이고 안정된 사회적 지지를 동시에 제공한다. 이 외에도 온정, 친밀함, 격려, 돌봄 같은 가족 및 지역 사회의 사회적 지지, 의미 있고 긍정적인 인간관계, 물질과 정보 제공과 같은 외부 요인도 회복탄력성에 영향을 미친다.

역경은 회복탄력성과 외상 후 성장의 전제 조건이다. 이 모티프는 신화와 전설, 영웅 이야기에서도 무한 반복된다. 뿐만 아니라 역경을 통한 회복과 성장의 드라마는 바로 우리가 살아가는 평범한 삶의 이야기다. 삶의 아이러니요, 묘미가 아닐 수 없다. 누구나 피하고 싶겠지만, 역경은 필연이다. 우리는 자신에게 회복력의 내적, 외적 특성이 있는지에 대해 살피기 전에 이 단순한 진리에 주목해야 한다. 역경은 인생길 중 어딘가에 서서 우리를 기다리고 있다. 우리는 그를 만날 준비를 해야만 한다. 물론 준비한다고 해서 주먹을 피할 수 있는 것은 아니다. "Everybody has a plan until they get punched in the face"(누구나 얼굴을 맞기 전까지는 계획이 있다.)라는 마이크 타이슨(Mike Tyson)의 말처럼, 일단 한 방 맞으면 정신이 하나도 없을 것이다. 하지만 잠시 후 정신이 조금씩 돌아오면, 미리 마음의 준비를 하고 있는 사람은 좀 더 의연해질 수 있다. 쉽지는 않겠지만 당신 자신의 내적, 외적 요인과 자원들을 살펴보며 한 걸음씩 대처해 나가게 될 것이다.

역경은 우리의 시야를 바꾼다. 평소에 아끼고 애써 왔던 것들이 사라지고 무너지게 되면 아직 남아 있는 것들이 보이기 마련이다. 평소에 소홀히 했던 것과 잊혔던 것들이 눈에 들어온다. 그리고 그것들의 가치를 새삼 발견한다. 많은 이들이 역경 후 돈과 명예를 잃고 그것의 헛됨을 깨닫는다. 대신 소홀히 대했던 가족과 친구, 영적인 삶에 관심을 기울인다. 사랑하는 사람을 잃은 이들은 추억을 간직한 채 남겨져 있는 다른 이들과 함께 새로운 일을 찾아 나선다. 중요한 신체 기능을 잃은 후 건강의 소중함을 배우고, 몸과 물질에 집중됐던 관심이 영적이고 정신적인 세계로 확장되기도 한다. 생각은 깊어지고 시야는 넓어진다. 보지 못했던 것들을 보게 되는 변혁, 바로 소경이 눈을 뜨는 기적이 일어난다. 이구동성(異口同聲)으로 말한다. 작은 것, 일상적인 것, 바로 옆에 있는 것, 늘 갖고 있던 것, 당연한 것으로 여겼던 것, 보이지 않는 것들이 훨씬 더 소중한 것이었다고 말이다.

카우아이 연구 결과는, 회복탄력성을 결정하는 개인의 내적인 요인들은 고착된 것이 아니라, 개인의 내적인 요인들과 가정과 사회에서 비롯된 외적인 요인들이 끊임없이 역동적으로 상호작용해서 회복탄력성을 결정하고 있음을 보여 준다. 또한 트라우마 이후의 삶에서 어떻게 능동적으로 대처하고 어떤 사람들을 만나 어떤 도움을 받는지에 따라 회복하고 성장할 수 있음을 알려 준다. 인생은 역경을 통해 결코 멈춰지기만 하는 것은 아니다. 고난이 필수 과정이라면, 회복과 성장도 우리에게 주어진 길이요, 새로운 운명이다. 역경도 준비하고 그 후의 성장도 또한 기대하자.

부록

'양육을 위한 몇 가지 질문과 대답'

우리 아이는 왜 스스로 공부하지 않을까요?

"이번 시험을 잘 보면 네가 원하는 장난감 사 줄게." "이번에 5등 안에 들면 용돈 올려 줄 테니 열심히 해 봐!" 시험 때만 되면 이런 공약들이 남발한다. 자녀들이 좀 더 열심히 공부하도록 만들기 위해 흔히 사용되는 기술들이다. 언뜻 보면 꽤 효과가 있는 것 같지만, 학습 동기를 연구하는 전문가들의 생각은 다르다. 오히려 학습 동기를 더 떨어뜨리는 위험한 접근법이라고 주장한다. 상담실에서 여러 번 조언해도 부모들은 이런 행동을 쉽게 내려놓지 못한다. '교각살우'(矯角殺牛), 곧 '소뿔을 바로잡으려다가 소를 죽인다'는 말처럼, 당장 눈앞에 보이는 결과를 얻으려고 잘못된 방법을 사용해 결국 더 값지고 중요한 것을 잃게 되는 경우가 종종 있다.

"공부는 무엇을 위해 해야 하며, 왜 해야 하는 걸까?" 아이들에게 이런 질문을 직접 해 보면 제대로 된 대답을 들을 수 있는 경우는 거의 없다. 아이들은 잘 알 수가 없다. 책에 쓰여 있는 지식들이 각자의 구체적인 삶에 어떻게 영향을 미치는지 경험할 수 없기 때문이다. 그러니 아이들의 학습 동기가 그리 높지 않은 것은 당연한 일이다. 솔직히 아이들 입장에서 보면 자신의 현재 삶과 상관이 없는 이 지루한 과정을 반복할 이유를 찾기 어렵다. 게다가 아이들 일과의 대부분은 스스로 선택할 수 없는 시간과 공간 속에 갇혀 있다. 자발적으로 판단하고 선택해야 하는 경우가 그리 많지 않다는 말이다. 자신의 삶을 위해, 나아가 타인과 조직을 위해 어떤 의미 있는 결정을 내려야 하는 경우는 더더욱 드물다. 이런 순간에 좋은 판단과 선택을 하기 위해 지식이 필요한 것인데 아이들에게는 그럴 기회가 거의 없으니 공부가 무의미하고 지겹게 느껴질 수밖에 없다.

이런 결정을 내려야 하는 어른이 되면 이 능력이 얼마나 중요하고 필요한 것인지를 매 순간 느낀다. 어려운 결정일수록 더 많은 지식과 정보들이 필요하고, 이를 바탕으로 오랜 시간 동안 조각되어 온 탄탄한 가치관과 확신이 필요하다. 뿐만 아니라, 선택을 실행하는 과정에서 발생하는 수많은 예상치 못한 상황들과 문제들을 해결해 나가는 과정에서도 관련 지식들은 어김없이 그 위용(威容)을 드러낸다. 이런 문제들을 잘 해결해 내고 순간마다 적절한 판단을 내릴 수 있는 사람은 그리 많지 않은 반면 세상 어디서나 이런 사람은 항상 필요하기 때문에, 이런 능력을 소유한 사람들은 보다 좋은 조건에서 자신의 역할을 수행하게 된다. 이런 구체적인 필요 속에서 매일을 살아가는 어른들은 이런 능력이 얼마나 중요하고 이런 능력의 밑거름이 되는 지식이 얼마나 필요한지를 알기에 자녀들을 볼 때마다 공부하라는 잔소리가 저절로 나오게 되는 것이다.

하지만 입장의 차이는 너무 현격하다. 지식과 기술이 필요한 어른에게는 시간이 부족하고, 시간이 있는 아이들에게는 엄밀한 의미에서 지금은 지식이 필요 없다. 이 간극을 좁히는 방법은 하나밖에 없다. 아이들은 부모들의 삶을 알아야 하고, 부모는 자녀들의 입장을 이해해야 한다. 서로의 입장에 대한 이해를 바탕으로 한 긴밀하고 인격적이고 실제적인 '소통'만이 유일한 길이다. '무조건 공부하라'는 말과 값싸고 손쉬운 '당근과 채찍' 대신 당신은 자녀와 소통하기 위해 어떤 노력을 기울이고 있는가?

좋은 판단을 하기 위해서는 정확하고 올바른 지식이 필요하다. 하지만 더 중요한 것은 지식의 내용이나 양에 있지 않다. 오히려 지식을 습득하고 펼치는 과정에 있다. 지식은 객관적이고 이성적인 이해와 논리적인 사고 과정을 통해 우리에게 들어오고, 우리의 구체적인 삶에 적용된다. 공부란 결국 이 과정을 반복적으로 훈련하는 것이다. 세상에 알려져 있는 지식을 체계적으로 파악하고 자기가 갖고 있는 기존 지식과 논리적으로 연결해 더 확장시켜 나갈 수 있다면, 해결해야 할 새로운 문제가 발생할 때마다 똑같은 과정을 통해 그 문제를 분석하고 이해한 후 자신이 갖고 있는 지식 체계 속에 논리적으로 연결해 그 해결점도 찾아 낼 수 있다. 분야만 다를 뿐 모든 학문은 이와 같은 방식으로 세상으로부터 스며들어와 똑같은 방식으로 세상을 향해 흘러 나간다. 공부는 그 결과인 지식의 확보와 확장뿐 아니라, 그 과정을 습득하고 훈련하는 데 더 큰 목적이 있다. 그러니 주입식 교육에 대해서 걱정하지 않을 수 없는 것이다.

다양한 세상의 문제를 푸는 구체적인 길이 책에는 다 기록되어 있지 않다. 지금 주어진 문제에 딱 들어맞는 지식은 아무리 책을 찾아봐도 대부분 찾지 못한다. 생각해 보면 당연하다. 지금 여기 우리에게 일어나는 일들은 과거의 일과 엇비슷할 수는 있어도 결코 같을 수는 없다. '지금'은 '과거'가 아니며, '여기'는 '저기'가 아니고, '우리'는 '그들'이 결코 아니기 때문이다. 인터넷의 발달로 인해 오히려 비슷한 내용들, 그래서 오히려 혼란스럽고 불필요한 정보들이 너무 많아졌다. 올바른 판단을 내리기가 더 힘들어졌다. 무엇이 옳은 정보인지, 가짜 뉴스인지 분별하기가 힘들다. 나는 인터넷 속에 있는 잘못된 지식을 따라가다가 낭패를 본 아이들과 부모들을 수없이 만난다. 정보를 객관적이고 이성적으로 판단하는 능력은 지식 자체뿐 아니라 논리적인 사고 훈련, 즉 지루한 공부 과정을 통해 숙련된다. 문제는 늘 현재이며, 지식은 늘 과거에 속해 있다. 그 둘을 연결하는 노하우는 공부 과정을 수없이 반복하는 중에 터득된다.

다시 강조한다. 공부의 목표는 결과가 아닌 '과정'이다. 솔직히 결과물인 지식 자체는 책을 찾아봐도 알 수 있고, 누군가에게 물어도 알 수 있다. 또한 지식은 너무 방대해서 한 사람이 알 수 있는 것은 늘 제한적일 수밖에 없다. 혼자만의 지식으로 할 수 있는 일은 거의 없다. 이렇게 묻고 싶다. 당신은 자녀가 공부할 때 결과를 중요하게 보는가, 아니면 과정을 중요하게 보는가? 당신이 자녀의 노력에 보상을 한다면 결과에 무게를 두고 있는가, 아니면 과정에 방점(傍點)을 두는가?

'공부'(工夫)는 '장인 혹은 장인의 공교한 기술'을 의미하는 '工'과 '일꾼'을 의미하는 '夫'가 합쳐진 말로서, '공교한 기술을 익혀 일하는 사람이 되는 과정'을 의미한다. 모든 공부의 최종 목표는 결국 주어진 일을 수행할 수 있는 사람이 되는 데에 있다. 그렇다. 문제를 해결하는 과정에 초점을 맞춘 공부야말로 진정한 장인에 이르게 할 수 있다.

Q

성적과 무관한 공부를 왜 해야 하냐고 물어요

"미적분 같은 것을 왜 공부해야 해요?" "이런 걸 어디에 쓴다고 배워요?" 수학 학원을 다녀온 아이가 묻는다. 일리 있는 주장이다. 가만 보면 아이들이 공부해야 하는 내용에는 쓸데없어 보이는 것들이 가득하다. 스스로 필요 없다고 여겨지는 일, 게다가 그것이 어렵고 힘든 일이라면 누구나 끝까지 수행해 내기 힘들기 마련이다. 고생할 이유를 모르는 작업을 지속할 수 있을 정도의 강력한 동기를 갖고 있는 아이가 과연 얼마나 될까? 왜 배워야 하는지 답을 얻지 못한다면 얼마 못 가 포기하거나 대충 눈가림식으로 공부할 가능성이 높다. 때문에 우리는 쓸모없어 보이는 공부를 할 때마다 끊임없이 반복되는 아이들의 질문에 꼭 답변해야만 한다.

아이들의 주장처럼 실제 삶에서 사용하지 못할 것은 배울 필요가 없다고 말하는 사람들이 있다. 이 정도로 극단적이지는 않더라도, 실용적인 것을 먼저 배우고 익힌 후 시간이 남거나 원하는 사람들만 비실용적인 것을 배우는 것이 옳다고 주장하기도 한다. 솔직히 요즘 학생들은 매일의 생활 속에서 필요한 지식이나 기술에 대한 교육을 거의 받지 못하는 것 같다. 요리와 같은 가사(家事), 실생활에 필요한 물건이나 장치들에 대한 교육이 매우 축소되어 있는 것은 사실이다. 그래서 그런지 학교에서 공부를 잘하는 것과 일상에서 능숙한 것은 전혀 상관이 없다. '공부는 잘하나 생활은 못하는 사람'을 우리는 흔히 만날 수 있다. "쓸모없는 공부하느라 쓸데 있는 공부를 못했다"는 아이들의 푸념이 전혀 근거 없는 말은 아닌 듯하다.

사실 요즘 교육은 실용성이 너무 강조되어 있다. 특히 대학 교육이 그렇다. 실용적이지 않으면 납득도 설득도 안 되는 것 같다. 지식과 기술도, 인간의 삶도 효율성과 유용성이 없으면 무의미하게 된다. 어떤 기준에 의해 쓸데없거나 비효율적이라는 평가가 내려지면 영락없이 가치를 상실해 버리고 버림당한다. 실패자, 낙오자, 루저, 쓸모없는 인간이 되는 것이다. 그렇다면 그 기준은 누구의, 무엇을 위한 기준인가? 학업과 공부의 기준은 무엇인가? 점수인가? 등수인가? 연봉인가? 당장 쓸데없는 것은 과연 쓸데없는 것인가? 쓸데 있는 것인지 없는 것인지는 과연 언제 알 수 있는가? 그리고 그것은 얼마나 영속적인가? 실제적으로 거의 사용되지 않거나 투자한 노력에 비해 덜 사용되는 지식과 기술은 과연 가치가 덜한 것인가? 그렇다면 사용되지 않을 지식을, 낮게 평가될 기술을 누가 공들여 공부하고자 할 것인가? 모든 것을 실용성으로 환산하는 단순한 관점만으로 공부해야 하는 이유와 동기를 설명하기에는 꽤 큰 한계가 있어 보인다. 결국 실용성을 지나치게 강조하는 학습은 아이들의 동기를 저하시키기 십상이다.

배움에 있어서 실용성을 너무 강조하면 상대적으로 실용적이지 않은 분야에 대한 노출이 작아져 교육의 범위가 좁아질 수 있음을 걱정하는 사람들도 꽤 있다. 이들은 나중에 더 깊고 다양한 공부를 지속할 수 있도록 책을 읽는 힘과 논리 및 사고력을 향상시키기에 적합한 교육 과정이 더 좋다고 주장한다. 철학, 윤리학, 수학, 역사와 같은 학문이 과학을 토대로 세워진 실용적 지식과 기술 사회의 바탕이 된다는 사실을 누가 부인하겠는가? 이들은 아이들의 교육이 특정 지식이나 기술 자체가 아닌, 이것들을 담을 수 있는 틀이나 그릇을 준비시키는 데에 주된 목적이 있다고 말한다. "그릇이 좋으면 뭐든지 담을 수 있는 것처럼, 공부하는 내용 자체가 중요한 것은 아니다." "정답 자체가 중요한 것이 아니라, 모르는 문제의 해답을 찾아가는 동안에 문제를 해결하는 논리를 습득하고 기술을 숙달하는 것이 기초 교육의 목표다." 가령 인문학을 공부할 아이들도 논리적 사고력을 높이는 데는 수학이 최고라는 것이다. "당장 쓸데없어 보이는 공부도 결국 나중에는 쓸데가 있다." "지식은 결국 다 연결되기 때문에 모든 공부는 간접적이라도 꼭 유용한 지식이 된다." 일리가 있는 의견이다. 하지만 너무 핑크빛 주장이라는 느낌이 들기도 한다.

여러 가지 이유로 학창 시절에 공부를 하지 못했던 사람들이 나이가 들어 새롭게 시작하는 경우가 있다. 수 시간 산을 넘고 강을 건너 매일 등교하는 산골 나라의 아이들도 있다. 또한 우리 중에는 아주 오랫동안 공부를 지속하는 사람들도 있다. 실용적인 측면에서는 그럴 필요가 없는데도 말이다. 이들의 공통점은 공부 자체를 매우 즐거워한다는 점이다. 배우는 기쁨을 잃어버린 우리 아이들과는 참 다르다. 어릴 때부터 지나친 평가와 비교, 수치화에 시달렸기 때문일 것이다. 쉽고 하면 되는 공부보다는 늘 어렵고 실패하는 공부, 과정보다는 결과로 평가되는 공부, 문제를 해결하기 위해 고민하기보다는 정답을 맞히는 것이 강조된 공부, 다양한 풀이 과정을 물색하기보다는 정해진 알고리즘을 숙달하는 공부에 함몰되어 공부를 본격적으로 시작하기도 전에 아이들은 모두 나가 떨어져 버렸다. 이런 아이들을 곁에서 지켜보는 부모들도 참 힘들다.

아이들이 오늘 공부에 바친 소중한 시간과 노력은 과연 '투자'인가, 아니면 '허비'인가? '투자'인지 '허비'인지를 결정하는 기준 역시 어떤 '결과'가 따라오는지에 달려 있는가? 이처럼 가시적인 결과를 추구하는 모든 노력은 결국 '투자'냐 '허비'냐를 따지는 굴레에서 헤어나지 못하게 만들 수 있다. 하지만 허비한다고 해서 무엇이 문제란 말인가? 진정 시간과 노력을 모두 날려 버린 것인가? 결단코 그렇지 않다. 허비야말로 진정한 헌신과 열정의 표식이 아닌가? 좋아하는 일이라면 누구나 언제든지 시간과 노력을 아낌없이 허비한다. 어떤 결과가 없더라도 그것을 행하는 것만으로 충분하다. 자발적인 허비야말로 실용성이 모든 가치를 점령하고 있는 이 시대를 향해 날리는 가장 강력한 카운터펀치라고 믿는다. 사실 자신의 일이라고 믿는 일에 몰입할 때는 허비인지 투자인지조차도 따지지 않는다. 《논어》 '옹야편'의 한 구절을 인용하지 않을 수 없다.

知之者不如好之者 好之者不如樂之者

(지지자불여호지자 호지자불여낙지자)

"아는 자는 좋아하는 자만 갈지 못하고

좋아하는 자는 즐기는 자만 갈지 못하다."

한 가지가 더 있다. 고통스러운 시간이든 즐거운 시간이든, 투자든 허비든, 결국 사용할 수 있든 사용할 수 없든 간에, 하나님은 우리와 우리 자녀의 모든 노력과 실패를 버무려 결국 선(善)을 이루게 하실 것이다. 오늘도 좁은 공간에 앉아 졸린 눈을 비벼 대며 듣고 읽고 쓰기를 반복하는 어린 영혼들에게 이보다 더 큰 위로는 없다. 하나님의 인도와 그분의 신실하심은 우리의 자녀가 공부를 끊임없이 즐길 수밖에 없는 유일하고 가장 강력한 근거다. 물이 포도주로 변하듯, 그분 안에서 '허비'가 선을 이루는 가장 확실한 '투자'가 될 것이다.

집에 오면 아무 말 없이 방에서 스마트폰만 해요

소통의 부재는 인간이 경험할 수 있는 가장 큰 비극 중 하나다. 그런데 요즘 아이들을 만나면 이 소통의 능력이 점점 쇠약해지고 있음을 느낀다. 아이는 점점 분화되어 가는 사회에 적응해야 하고, 점점 잘게 쪼개지고 깊어진 지식을 습득해야 한다. 대가족은 핵가족이 되었고, 핵가족 내에서도 형제의 숫자는 점점 줄어들어 간다. 맞벌이 부부는 아이와 소통할 시간을 좀처럼 내기 어렵다. 아파트 놀이터에도 같이 뛰어놀며 마음과 생각을 나눌 아이들이 점점 사라져 가고 있다. 학교 내에서 발생하는 관계 문제에도 아이들끼리 갈등을 조절할 기회가 점점 줄어들고 있다. 제도와 교사, 부모들이 깊게 그리고 빨리 개입한다.

얼굴을 맞대고 눈을 마주 보며 얘기를 나누던 시간들은 디지털 장비를 들여다보는 시간들로 대치되어 버렸다. 대화할 기회도 상대도 줄어든 우리의 아이들은 정말 한심한 수준의 소통의 기술을 갖게 되었다. 더욱 큰 문제는 아무도 소통에 대해 가르쳐 주지 않고 있다는 점이다. 슬프게도 부모나 교사, 그 누구도 이것을 가르쳐 줄 수 없다. 자신들이 먼저 배우지 않았기 때문이다. 상담실에서 만난 아이와 부모의 의사소통 기술이나 태도가 유치한 수준에 불과한 경우를 너무나 많이 봐 왔다. 애나 어른이나 차이가 없다. 이런 수준으로 대화하다가는 갈등의 해결은커녕 악화만 가져올 수밖에 없음이 불 보듯 뻔하다. 소통은 우리 아이들, 그리고 우리의 최대 약점이다.

현대 사회는 너무나도 다양해졌고, 지나치게 세분화, 전문화되었다. 마치 자기 할 일만 잘하면 모든 것이 효율적으로 굴러갈 것처럼 말한다. 그리고 우리 모두는 자기 일에만 열중한다. 정말 내 할 일만 잘하면 잘되는 것인가? 세상이 좋아지고 있는가? 모든 정부의 반복되는 문제가 무엇인가? 소통의 부재 아닌가? 소통은 현 시대의 요청이며 필요다.

사회는 자기 분야만 잘하는 사람만을 필요로 하지 않는다. 여러 자원들을 통합하고 갈등을 조정하며 상호 균형을 유지시켜 주는 능력 있는 코디네이터를 필요로 한다. 이것이야말로 정치의 화두이며, 경영과 리더십, 대처 기술의 핵심 이슈다. 세상은 정말로 이런 사람이 나타나기를 고대하고 있다. 당신의 자녀가 성공하기를 원하는가? 영어 잘하는 것이 정말 경쟁력이 된다고 생각하는가? 영어 잘하는 사람은 수도 없이 많다. 요즘 세상이 절실히 필요로 하는 사람은 바로 소통의 달인이다.

소통을 잘하는 자녀로 키우려면 어떻게 해야 할까? 무엇보다도 평소에 대화를 많이 해야 한다. 기술을 익히는 가장 확실한 방법이 많이 반복하는 것임은 변함없는 진리다. 대화와 소통을 위한 특별한 시간과 장소는 따로 없다. 모든 순간이 대화와 소통의 기회다. 물론 특별한 경우에는 따로 시간과 장소를 정해서 대화하는 것도 아주 효과적일 수 있다. 하지만 이것은 매일의 일상적인 대화가 멈추거나 문제가 발생한 상황에서만 필요하다. 부모가 본을 보여야 한다. 그러니 부부가 먼저 대화를 많이 나눠야 한다. 대화를 즐겨야 한다. 대화를 즐기는 자만이 소통을 잘할 수 있다. 소통하는 부부 밑에 소통하는 자녀가 자라는 법이다.

대화의 내용은 어떤 것이 좋을까? 최근 사회·정치적 이슈? 철학적 담론? 옳고 그름에 대한 논리적 토론? 이런 것을 감당할 부모가 얼마나 될까? 내가 생각할 때 대화의 주제는 시시콜콜할수록 좋다. 아주 일상적이면서도 사소해 보이는 것, 그것이 가장 좋은 대화의 주제다. 자기 입장에서 사소해 보이거나 흥미가 없는 주제로 대화를 나누는 것은 아주 훌륭한 기술이다. 내가 볼 때 의미 없어 보이는 것이 상대에게는 중요한 것일 수 있으며, 그래야 상대의 마음을 얻을 수 있기 때문이다. 자기 이야기를 하면 곧 내 이야기를 들어 주려고 하면서 협상이 이루어지는 것이다.

특히 부모는 자녀의 관심사 중심으로 얘기해야 아이와의 대화가 술술 풀린다. 연예인, 스포츠, 게임, 패션, 드라마, 예능 프로, 화장품, 친구 얘기, 먹거리 등 아이의 주변을 둘러싸고 있는 일상적인 생활 이야기로부터 대화를 시작하라. 보다 깊은 생각, 예를 들어, 인간과 세상, 삶과 죽음, 종교 등에 관한 이야기는 이런 일상적인 대화와 어우러질 때만 의미가 있다. 아이가 한 단계만 더 생각해 볼 수 있도록 화두를 던지는 것으로 충분하다. 아이가 한마디를 하면 거기에 한마디만 더하면 된다. 일방적인 교육이나 강의식 가르침은 거의 효과가 없을 뿐 아니라 소통을 막는 큰 걸림돌이다.

성공적인 소통을 위한 가장 핵심적인 태도를 말할 때 나는 주저하지 않고 '진실'이라 이야기한다. 소통의 단절은 신뢰의 부족과 의심, 거짓에 대한 실망에서부터 비롯되고 자라나는 경우를 너무 많이 봤기 때문이다. 갈등이 조금만 생길 것 같으면 나약한 우리는 약간의 거짓과 포장을 사용하는 고약한 버릇이 있다. 분위기를 좋게 하려고, 더 큰 갈등을 줄이려고, 때로는 상대를 위해서, 심지어 대의를 위해서 살짝 거짓을 더한다. 하지만 거짓은 결국 상대와 나를 연결시켜 주는 믿음의 통로를 썩어 끊어지게 만든다. 소통을 통한 관계 회복과 치유의 현장에서 나는 늘 경험한다. 솔직한 대화, 진실한 소통만큼 강하고 힘 있는 것은 없다는 사실을 말이다. 때론 적잖은 용기가 필요하지만, 그 열매는 무엇과도 바꿀 수 없다.

여기에 더해서 기술적으로 언급하고 싶은 것들이 있다. 대화를 이어 가기 위해서는 감정 조절이 선행되어야 한다. 대화에 참여하는 사람 모두가 대화의 기본 원칙을 지켜야 하는데, 화가 난 상태에서는 대화를 중지하는 것, 상대의 말을 끊지 않는 것, 상대가 이야기할 때는 딴짓을 하지 않는 것 등이다. 이것들은 소통을 위한 기본자세다. 부모가 먼저 모범이 되어야 한다. 자녀와 이야기를 하기에 앞서 서로 지켜야 할 약속을 한 번 더 확인하는 것이 좋다. 또한 아이들이 자기의 이야기를 나누고 의견을 피력하는 것을 비판해서는 안 된다. 말로는 뭐든지 얘기할 수 있는 분위기가 조성되어 있어야 한다. 아이의 말에 대한 섣부른 판단이나 조언 역시 소통을 막는 가장 흔한 실수들이다. 아이가 얘기를 꺼낼 때마다 옳고 그름을 따지는 재판장 역할을 하거나 급한 마음에 가이드라인을 남발하면 교사 같은 부모에게 아이들은 더 이상 말문을 열지 않는다. 아무 말 없이 그윽한 표정으로 고개를 가볍게 끄덕이며 마냥 집중해서 조용히 들어 주는 것, 그것보다 좋은 것은 없다.

소통의 기술은 하루아침에 만들어지지 않는다. 부단히 노력하고 갈고닦아야 한다. 어떤 대화든 수용 받고 즐겨 본 경험이 오래 축적된 아이들은 반드시 듣고 말하는 일, 즉 소통의 전문가가 될 것이다. 이들은 자신의 삶의 문제를 스스로 해결하며, 때론 다른 사람의 어려움을 도와주고, 더 나아가 이 복잡한 사회의 통합과 평화를 이루어 내는 값진 일을 하며 내일을 살게 될 것이다.

우리 아이가 거짓말을 해요

"우리 아이가 거짓말을 하고 있다!" 아이의 흔들리는 눈을 보면 어느 부모나 쉽게 알 수 있다. 아이의 천연덕스러운 거짓말을 처음 마주하는 순간, 대부분의 부모는 적잖이 당황한다. 세상에서 정직하게 살기 어렵다는 사실도 알고 있고, 부모 자신도 소소한 거짓말로부터 완전히 자유롭지 않으면서 말이다. 특히 모범적이고 완벽을 추구하는 부모, 더구나 독실한 기독교 신앙을 갖고 있는 부모는 아이의 거짓말을 좀처럼 견디기 어렵다.

아이의 경험을 통해 생각해 보면, 거짓말을 했더니 원하는 것을 얻게 되는 초기의 경험이 거짓말이 자라나는 토양이 된다. "갖고 싶은 욕구가 채워지지 않아서 거짓말까지 해 가며 가지려고 하는 것 아닐까요? 그러니 충분히 갖게 해 주면 되지 않을까요?" 적지 않은 부모들이 주장한다. 얼핏 보면 맞는 말처럼 들린다. 하지만 이런 주장에는 두 가지 허점이 있다. 하나는, 인간의 탐욕은 블

랙홀과 같아서 아무리 가져도 충족되지 않으며, 오히려 눈덩이처럼 점점 불어나는 경향이 있다는 사실이고, 다른 하나는, 필요한 것이 있어서 거짓말을 했더니 결국에는 자기가 원하는 것이 더 주어지는 경험을 유발한다는 점이다. 이런 경험은 자신의 욕구를 채우기 위해 거짓말이라는 부정적인 방법을 계속 사용하도록 강화시킨다. 아이 입장에서 보면 거짓말이 원하는 것을 가져다주는 가장 편하고 효과적인 루트가 되는 것이다.

그렇다면 자녀의 반복적인 거짓말을 예방할 수 있는 방법은 무엇일까? 이것을 다섯 가지로 살펴보려 한다.

첫째, 거짓말을 하면 이익이 아니라 도리어 손해를 보는 경험이 필요하다. 즉, 거짓말로 얻게 된 조그만 이익들을 모두 되돌리게 해야 한다는 것이다. 이 초기 경험이 매우 중요한데, 놀랍게도 많은 부모들이 처음 한두 번의 사소한 거짓말에 대해서는 꽤 관대하다. 그냥 봐준다. 거짓말을 한 아이를 인격적으로 모독한다든지 고통을 주라는 뜻이 아니다. 아이는 끝없이 용서하되 그 행동에 대해서는 책임을 지게 하라는 의미다. 아이가 자신의 잘못된 행동을 가슴 깊이 후회하도록 해야 한다. 당시에는 부끄럽고 힘든 일이지만, 값을 지불하는 경험은 아이의 양심을 더욱 순결하게 해준다. 자녀의 잘못을 부모가 대신 사과하거나 모두를 해결해 주는 것은 곤란하다. 자신의 행동은 자신의 몫이다. 아이의 거짓말이라는 것은 처음에는 대부분 사소한 것이기 때문에 아이 스스로가 충분히 감당할 수 있다.

둘째, 용서에 대한 경험이다. 실제적인 말로 풀이하면, 솔직히 말하고 책임을 지는 행동에 대한 전폭적인 지원과 인정이며, 책임을 진 거짓말에 대해서는 두 번 다시 말하지 않는 것이다. 아이가 스스로 책임을 질 수 있도록 정서적으로 지원하고 독려해야 한다. 그리고 기다려야 한다. 아이가 충실히 값을 치렀으면 아이의 용기와 노력을 인정해야 한다. 자기 잘못을 드러내고 책임진다는 것은 어른에게도 힘든 과정이다. 거짓말은 흔하지만, 솔직한 인정과 정직한 책임은 흔하지 않다. 그러니 꼭 합당한 인정이 있어야 한다.

이 초기의 경험과 지원이 중요한 이유는, 거짓말이 습관이 되면 고치기가 매우 힘들어지기 때문이다. 아이의 마음속에 '잘못하는 것이 중요한 것이 아니라 인정하고 고치는 것이 중요하다'는 고귀한 철학을 깊이 심어 주어야 한다. 이 신념은 자녀의 인생에서 계속 반복될 실수와 실패, 그리고 그것을 회피하고 모면하려는 수많은 유혹으로부터 자녀가 스스로를 지킬 수 있도록 도와줄 것이다. 삶의 위기에 쓰러지지 않는 불굴의 동기를 부여하는 힘은 이런 '용서'에서 비롯된다.

셋째, 혼내는 양육 방식에 대한 변화다. 체벌을 하거나 말로 혼을 내는 것이 과연 얼마나 효과적일까? 과학적 연구 결과는 대체로 부정적인 편이다. 꽤 명확한 것은 부작용이 크다는 사실이다. 벌 받을 것이 두려워 또 다른 거짓말을 하도록 조장할 수 있다. 부모의 강압적인 방식을 그대로 답습해 다른 아이들, 특히 자신보다 약한 아이들, 또는 미래의 자신의 자녀에게 그대로 사용하기 쉽다. 현실적으로 감정을 배제한 체벌은 책 속의 이야기처럼 그리 쉽지 않다. 부모도 인간이고, 자기 자녀니까 더 속상하기 때문이다. 그렇다면 아예 이런 부작용 많고 적용하기 거의 어려운 방식을 택하지 않으면 안 될까? 화를 내는 대신 미리 정해진 책임을 지도록 하는 방식으로 말이다.

넷째, 시간적으로는 가장 먼저 해야 하는 일이다. 반드시 거짓말하는 이유와 상황을 들어 봐야 한다. 모든 행동에는 이유가 있다. 물론 이 이유를 해결해 줄 수도 없고, 해결해 줘서는 안 되는 경우도 많다. 그래도 아이의 이야기를 꼭 들으라. 세심하게 경청하라. 잘잘못을 비판하고 급히 교정하려는 마음보다는 아이의 사정을 알고자 하는 마음이 필요하다. 아이가 자신의 이야기를 할 때는 바로 혼내거나 교정하려 하지 말라. 자꾸 설명해서 이해시키거나 설득하지 말라. 이런 사람에게 하기 힘든 이야기를 꺼낼 사람은 아무도 없다. 물론 아이의 이야기가 변명처럼 들릴 것이다. 하지만 그저 들으라. 몇 분이면 족하다. 듣는 시간이지 부모의 생각을 전달하는 시간이 아니다. 듣는 것, 그것으로 충분하다. 그리고 이야기 맨 마지막에 이렇게 말하라. "솔직히 얘기해 줘서 엄마, 아빠는 기쁘다. 다음에 우리 또 얘기하자."

마지막은, 진실의 힘에 대한 확신이다. 이것은 가장 어려운 부분이다. 부모의 믿음을 삶으로 보여 줘야 하기 때문이다. 거짓은 결국 인간의 삶을 불안하게 만들지만, 진실은 두 다리 쭉 펴고 잠들 수 있게 만든다. 이런 부모의 믿음은 아이의 성장 과정에서 그대로 녹아 들어간다. 어떤 부모는 '그렇다면 내가 거짓말을 많이 해서 우리 아이가 거짓말을 한다는 말이냐'며 의아해할지 모른다. 물론 그런 말이 아니다. 물론 부모가 진실해도 아이는 거짓말을 할 수 있다. 앞에 언급된 이유 때문일 수도 있고, 아이의 기질적인 취약성(충동성, 지나친 겁, 지연 불내성[delay aversion] 등) 때문일 수도 있다. 하지만 크게 보면 우리 어른이 만든 사회에 편재되어 있는 위선과 거짓, 좀처럼 만나기 힘든 진실의 본보기, 올바른 삶에 대한 왜곡된 가치관, 기다림과 기회의 부족 등이 분명 아이들로 하여금 진실을 선택하기 어렵게 하고 있다. 순간의 안일을 위한 거짓의 유혹을 물리치고, 지금은 어렵지만 결국 정답을 가져다줄 진실을 선택하는 아이들로 자라게 하고 싶지 않은가? 그렇다면 나 자신부터, 내 가정에서부터 그렇게 살아야 한다.

잠을 좀 잤으면 하는데 자라고 말하기도 어려워요

우리나라는 세계적인 올빼미 국가다. 자정 이후에 잠자리에 드는 사람이 68퍼센트나 된다고 한다. 75퍼센트로 1위를 차지한 포르투갈이 문화적으로 낮잠(siesta)을 자는 나라임을 고려한다면 우리나라 사람들은 지나치게 늦게 잠자리에 드는 것이 분명하다. 참고로 미국은 34퍼센트 정도에 머문다. 청소년의 생리적 수면 요구량은 8시간 이상이지만 그것은 어디까지나 '먼 나라 이야기'다. 질병관리본부에서 발표한 청소년 건강 행태 조사에 의하면 우리나라 청소년의 평균 수면 시간은 6시간 19분에 불과하다. 수면 시간이 적을수록 스트레스가 높고, 우울감을 많이 느끼며, 심지어 자살사고 비율도 올라가고 인터넷 과사용 비율도 증가한다고 한다. 청소년의 학습 능률 및 성장 저하, 정서적 불안정의 주요 원인 중 하나가 수면 부족 때문이라는 주장이 점점 힘을 얻고 있다.

수많은 연구들은 아동 청소년의 수면 부족이 비만율, 고콜레스

테롤, 제2형 당뇨, 고혈압, 교통사고, 카페인 과사용, 활동량 저하와 같은 신체적 건강 문제의 원인이 된다고 주장한다. 또한 정신 및 행동 문제의 원인도 되는데, 불안, 우울, 자살 사고의 증가, 충동 및 자기 조절 능력의 저하, 기쁨과 행복감 같은 긍정적 감정의 감소, 타인의 감정을 읽는 능력의 저하, 의욕 감퇴, 스트레스 취약성의 증가가 여기에 해당된다.

충분히 자지 못한 아이들은 학업 성취 또한 부진한 것으로 일관되게 보고되고 있다. 공부하느라 잠을 자지 못하는 현실이나 잠을 줄여서라도 공부를 시키는 일부 부모의 의도와는 전혀 상반되는 결과다. 잠이 부족하면 인지 기능의 저하가 두드러지고, 특히 복잡한 과제를 수행할 때 더 뚜렷해지기 때문이다. 학습에 가장 중요하다고 알려져 있는 작업 기억, 조직화, 시간 관리, 지속 능력이 수면이 부족한 경우 모두 현격하게 감소한다. 주의력과 기억력, 추상적 사고력, 언어적 창의성도 저하되니 결국 학업 성취도, 즉 성적이 낮아지는 것은 어찌 보면 당연한 결과다. 물론 결석 및 지각, 유급률도 올라간다.

깊은 수면 중 단기 기억이 장기 기억으로 전환되어 뇌 구석구석에 확실하게 저장된다. 시험 전날 밤샘해서 외운 내용들은 시험이 끝나면 거의 다 잊어버리게 되어 결국 다시 공부해야만 하는 경우를 경험해 보았을 것이다. 시험 때 잠을 쫓아 가며 벼락치기로 공부해서는 평소에 충분히 잠을 자면서 공부한 아이들을 능가할 수 없는 법이다. 이런 연구 결과를 바탕으로 최근 미국의 대부분 주(州)

에서 청소년의 등교 시간을 30분에서 1시간 늦추기로 결정했는데, 이로 인해 학업 성취도의 상승은 물론 여러 행동 및 정서적인 문제들이 의미 있게 감소되었다고 보고되고 있다.

사실 실컷 잠을 자고 일어나서 상쾌하고 의욕적인 하루를 맞이하는 청소년이 얼마나 있을까? 피곤해하는 아이들을 깨워야만 하는 부모들도 마음이 무겁긴 마찬가지다. 그렇다면 자녀들의 건강한 수면을 지켜 주기 위해 부모는 무엇을 해 줄 수 있을까? 먼저, 부모 자신이 잘 자는 것을 중요하게 생각하고 그대로 실천하는 생활을 해야 한다. 아이들의 습관은 부모를 보고 부모와 함께 살면서 자연스럽게 물든다. 그리고 그 습관이 평생의 밑거름이 된다. 따라서 부모 먼저 일찍 그리고 규칙적으로 자야 한다. 특히 자녀가 아동 및 청소년기에 있는 부모는 자신의 나이트라이프를 가급적 신중하게 통제해야 한다. 요즘 밤에 거리를 걷다 보면 자정이 되도록 어린 자녀들을 대동하고 즐기는 젊은 부부들을 어렵지 않게 만날 수 있다. 특별한 기념일이나 휴가 기간이라면 모를까, 주말마다 이런 식으로 불금, 불토를 즐기는 것은 아이들에게 정말 좋지 않다. 아이들까지 불규칙적인 수면 습관을 갖게 되고, 으레 주말이나 방학이면 늦게 자고 늦게 일어나는 버릇이 들 수 있다. 주말도 주말이지만, 새로 시작되는 주초에 대부분 몸과 정신이 좋은 컨디션을 유지하기 어렵다. 예민하거나 신체적으로 허약한 아이들은 주 중 내내 적잖은 영향을 받는다.

어릴 때부터 일찍 그리고 규칙적으로 잠자리를 유지하려면 저녁 일정이 항상 비슷해야 한다. 특히 거실의 TV는 일찍 꺼지는 것이 좋다. 10시 이후의 프로그램을 정기적으로 시청하는 것은 좋지 않다. 프로그램을 즐기고 씻고 잘 준비를 하다 보면 자정을 넘기기 쉽기 때문이다. 이런 일정이 반복되면 어린이는 말할 것도 없고 늘 수면이 부족한 청소년들에게 체력적으로 큰 부담이 된다. 혹시 보고 싶은 프로그램이 있으면 주말 낮에 재방송을 이용하도록 하면 좋겠다. 물론 컴퓨터나 스마트 폰처럼 수면에 방해가 될 만한 활동도 일정 시간 이후에는 통제하는 것이 좋다.

잘 자는 것은 그 무엇보다 중요하다. 좋은 습관은 들이기는 어렵고 잃기는 쉬운 법이다. 잘 자기 위해 노력하는 아동 청소년이나 부모를 만나기는 쉽지 않다. 자녀들이 건강하고 충분히 잘 수 있도록 어릴 때부터 생활 훈련을 계속해야 한다. 수면은 그냥 의미 없는 쉼이나 게으름의 상징이 아니라 삶의 아주 중요한 일과다. 수면 중에는 우리 몸에 꼭 필요한 많은 일들이 일어난다. 그렇다면 공부를 하려고 잠을 줄이는 것에 대해 상당히 심각하게 고민할 수밖에 없다. 둘 중 하나를 선택하는 것은 정말 최후의 보루인 것이다. 잠을 줄이면 얻는 것보다 잃는 것이 더 많을 수 있기 때문이다.

잠은 하나님이 사랑하는 자들에게 주시는 선물이며, 몸과 마음의 휴식처요, 보금자리다. 우리와 자녀의 삶을 결정하는 데는 낮 동안 어떻게 사는가뿐만 아니라 밤에 어떻게 자는가도 중요하다는 사실을 꼭 기억하기 바란다.

우리 아이는 체력이 너무 약해요

양육이란 자녀에게 좋은 습관을 길들이는 과정이다. 숀 코비(Sean Covey)는 《성공하는 10대들의 7가지 습관》(김영사 역간)에서 습관이야말로 우리의 삶을 좋게 만들 수도, 망가뜨릴 수도 있는 가장 중요한 요소라고 주장한다. 두말할 필요도 없는 진실이 아닐 수 없다. 그렇다면 자녀에게 가장 먼저 들여야 할 중요하고 필수적인 습관은 무엇일까?

투자한 만큼 가장 확실히 남으면서 가장 중요한 것 중 첫째는 바로 체력이다. 남보다 약골로 태어난 사람도 있지만, 우리 몸에 정성을 들이면 그만큼 건강해지고 강해진다. 진료실을 방문해 '힘들어 죽겠다', '체력이 달려 공부를 못 하겠다'고 말하는 아이들 중에 보약은 철마다 먹지만 규칙적으로 운동하는 경우는 드문 것이 현실이다. 물론 부모들도 비슷한 처지다. 특히 청소년기가 되면 모든 운동은 끝이 난다. 정작 달려야 할 때 연료를 중단하는 셈이다. 대부분 바쁘다는 것이 핑계다. 하지만 시간이 남아서 운동하는 사람은 없다. 세계에서 제일 바쁜 사람 중 하나였던 전직 미국 대통령 오바마의 하루 운동 시간은 평균 한 시간 반이다. 그는 "운동을 못하면 그날은 최선을 다하지 않은 날"이라고 말한다.

규칙적인 운동을 해 본 사람이면 모두 알 수 있다. 운동을 하면 몸이 달라지는 것을 경험한다. 점점 더 오래 달릴 수 있고, 더 가볍게 산 정상에 오를 수 있다. 더 빨리 수영할 수 있고, 더 무거운 것을 들 수 있게 된다. 이처럼 확실한 투자 효과를 보는 것이 있는가? 열심히 일한다고 해서 꼭 돈을 버는 것은 아니고, 친구를 졸졸 쫓아다닌다고 해서 좋은 친구가 생기는 것은 아니라는 사실을 우리는 잘 알고 있다. 이런 것에 비하면 운동은 확실히 자녀의 체력을 향상시킨다.

우리의 일상은 그리 복잡하지 않다. 하나면 충분하고, 셋은 거의 불가능하다. 죽을 때까지 두 가지를 해낸다면 비범한 사람일 것이다. 우리는 어차피 늘 반복되는 일을 하며 살아가게 마련이다. 처음에는 미숙하지만 시간이 지나면 다 숙련자가 된다. 최소한 자기 일 하나에 대해서는 나름의 노하우와 경력이 쌓인다. 그 대가로 돈을 벌고, 자식도 부양하고, 간간히 삶을 즐길 기회도 얻는다. 재주가 부족하고 지력(知力)이 좀 달려도 누구나 반복적으로 하면 잘하게 된다. 좀 더 많이 하면 더 잘하는 것은 상식적인 진리다.

무엇인가를 좀 더 많이, 더 오래 반복해서 숙달되도록 만들어 주는 것은 바로 체력이다. 체력이 좋아 남들보다 한 번 더 하면 그만큼 더 잘할 수 있게 된다. 체력은 전문가가 되려면 미리 꼭 갖춰야 하는 가장 기본적인 바탕이다. 결국은 체력 좋은 사람을 당할 수 없다. 공부도 마찬가지다. 꾸준히 공부하려면 체력이 가장 중요하다.

그뿐인가? 심지어 스트레스도 풀리고, 우울한 마음도 개선시킨다. 더 나아가 운동 자체를 더 즐기는 자신을 발견하게 된다. 운동만큼 재미있는 활동은 없다. 그래서 사람들이 그렇게 스포츠에 환호하는 것이다. 이처럼 운동은 삶의 즐거움까지 제공해 준다. 운동하면서 친구를 사귄다. 그 안에서 경쟁과 협동을 배운다. 지는 것을 받아들이게 하며, 승리의 기쁨과 겸손의 조화를 깨닫게 한다. 집중과 훈련을 위한 자기 절제를 훈련시키고, 성취를 향한 땀의 참의미를 알게 한다. 운동장은 인격 수양의 터전이다.

마지막으로 왜 어렸을 때부터 운동을 해야 하는지를 말하고자 한다. 그 이유는 바쁜 청소년이, 피곤에 지친 어른들이 '운동해야지' 결심하면서도 실제는 실천하지 못하는 이유와 일치한다. 바쁠 때도 시간을 쪼개 정기적인 운동을 하게 하려면 어릴 때부터 운동의 유익을 몸소 경험해야 하기 때문이다. 운동을 즐기도록 만들어 줘야만 운동이 자녀의 평생의 삶에 뿌리를 내려 중요한 일부가 될 것이기 때문이다. 밥을 먹고 양치질을 하지 않으면 찝찝한 것처럼, 운동을 하던 사람들은 운동하지 않으면 무엇인가 빠진 것처럼 느껴진다. 그래서 선진국들은 어릴 때부터 아이들에게 다양한 운동을 지속적으로 시킨다. 시설과 교육비 대부분을 나라와 학교에서 제공해서라도 아이와 사회의 미래에 투자하는 것이다. 아이나 어른이나 운동 한 번 하려면 시간과 돈을 따로 들여야만 하는 우리나라는 아쉽게도 이런 면에서 후진국이라 말하지 않을 수 없다.

자녀를 키워야 하는 부모 입장에서 나라 탓만 할 수는 없다. 늘 운동으로 자신을 관리하는 모범을 보이라. 부모가 운동을 통해 행복하고 건강하게 사는 모습을 보여 준다면 자녀는 운동과 더 친해질 것이다. 자녀와 같이 정기적으로 운동하는 것보다 더 좋은 것은 없다. 함께 뛰고, 공을 주고받고, 물속에서 놀아라. 이것은 가장 확실한 투자이며, 동시에 선물이다. 자녀가 청소년이 되어도 마찬가지다. 명심하라. 체력은 언제나 삶의 연료다.

독서 습관을 길러주고 싶은데 어떤 방법이 있을까요

문자는 인간 정신과 문화의 결정체다. 물론 문자 이전에도 언어가 있었으며, 탁월한 언어 사용 능력이 인간을 더욱 인간답게 만들었다. 하지만 소통해야 할 정보가 엄청나게 축적되면서 시간과 공간적 한계를 극복할 수 없는 언어로는 우리의 모든 정신적 유산을 전할 수 없었다. 그래서 문자가 탄생한 것이다. 인간이 문자를 사용한 시기는 5천 년 전부터이며, 언어를 사용해 온 기간의 10분의 1에 해당된다. 기원전 3000여 년의 수메르 문명과 이집트 문명에 이르러서야 제대로 된 문명이 시작된 것이다. 문자는 문명의 씨앗이다.

2008년 국립국어원이 발표한 자료에 의하면 한국의 문맹률은 1.7퍼센트로서 OECD 국가 중 최하위다. 글을 읽지 못하는 사람이 거의 없다는 말이다. 하지만 글을 읽을 수 있으면 무슨 소용이 있는가? 우리나라 사람들의 독서량은 형편없다. 성인이 한 달에 한 권 정도 읽는다고 하니 이것 역시 OECD 국가 중 단연 꼴찌다. 문맹 아닌 책맹(冊盲)이 넘쳐나는 나라다. 더 놀랍고 안타까운 것은 아이들의 독서량이다. 우리나라 초중고생은 책을 얼마나 읽을까? 2010년 한국출판연구소의 조사 결과를 보면, 지난해 한 권 이상의 책을 읽은 아이들은 겨우 67퍼센트에 불과했고, 한 학기에 한 권도 안 읽는 아이는 16퍼센트나 되었다. 세계 최고의 공부 시간을 자랑하는 나라의 국격과는 거리가 한참 먼 듯하다. 많이 공부하는데도 지식 경쟁력이 예전만 못한 이유가 여기에도 일부 있지 않을까?

특히 어릴 때 독서하는 것이 왜 그렇게 중요한가? 그 이유는 '마태 효과'(Mattew effect), '빈익빈부익부(貧益貧富益富) 원칙' 때문이다. "무릇 있는 자는 받아 풍족하게 되고 없는 자는 그 있는 것까지 빼앗기리라"(마 25:29)는 신약성경의 구절처럼, 독서를 통해 얻게 되는 어휘의 양은 일일 평균 독서 시간에 비례해서 기하급수적으로 증가한다. 어휘 습득량이 읽기 성취 능력과 정확히 비례한다는 사실은 아주 잘 알려진 정설이다. 즉 적절한 어휘 습득 없이는 세상의 지식을 이해하고 받아들이기란 불가능하다는 말이다.

일반적으로 아동은 하루 7개씩 1년에 약 3천 개의 새 어휘를 학습한다고 한다. 하지만 아이들이 독서를 하루에 1분만 하면 1년에 8천 단어, 하루에 5분을 독서하면 1년에 3만 단어 정도, 그리고 하루에 20분씩 매일 독서하면 1년에 180만 단어를 습득하게 된다. 주변의 어른들과 대화를 많이 나누고 TV를 많이 본다고 해서 어휘량이 얼마나 늘어날까? 아동용 책에는 대학생의 말보다 낯선 어휘가 50퍼센트 이상 많으며, 초등학교 6학년이 보는 책에는 모르는 단어가 일반 어른이 말할 때보다 세 배 이상 많이 들어 있다. 결국 책을 읽지 않고 주워들은 어휘로는 추후 적절한 지식 습득이 어렵다는 것이다.

그렇다면 어떻게 해야 독서를 즐기는 아이로 만들어 줄 수 있을까? 무엇보다 가장 중요한 것은 부모 자신이 먼저 독서를 즐기는 사람이 되어야 한다. 유식하고 지적 자산이 넉넉한 자녀를 바라는가? 당신이 먼저 책을 펴라. 언제나 그리고 틈틈이 책을 읽는 부모의 본을 보여 주라. TV를 끄고 책을 열라.

당신이 책을 즐겨 본다면 그다음은 아주 쉽다. 읽은 내용을 아이들에게 이야기해 주면 된다. 좋은 책이면 당신이 먼저 읽고 아이에게 건네주라. 당신이 읽지도 않은 책을 전집으로 사다 줘 봤자 아무 소용없다. 집안에 쓰레기 더미를 하나 더 추가하는 셈밖에 되지 않는다.

아이들과 같이 읽으라. 식탁이나 소파에 같이 앉아 읽으라. 아이는 아이의 책을 읽고 부모는 부모의 책을 읽으면 된다. 나이에 따라 20-30분 읽은 후 같이 쉬면서 물도 마시고, 과일이나 과자도 먹고, 농담도 하고 책 이야기도 하면서 다시 함께 20-30분을 읽으라.

아이가 읽을 책을 미리 염두에 두라. 목록을 미리 갖고 있어야 한다. 아이가 어떤 책을 보고 싶다고 해도 충동적으로 바로 사 주지 말고 책 목록에 넣어 두었다가 현재 보고 있는 책을 다 본 다음에 목록 중 한두 개를 선택해서 얻을 수 있도록 하라.

읽지 않는 책은 다 치우라. 아이의 책장은 자주 정리되어 있어야 한다. 수준에 맞지 않는 책도 정리하라. 특히 산만한 아이들은 지금 읽고 있는 책 몇 권만 아이 방에 놓여 있는 것이 좋다. 한 달에 한 번 아이와 함께 아이의 책장을 정리해 보는 것도 좋다.

책은 최소한 두 가지 정도를 병행해서 읽는 것이 좋다. 한 가지는 다소 도전적인 책이고, 다른 하나는 재미있는 책이다. 먼저 도전적인 책을 읽고 지겨워지면 재미난 책으로 넘어가자. 물론 좋은 정보를 얻는 것도 중요하지만, 역시 가장 중요한 것은 재미다. 책을 통해 재미를 느껴 본 아이들은 평생 스스로 책을 가까이할 것이다. 하지만 흥미 위주로 너무 치우쳐 글을 잘 읽는데도 만화나 삽화가 너무 많은 책만 봐서는 안 된다. 그림을 통해 내용을 추측하는 버릇이 들면 활자를 정확히 이해하는 능력이 생기지 않는다. 너무 쉽거나 너무 어려워도 흥미가 사라진다. 수준을 고려하면서 당연히 다양한 장르를 보는 것이 좋다. 소설, 수필, 정보서, 시, 격언집이 골고루 섞이게 하고, 신간과 고전적인 책들이 적당히 섞여 있어야 한다.

입시나 면접 철이면 많은 학생들이 급한 마음에 학원에 가서 문제집도 풀고 면접 기법도 배운다. 하지만 경험 있는 선생님들이나 면접관들은 상대의 글이나 말의 수준을 순식간에 알아차릴 수 있다. 평소에 얼마나 다양한 글을 읽고 깊이 사색해 온 사람인지를 말이다. 오랜 시간 독서 습관을 가져 온 사람의 이야기나 글은 분명히 그리고 상당히 다르다. 개성이 있으면서도 객관적이고, 논리적이며 균형이 잡혀 있다. 그들은 남들이 보지 못하는 것을 볼 수 있다. 기존 지식과 현재 일어나고 있는 상황들을 적절히 연결 지어 보다 좋은 결정과 선택을 한다. 그러니 삶이 바뀌지 않을 수 없고, 발전하지 않을 수 없다. 또한 다른 사람의 말이나 주변 상황에 휘둘리지 않는다. 당신의 자녀가 40세가 되었을 때 '불혹'(不惑)의 수준에 이를 수 있으려면 방법은 독서, 그것뿐이다.

貧者因書富富者因書貴(빈자인서부부자인서귀)
愚者得書賢賢者因書利(우자득서현현자인서리)

"가난한 사람은 책을 통해 부해지고
부한 사람은 책을 통해 귀해진다.
어리석은 사람은 책으로 어질게 되며
어진 사람은 책으로 이롭게 된다."
- 왕안석, 《권학문》 중에서

Q

욱하는 마음에 남편과 다투고 나면 아이들에게 미안해요

완전히 다른 환경 속에서 자란 두 명의 젊은이가 만나 24시간을 부대끼며 살다 보면 갈등이 생기는 것은 당연한 일이다. 싸우는 일도 흔하다. 사실 대부분의 부부는 이런 과정을 통과하면서 인격적으로 성숙해지고 상대를 수용하는 법을 배운다. 좀 더 광범위하게 표현하면, 사랑하는 법을 배운다. 사랑해서 결혼하고, 또 결혼해서 제대로 사랑하게 되는 것이다.

부부 싸움이 두 사람의 성인에게는 이런 순기능이 있다고 치자. 하지만 아이들에게는 어떨까? 가정은 부부 관계에서 시작된다. 부부가 생기고 그다음에 아이가 따라온다. 이처럼 부부 관계는 자녀라는 존재의 뿌리다. 연약한 아이는 생존해야 하며, 그러기 위해 누군가에게 의존해야만 한다. 이처럼 전적인 의존은 그 자체가 불안을 유발한다. 누군가를 의지해야만 살아갈 수 있다면 얼마나 불안하겠는가? 이런 불안을 잠재울 수 있는 길은 단 한 가지, 관계의 안정성(stability)이다. 즉 의지하는 대상이 얼마나 안정되어 있는가에 따라 아이의 불안 수준이 좌우된다.

불행을 호소하는 아이들과 이야기를 나누다 보면 평범하고도 명확한 진실을 새삼 발견한다. 이런 아이들이 정말 불행한 이유는 대부분 가족이 화목하지 않아서다. 물론 물질적 어려움이나 해결이 어려운 삶의 숙제가 불화의 여러 원인 중 한 가지가 될 수 있다. 하지만 아이들도 삶이 만만치 않고 뜻대로 되지 않는다는 것쯤은 어느 정도 알고 있다. 아무리 답답해도 이해는 할 수 있다는 말이다. 그래서 보통은 삶이 불행할 정도로 힘들지는 않다. 이들에게 부족한 것은 터놓고 이야기하고 함께 견딜 수 있는 누군가이다.

부모 사이가 불안정한 가정에서 성장한 아이들은 사랑과 관심에 늘 목말라하고, 사람에게 버림받을까 항상 두려워하는 사람이 되기 쉽다. 하고 싶은 말이 있어도 제대로 주장하지 못하는 사람, 남의 눈치를 너무 살피고 조금이라도 부정적인 피드백을 받으면 심하게 위축되는 사람이 되기도 한다. 어떤 아이는 부모의 문제가 자기 때문이라고 믿는다. 자기가 태어났기 때문에, 혹은 자기가 잘하지 못해서 부모가 서로 다툰다고 생각한다. 일이 안 되면 이런 근거 없는 깊은 죄책에 시달리며, 모든 잘못은 자기 때문에 발생하는 것이라고 여긴다. 혹은 자기가 좀 더 잘하면 부모 사이의 문제를 해결할 수 있다고 생각하기도 한다. 그래서 죽도록 착하고 모범적인 아이가 되려고 한다. 내가 다 해내야만 한다는 비합리적인 책임의식과 강박으로 확장되기도 한다. 불안해서 쉴 수가 없다. 쉴 틈 없이 일하다가 결국은 지쳐 주저앉는다. 아무리 애써도 부모 관계는 바뀌지 않고, 아이는 허무감에 빠진다. 그리고 허무주의자가 된다.

이처럼 자녀들에게는 반복적이고 노골적인 부부 싸움만큼 나쁜 것이 없다고 봐도 과언이 아니다. 그렇다고 부부 싸움을 피할 수도 없다. 앞에서도 말했듯이, 어느 정도의 부부 갈등은 필연적이다. 갈등을 회피하기만 하면 오히려 더 큰 문제가 될 수도 있다. 그렇다. 싸움을 피하는 것이 능사가 아니라 어떻게 싸워야 하는지에 열쇠가 있다.

몇 가지 원칙을 소개하려고 한다. 이 원칙은 결코 지키기 쉽지 않다. 행복한 가정을 꾸리고 부부 간의 갈등을 조정하는 일이 쉽고 거저 되는 일이라고 생각한다면 그 생각부터 버려야 한다. 그것은 만만치 않고 지키기 어려운 목표다. 하지만 정말 중요하고 가치 있는 일이다. 생각해 보라. 세상에서 소중한 것 중에 갖기 쉬운 것이 무엇이 있는가? 제대로 부부 싸움을 하려면 당신은 부단히 애쓰고 노력해야만 한다.

첫째, 갈등은 꼭 정제된 말로 표현하고 대화로 풀어야 한다. 언어 이외의 다른 방식으로 자신의 마음을 표현하는 것은 금물이다. 행동으로 자신이 화가 났고 불만이 많다는 것을 나타낼 수는 있지만, 그것은 짐승도 할 수 있는 일이다. 또한 구체적인 내용이 생략된 표현, 예를 들어, 욕과 폭언도 안 된다. 내용이 없으면 갈등이 발생한 이유에 대해서 오해할 수밖에 없고, 따라서 해결책도 도출

될 수 없다. 오히려 문제가 증폭된다. 이처럼 신체적인 힘을 사용하거나 그저 울부짖는 수준의 의사소통 방식을 사용하는 것은 결국 자기 자신에게 불명예스러운 일이다. 대화만이 유일한 방법이다. 대화는 서로 주고받는 이야기를 의미한다. 이야기를 독점하는 사람이나 듣기만 하는 사람은 문제를 풀 생각이 전혀 없는 사람이다. 말을 했으면 꼭 듣고, 말을 들었으면 꼭 말을 하라.

둘째, 둘 중의 한 명이라도 화가 날 때는 대화를 멈춰야 한다. 더 정확히 표현하면, 통제할 수 없을 정도로 화가 난 상태에서는 대화를 하지 않는 것이다. 화가 난 상태에서 자신의 언어를 통제할 수 있는 사람은 많지 않기 때문이다. 대화를 멈추는 것, 입을 다무는 기술은 아주 유용하다. 내가 말로 실수할 수 있는 것을 막아주기 때문이다. '침묵은 금'이라는 말은 이런 경우에 적용하는 금언이다. 조용히 배우자에게 자신의 분노 게이지가 한계를 넘었다는 것을 표시하고 바로 자리에서 일어나는 것이 상책이다. 상대 역시 이것을 허용해야 한다. 지금 이야기해 봐야 아무 소득이 없고 오히려 더 큰 손상을 받게 된다. 달궈진 감정이 식으면 그때 다시 대화를 시작한다. 아마 적잖이 경험했을 것이다. 그저 시간만 지나갔는데도 문제가 사라지는 경우를 말이다. 사실 우리는 너무 사소한 것에 화를 내며 오해를 하고 있는지도 모른다. 이때는 그저 기다리고 잠시 쿨링하자! '집 나갔던 이성'이 찾아와 저절로 문제를 해결해 줄 것이다.

셋째, 어떤 문제는 너무 중하고 무거워 아주 근본적인 변화가 아니면 해결될 수 없는 경우가 있다. 가령, 기본적인 상호 간의 신뢰의 문제, 부정(不貞, infidelity) 같은 과거의 큰 잘못 등이다. 이런 문제는 삶의 비교적 작은 문제들과는 구분되어야 한다. 이런 중한 문제와 사소한 생활의 문제를 같은 수준에 놓고 대화를 하게 되면 결국은 늘 근본적인 문제에 부딪혀 더 이상 진행이 되지 않는다. 중대한 문제는 해결에 시간이 많이 걸리므로 꼭 따로 다뤄야 한다.

"부부 싸움은 칼로 물 베기"라는 말이 있다. '해도 소용없는 짓이니 할 필요가 없다'는 단순한 의미로 받아들이면 곤란하다. 나는 '이겼다고 이긴 것이 아니고, 반대로 졌다고 진 것이 아니다'라는 의미라고 본다. 단지 이기고 지는 일반적인 싸움 수준으로는 부부 싸움을 하지 말라는 뜻이다. 부부는 서로를 대적하는 상대가 아니라 공존하고 상생하는 존재다. 부부는 서로 잘되고 가정이 함께 잘되기 위해서만 싸워야 한다. 배우자는 이겨야 하거나 나에게 맞게 변경시켜야 할 대상이 아니다. 그는 독립적이고 자유로운 인격이다. 인간은 전적인 이해와 인격적인 동의, 그리고 존경과 믿음이 없이는 궁극적으로 다른 사람과 뜻을 함께할 수 없다. 물론 잠깐 함께하는 척은 할 수 있다. 하지만 그는 나와 함께 삶을 살아가고 같이 우리의 아이들을 키우는 동반자다. 모두가 함께 더 잘 살기 위해 열심히 끝까지, 그리고 지혜롭게 싸우라.